THE FIRST WESTERN BOOK

ON BUDDHISM AND BUDDHA

Ozeray's Recherches sur Buddou of 1817

East–West Discovery

THE FIRST WESTERN BOOK

ON BUDDHISM AND BUDDHA

Ozeray's Recherches sur Buddou of 1817

Michel-Jean-François Ozeray

Urs App

UniversityMedia
2017

Copyright © 2017 Urs App
Published by UniversityMedia, Wil / Paris
www.universitymedia.org
All rights reserved.

Printed on acid-free and lignin-free paper

Library of Congress Cataloging-in-Publication Data
    The First Western Book on Buddhism and Buddha. Ozeray's Recherches sur Buddou of 1817 / Michel-Jean-François Ozeray and Urs App.
    I. Ozeray, Michel-Jean-François, 1764–1859
    II. App, Urs, 1949–
    p. cm. — (UniversityMedia, East-West Discovery series)
    Includes bibliographical references and index
    ISBN 978–3–906000–27–5 (acid-free paper)
    1. Buddhism—Cult—History.
    2. Gautama Buddha—Western interpretations.
    3. Comparative Religion—History—19th century.
    4. Buddhism—Study and teaching—Europe—History.
    5. Orientalism—History.

    III. Title. IV. Series: East-West Discovery

ISBN 978–3–906000–27–5

*In commemoration of the 200th anniversary
of the first Western book on Buddhism*

Contents

INTRODUCTION BY URS APP 1
    Author Ozeray 6
    The book's title, preface and introduction 9
    Ozeray's general considerations 12
    One founder and a single creed 15
    Buddha in history and myth 24
    Buddha's fundamental doctrine 35
    Similarities of cult and clergy 45
    Orthodoxy and heresy 49
    Orthodox Buddhist countries 53
    Heretical Buddhist countries 56
    Changing images of Buddhism 58
    Conclusion 60
    The French text and its English translation 63
    Ozeray's main sources about the history of religions 65
    Ozeray's main sources about Asia and Asian religions 68

OZERAY'S RECHERCHES SUR BUDDOU 74
    Table of contents of Ozeray's text and its English translation 76
    Ozeray's Preface 82
    Ozeray's Introduction 90
    Ozeray's Note about the General Considerations 94
    Ozeray's General Considerations 96
    Studies on Buddha 146
    General state of the religion of Buddha in various regions 230
    The future of Buddhism and other polytheistic cults 282
    Appendix 286

INDEX OF PROPER NAMES 301

Ici nous trouverons nos premières origines et la masse de nos traditions [*Here we will find our first origins and the mass of our traditions*].   Ozeray 1817: xxxii

Introduction

The historiography of the discovery of our globe's spiritual continents is decidedly lagging behind that of its physical counterparts. Christian Europe's encounter with Asia's largest religion, certainly one of the most significant religio-cultural encounters in world history, is a case in point. Whereas every child is familiar with figures such as Columbus, the protagonists of the Western discovery of Buddhism tend to be unknown even to scholars of Buddhism. Thus it comes as no surprise that the first Western book about Buddhism, Michel-Jean-François Ozeray's *Recherches sur Buddou ou Bouddou, instituteur religieux de l'Asie orientale* (Paris: Brunot-Labbé, 1817), is hardly mentioned in modern studies about the Western discovery of Buddhism. In English publications, Bernard Faure's statement that Ozeray's "pamphlet" was a first hint of change from the West's overlooking of Buddhism because it "turned the figure not yet known as Buddha into a 'distinguished philosopher' rather than just another vague Asian deity," and the unexplained statement by Charles Prebish that with the appearance of Ozeray's book "the picture began to brighten" are about as much as one finds until 2012.[1]

---

[1] Bernard Faure, *Double Exposure: Cutting Across Buddhist and Western Discourses.* Stanford: Stanford University Press, 2004, p. 3. Charles S. Prebish, *Luminous Passage: The Practice and Study of Buddhism in America.* Berkeley/Los Angeles: University of California Press, p. 175. See also the same author's "Buddhist Studies in the Academy: History

1

In his brief survey, Prebish relied on Henri de Lubac's book of 1952 which mentions Ozeray before turning to scholars such as Eugène Burnouf who made use of Sanskrit texts and initiated the "real" European discovery of Buddhism. In de Lubac's eyes Ozeray's work had "not shed much light,"[2] which is all he had to say about it. Raymond Schwab's *La Renaissance Orientale* (Paris: Payot, 1950), packed as it is with bibliographic data, does not even mention Ozeray. More recent French publications tend to toe Cardinal de Lubac's line and expand on it. Frédéric Lenoir (who also adopted de Lubac's book title) condemns Ozeray's work because it contributed "no information whatsoever, nor a revolutionary view of the subject," and saw its only merit in the use of the word "bouddhisme" which is said to have rung in a new epoch in the global evolution of knowledge.[3] Lenoir's appraisal is also indebted to Roger-Pol Droit's *Le culte du néant* which devotes a few pages to Ozeray's book. While criticizing Ozeray's failure to use recent reliable sources and deploring the author's lack of new discoveries and philosophical analysis along with the banality of his findings, Droit regarded Ozeray's "fantasy figures"

---

and Analysis" in Victor S. Hori, Richard P. Hayes, and J. Mark Shields (eds.), *Teaching Buddhism in the West*. London: Routledge Curzon, 2002, p. 18.

[2] Henri de Lubac, *La rencontre du bouddhisme et de l'occident*. Paris: Aubier 1952, p. 128: "Deux monographies nouvelles, celle du Français Ozeray en 1817, celle de l'Allemand Jules Klaproth en 1823, n'apportent pas beaucoup de lumière."

[3] Frédéric Lenoir, *La rencontre du bouddhisme et de l'occident*. Paris: Fayard 1999, p. 90: "Les premiers essais publiés en Europe sur le Bouddha, celui du Français Michel-Jean-François Ozeray en 1817 et celui de l'Allemand Klaproth en 1823, rendent bien compte des préjugés du temps; ils n'apportent aucune information ni aucun regard révolutionnaires sur le sujet. Ils constituent cependant un moment nouveau, révélateur d'une évolution globale de la connaissance : pour la première fois, le mot 'bouddhisme' apparaît, signe que cette religion devient en Europe un objet de savoir précis." Lenoir misspells Ozeray's book title both in the footnote and the bibliography.

of more than 100 million Buddhists and his portrayal of the "distinguished philosopher" Buddha as a minor contribution that was soon to be overshadowed by Hegel with whom "at the end of the 1820s, the myth of a cult of nothingness was established."[4] This feeds into the overall narrative of Droit's book and its companion volume, L'oubli de l'Inde, which claim that in the aftermath of Hegel's lectures, Buddhism came to be regarded as a cult of nothingness with the disastrous result that Europe "forgot" Indian philosophy.[5]

Given that Western portrayals of Buddha as a philosopher with a doctrine of nothingness date from the sixteenth century and were already dominant in the seventeenth and eighteenth centuries,[6] and that the Jesuit missionary Giovanni Filippo de Marini had in the 1660s already connected the dots and portrayed the Buddha's doctrine as the core teaching of the largest religion on earth,[7] one might conclude that Ozeray contributed not much more than the term "bouddhisme." But since a number

---

[4] Roger-Pol Droit, *Le culte du néant. Les philosophes et le Bouddha.* Paris: Seuil, 1997. English translation: *The Cult of Nothingness: The Philosophers and the Buddha.* Chapel Hill: University of North Carolina Press, 2003. In the original French version, Droit's discussion of Ozeray's work is found on pp. 61–70. "Cette particularité [l'usage du terme 'bouddisme'] mise à part, ces pages semblent n'avoir que peu de raisons de retenir l'attention. Elles ne contiennent ni découverte orientaliste ni analyse proprement philosophique. Leur auteur ne dispose pas, en ce qui concerne le Bouddha, d'informations nouvelles ... la centaine de pages qu'il consacre à 'Buddou ou Bouddou', dans leur apparente banalité ... dessine les premiers traits d'un visage du Bouddha qui n'a pas fini de préoccuper l'Europe" (p. 62).

[5] Roger-Pol Droit, *L'Oubli de l'Inde. Une amnésie philosophique.* Paris: Presses universitaires de France, 1989.

[6] Urs App, *The Birth of Orientalism.* Philadelphia: University of Pennsylvania Press, 2010; Urs App, *The Cult of Emptiness. The Western Discovery of Buddhist Thought and the Invention of Oriental Philosophy.* Rorschach / Kyoto: UniversityMedia, 2012.

[7] App, *The Cult of Emptiness*, p. 151.

of French authors including Pierre-François-Xavier de Charlevoix had already in the first half of the eighteenth century referred to Buddhists as "Budsoïstes" this may not amount to much either.[8] Most recently, Donald Lopez mentioned Ozeray as a pioneering exponent of a shift toward a positive valuation of the Buddha — a valuation that in his opinion "seems to arise largely from comparison, where the ancient Buddha is judged superior to the modern brahmans and their gods."[9] In support, Lopez quotes the following passage from Ozeray's summary:

> It is an undeniable fact: Boudou is a famous personage; he was not wrested from oblivion through the pains of a hard-working annalist or a skilful antiquarian. It is neither to an inscription nor to a medallion that he owes a new existence; he is known by his life and his morals. Descended from the altar where blindness and superstition had placed him, Boudou is a distinguished philosopher, a sage born for the happiness of his fellow creatures and for the good of humanity.[10]

However, the judgment that immediately follows in Ozeray's text shows that, far from showering the Buddha with "praise" (Lopez, ibid.), Ozeray calls Buddha's wisdom "false" and judges his doctrine to be "rooted in error."[11]

There appears therefore to be a need to read Ozeray's book with more care and to examine its content both in the broader context of the European discovery of Asian religions and the emerging academic discipline of religious studies. As a first step I will in this introduction present an overview of the content of

---

[8] App, *The Birth of Orientalism*, p. 185.

[9] Donald S. Lopez Jr., *From Stone to Flesh. A Short History of the Buddha.* Chicago and London: The University of Chicago Press, 2013, p. 168. For the context of this quotation see here below, p. 156 ff. (<41–42>).

[10] Lopez 2013, *ibid*. For the French text and my translation see here below, pp. 276 and 277.

[11] See below, p. 51 and p. 156 ff. (<41–42>).

Introduction (Urs App)

Ozeray's pioneering work on Buddha and Buddhism. Particular attention will be paid to the author's use of both missionary and secular sources and to his view of Buddhism's place in the history of religions. Our book's main body contains most of Ozeray's French text along with my English translation.

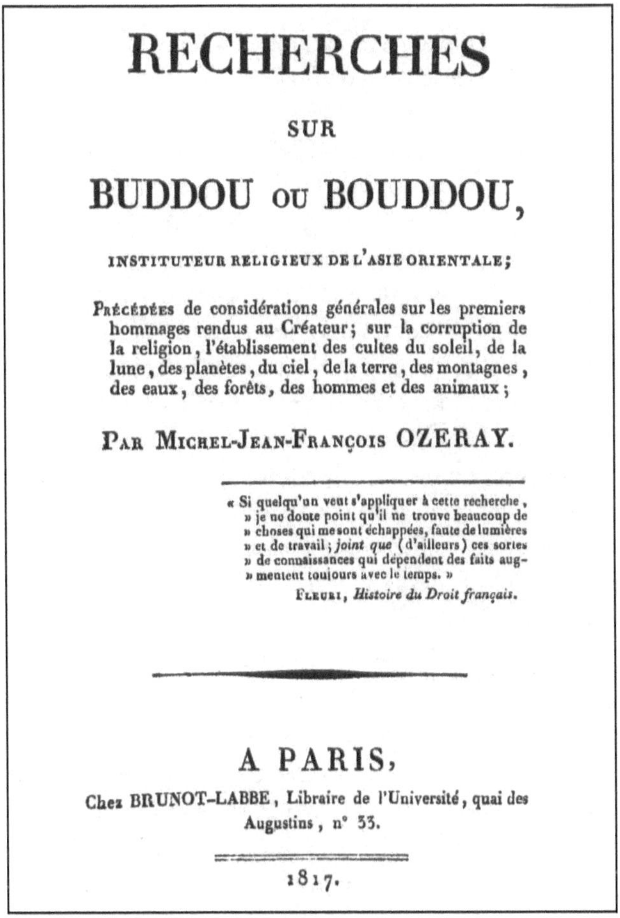

RECHERCHES

SUR

BUDDOU ou BOUDDOU,

INSTITUTEUR RELIGIEUX DE L'ASIE ORIENTALE;

PRÉCÉDÉES de considérations générales sur les premiers hommages rendus au Créateur; sur la corruption de la religion, l'établissement des cultes du soleil, de la lune, des planètes, du ciel, de la terre, des montagnes, des eaux, des forêts, des hommes et des animaux;

PAR MICHEL-JEAN-FRANÇOIS OZERAY.

« Si quelqu'un veut s'appliquer à cette recherche,
» je ne doute point qu'il ne trouve beaucoup de
» choses qui me sont échappées, faute de lumières
» et de travail; joint que (d'ailleurs) ces sortes
» de connaissances qui dépendent des faits aug-
» mentent toujours avec le temps. »

FLEURI, *Histoire du Droit français*.

A PARIS,

Chez BRUNOT-LABBE, Libraire de l'Université, quai des Augustins, n° 33.

1817.

Fig. 1: Title page of Ozeray's *Recherches sur Buddou ou Bouddou* (Paris, 1917)

The Author: Michel-Jean-François Ozeray (1764–1859)

Michel-Jean-François Ozeray was born in Chartres (France) on November 24 of 1764 and died at age 95 on August 4 of 1859 in Bouillon (Belgium). The son of a wealthy family, he was primarily interested in history and became a member of the Société de l'histoire de France, corresponding member of the Académie de Reims, and permanent member of the Archaeological Societies of the Province of Luxembourg (Belgium) and of the department of Eure-et-Loir (France). His book on Buddha and Buddhism of 1817 was his first publication (age 53). Around that time he emigrated to Belgium to be closer to his ailing brother and to express his protest against the 1815 treatise of Paris. His subsequent publications mostly concern the local history of his hometown of Chartres and of the city of Bouillon in Belgium, the home of the second part of his life. Ten years after his book on Buddha, Ozeray published a history of the castle and town of Bouillon (1827; age 63), followed in 1834-36 (age 70-72) by a two-volume history of Chartres. In the 1840s Ozeray wrote, apart from various pamphlets in defense of his history of Chartres, a History of Religious Doctrines (1843, age 79) and a book on Orthodox Christianity (1846, age 82). He continued to churn out historical treatises even when he was over 90 years of age. After his death at age 95 in 1859, the *Bulletin* of the Society of the History of France wrote about its member Ozeray:

> Two other works that to my knowledge are unpublished have also been authored by Mr. Ozeray. One of them was going to have as subject and title: *The origins and memorable productions in the literature of diverse peoples, and of the discoveries in the sciences and arts.* The other work that Mr Ozeray had proposed to our Society was a *History of the Gauls*

from the most remote times to the foundation of the French monarchy. Apart from these works, whose importance he exaggerated probably because of the lofty questions concerned, he also communicated to the historic committee of the ministry some original documents.[12]

After his pioneering book on Buddhism of 1817, Ozeray published the following major works:

1827. *Histoire des pays, chateau et ville de Bouillon.* Luxembourg: J. Lamort.

1834-36. *Histoire générale, civile et religieuse de la Cité des Carnutes, et du pays Chartrain, vulgairement appelé la Beauce: depuis la première migration des Gaulois jusqu'à l'année de Jésus-Christ 1697, époque de la dernière scission de notre territoire par l'établissement du diocèse de Blois.* 2 vols. Chartres: Garnier Fils.

1841. *Défense de l'histoire générale, civile et religieuse de la cité des Carnutes et du pays Chartrain et de la discussion juste, franche et modérée sur les critiques de cette histoire, contre les assertions fausses du livre de M. de Santeul sur le trésor de Notre-Dame de Chartres et l'article du Journal de Chartres, du 7 février 1841.* Sedan: Laroche-Jacob.

1842. *Coup-d'oeil sur les archives de l'ancien chapitre de la cathédrale de Chartres, et sur le livre intitulé: trésor de Notre-Dame de Chartres.* Sedan: Laroche-Jacob.

1843. *Histoire des doctrines religieuses, ou Recherches philosophiques et morales sur la théologie naturelle qui résulte de l'étude de la géologie et des créations antérieures à celles de l'homme et sur tous les cultes rendus à la divinité.* Paris: Hivert.

1846. *De l'origine et des progrès du Christianisme orthodoxe, depuis la predication de Jésus-Christ jusqu'à la mort de Théodose le Grand.* Bruxelles: Société typographique Belge.

1847. *Opuscules sur l'histoire de l'ancien duché de Bouillon et sur celle de la cité des Carnutes et du pays Chartrain auxquels est*

---

[12] *Bulletin de la Société de l'histoire de France*, Series 2, vol. 2 (1859-1860): 323-324.

jointe la lettre de M. Abel Rémusat, secrétaire de la Société asiatique, écrite à l'auteur relativement à ses recherches sur Buddou (Boudda), instituteur religieux de l'Asie orientale. Sedan: Laroche-Jacob.

1855. *Coup d'oeil sur la religion en France pendant le régime féodal dans toute sa force, et enfin détruit par l'esprit monarchique, ou pendant les siècles les plus mémorables du Moyen-âge.* Sedan: Laroche-Jacob.

1856. *Précis sur l'Histoire de l'Eglise de Notre-Dame de Chartres, depuis son origine jusqu'à nos jours.* Sedan: Laroche-Jacob.

1864. *Histoire de la ville et du duché de Bouillon.* 2 vols. Bruxelles: Van Trigt.

In Ozeray's necrologue Roux,[13] a friend of Ozeray's only son, mentions "numerous" unpublished manuscripts.[14] Roux states that "almost all of them" were "deposed in double at the public library of Chartres, of Chateaudun, and of the Seminary."[15] Roux's list of such unpublished manuscripts includes a bound manuscript entitled "Histoire générale du Bouddhisme" (General History of Buddhism). It is unknown when Ozeray wrote this history. Upon my inquiry in the fall of 2014, the Chartres library informed me that they were unable to locate any manuscripts. However, a more persistent researcher might well be able to locate some in local archives of France, Belgium, or Luxemburg. Ozeray's General History of Buddhism manuscript might reflect the explosion of Western knowledge about Buddhism from the 1820s that was closely linked to scholars residing in Paris such as Abel-Rémusat, Klaproth, and Eugène Burnouf.

---

[13] Roux, *Nécrologie. M.-J.-F. Ozeray.* Chartres: Garnier, 1860.

[14] *Ibid.*, p. 8: "Manuscrits bien plus nombreux, entre autres" [Much more numerous manuscripts, among others].

[15] Roux, *ibid.*, p. 8: "Opuscules, réfutations, dissertations imprimées ou manuscrites presque toutes déposées en double à la Bibliothèque publique de Chartres, de Chateaudun, du Séminaire."

The Book's Title, Preface, and Introduction

Ozeray's book of 1817 consists of six major parts:
1. PREFACE <Avant-Propos, pp. v–xxxii>: Author's plan for a new history of France
2. INTRODUCTION <pp. xxxiii–xxxv>: Author's rationale for writing this book
3. GENERAL CONSIDERATIONS <pp. 1–34>: Overall history of religions
4. RESEARCHES ON BUDDOU <pp. 35–112>: Main body of the book
5. THE FUTURE OF BUDDHISM <pp. 112–124>
6. APPENDIX <pp. 125–134>: Survey of Buddhism in various Asian countries.

Though the book's TITLE is usually only given as "Recherches sur Buddou ou Bouddou," it is actually both longer and more revealing (see Fig. 1, p. 5):

> *Researches on Buddou or Bouddou, the religious teacher of Eastern Asia, preceded by general considerations about the first cult offered to the creator and about the corruption of religion [through] the establishment of cults to the sun, moon, planets, sky, earth, mountains, bodies of water, forests, men and animals.*[16]

The 27-page PREFACE argues that France is in need of a new history, as already Voltaire had argued: "L'histoire de France est

---

[16] "Recherches sur Buddou ou Bouddou, instituteur religieux de l'Asie orientale; Précédées de considérations générales sur les premiers hommages rendus au Créateur; sur la corruption de la religion, l'établissement des cultes du soleil, de la lune, des planètes, du ciel, de la terre, des montagnes, des eaux, des forêts, des hommes et des animaux; par Michel-Jean-François Ozeray."

à faire."¹⁷ In Ozeray's opinion, such a work must also contain a comprehensive reappraisal of the history of French religions in a global context. The French, like all other peoples, are said to have originally believed in a single supreme being; but traditions about this first principle were eventually mixed with fables and degenerated into the projection of divine qualities onto specific natural phenomena such as the sun, and subsequently on eminent men <pp. xx–xxi>. Ozeray asserts that—unlike his planned history of France which would need to repeat much that was written before—his *Researches on Buddou* are opening up a vast new domain and provide new perspectives <p. xxxii>. Though a seemingly exotic topic, Buddhism is said to be extremely relevant to France and Europe because, as the author puts it, "it is here that we will find our first origins and the mass of our traditions" <p. xxxii>.¹⁸

In the following three-page INTRODUCTION it becomes clear that Ozeray considers the study of Buddhism "useful for the knowledge of humankind" in general since it is "followed by more than 100 million individuals" in many countries with widely diverging customs.¹⁹ Buddou's religion, which according to Ozeray reigns "from the Indus to Japan," is portrayed not only as the "most widespread of all cults" of our globe but also

---

[17] "The history of France still needs to be written" <p. vii>. Ozeray apparently never wrote such a comprehensive history; but he published several books on the history of French regional towns, churches, and castles, for example a study on the history of the Chartres cathedral and of the castle of Bouillon.

[18] "Mon récit sur l'instituteur indien nous a jetés dans un monde moral bien différent du nôtre. Ici nous trouverons nos premières origines et la masse de nos traditions." <p. xxxii>

[19] "Mais si les opinions qu'il a émises sont suivies de plus de cent millions d'individus qui vivent sous des lois opposées, et diffèrent dans leurs coutumes et leurs mœurs, ne mérite-t-il pas quelque intérêt; et ne semble-t-il pas utile à la connaissance de l'espèce humaine, sous le rapport intellectuel et moral, de recueillir tous les documens qui le concernent?" <p. xxxiii>

as its most singular one because it "triumphed over the ancient beliefs in the vastest and most populous regions of the Orient."[20] Founder Buddou is said to have been ignorant of "the torch with which Moses has led us to the cradle of the world" and thus did not know about the "most ancient and authentic traditions" of the Old Testament.[21] Excluded from the benefit of God's revelation safeguarded by the Jews, Buddou's doctrine is for Ozeray "but one of those philosophical speculations that delude the genius who conceived it and the peoples whose eyes had been fascinated by other religious glamors."[22] Yet, faced with people enthralled by gross polytheism and nature worship, Buddou equipped Asia's populace with an extraordinary new "system of punishments and rewards" based on the concept of metempsychosis or transmigration <xxxiv>. According to Ozeray, Buddou's "great and sublime morality" prohibited human sacrifices as well as the cruel abandonment of the elderly and of babies. In addition, it ordained respect for human beings and their property, frugal use of possessions, sobriety, and respect for animals.[23]

---

[20] "Le philosophe moraliste fixera ses regards sur les religions endémiques de ces parties de notre hémisphère, sur le Bouddisme en particulier, comme étant le plus répandu de tous ces cultes, puisqu'il s'étend depuis l'Indus jusqu'au Japon ; le plus singulier, puisque, seul, il a triomphé des croyances anciennes dans les plus vastes et les plus populeuses contrées de l'Orient." <p. xxxv>.

[21] "Buddou n'est point un dépositaire des plus anciennes et des plus authentiques traditions; il n'a pas marché à la lumière de ce flambeau avec lequel Moïse nous a conduits au berceau du monde, et nous a fait contempler l'œuvre admirable de la création." <p. xxxiii>

[22] "Sa doctrine n'est qu'une de ces spéculations philosophiques qui font illusion au génie qui la conçoit, et aux peuples dont les yeux ont été fascinés par d'autres prestiges religieux." <p. xxxiii>

[23] "Il frappera surtout par sa morale grande et sublime, lorsqu'elle proscrit les sacrifices humains, l'abandon des vieillards, l'exposition des enfans, commande le respect de la vie de l'homme et de ses propriétés, le bon usage des biens, ainsi que la sobriété; plus que minutieuse lorsqu'elle

In Ozeray's Introduction, founder Buddou and his pan-Asian religion are thus briefly presented on the backdrop of a global history of religion. As Ozeray's long book title indicates, mankind's first religion had consisted in the worship of the true God; but this primeval monotheism had gradually degenerated into various forms of idolatry, culminating in the deification of men, monsters, and animals. In an era when various forms of gross polytheism dominated the world, the lawgiver and "austere philosopher" Buddou thus "presented to the peoples of the Orient a less gross polytheism, liberated the cult of its most monstrous superstitions, and provided a religious morality" in form of his new teaching of metempsychosis.[24]

Ozeray's General Considerations

After exhorting readers to pay due attention to his 35-page GENERAL CONSIDERATIONS because they allow appreciating "Bouddisme or the religion of Buddou" in the larger context of the "principal religious aberrations of polytheism" of which this religion is "the most remarkable" <p. xxxvi>,[25] the author presents his overall vision of religious origins. Mankind's first religion

cherche à inspirer des remords pour avoir ôté la vie à un insecte souvent nuisible, pour avoir bu d'une liqueur qui peut enivrer, et dont par sagesse, on n'a pas abusé." <p. xxxv>

[24] "Au milieu de ce déluge d'opinions fausses, un homme né dans l'Asie orientale, y présenta aux peuples un polythéisme moins grossier, dégagea le culte de ses plus monstrueuses superstitions, lui donna une morale religieuse, et un système de peines et de récompenses, système bien singulier et surtout nouveau, la métempsycose. Voilà les titres de ce dogmatique enthousiaste et de ce philosophe austère ; voilà les degrés par lesquels il parvint à l'apothéose." <p. xxxiv>

[25] "C'est un coup-d'œil sur les principales aberrations religieuses du polythéisme par rapport au Bouddisme ou religion de Bouddou, le plus remarquable de tous ces cultes." <p. xxxvi>

had been, as documented in the Old Testament, based on the acknowledgment of God as author and preserver of the universe.[26] But soon enough the "spiritual nature" of God was associated with physical forms and objects, and God was regarded as the soul of the sun illuminating the world. This was not yet proper polytheism because the sun's rays were still regarded as an emanation of God.[27]

Basing his argument mainly on Antoine Banier's *Explication historique des fables* (1711), du Tressan's *La mythologie comparée à l'histoire* (1813), and Dulaure's *Des cultes qui ont précédé et amené l'idolatrie ou l'adoration des figures humaines* (1805),[28] Ozeray goes on to explain the emergence of polytheism that began with the cult of the moon in which the idea of the single great God became corrupted. This led to the "forgottenness of the first cause" and to mistaken ideas such as the eternal existence of a primal matter from which the universe was formed <p. 3>. Moses is said to have fought against these "first sources of error" <p. 3> rooted in the conflation of the creator God with his creatures such as the moon <p. 3>, planets of our solar system <pp. 4–5>, heaven <p. 5>, earth <pp. 5–6>, mountains <pp. 6–7>, bodies of water <pp. 7–8>, forests <pp. 8–9>, and finally human beings <pp. 9–23> and animals <pp. 24–28>.

Whereas the overall structure of Ozeray's history of religions reflects the views of the above-mentioned authors, the majority of adduced evidence for Asia stems from reports by well-read

---

[26] "Il reconnut le premier des êtres, et s'humilia devant la grandeur de l'éternel géomètre, de l'auteur et conservateur de l'univers." <p. 1>.

[27] "La divinité, spirituelle de sa nature, se trouva revêtue de formes sensibles ; l'Etre suprême ne fut plus que l'âme de l'astre du jour, éclairant le monde par ses rayons, émanations de sa substance corporelle." <pp. 1–2>

[28] For Ozeray's sources about the general history of religions, see the section "Sources about Asia and Asian Religions" at the end of this Introduction.

travelers and ambassadors rather than missionaries.²⁹ According to Ozeray, deified humans were often believed to appear in form of metamorphoses, some of which were utterly immoral <pp. 28–31>. Examples include the brutality of Odin in Northern Europe and the escapades of the Indian deity Vishnu that are linked with India's *lingam* (phallus) cult. Even though Buddou is said to be a metamorphosis of Vishnu,³⁰ there is no trace of immorality in him:

> One must not confound the deified Buddou with all these gods born of immorality. One does not even have to establish a link between him and the Vishnu of India who is the same person with a different mask, [though] portrayed in a manner that makes him almost unrecognizable. In the fable of Buddou there are traces of history; he is severe and implacable against vice and crime yet human, compassionate, and generous, and he seems to have a propensity only for virtue.³¹

---

²⁹ See the bibliography at the end of this Introduction, section "Sources about Asia and Asian Religions."

³⁰ For a history of the notion that Buddha is an avatar of Vishnu see John C. Holt, *The Buddhist Vishnu: Religious Transformation, Politics, and Culture*. New York: Columbia University Press, 2004. Many of Ozeray's sources mention Buddha as the ninth avatar of Vishnu. One of his main authorities, Engelbert Kaempfer (1732: 55–56), explains that the religion of the Siamese "is the same as that of the Brahmans" and that founder Buddha (whom the the Siamese call Prah bin Tsjau or Budha, the Ceylonese Budhum, the Chinese Si Tsun, the Japanese Siaka, etc.) is the ninth incarnation of the Indian deity Wistnu (Vishnu).

³¹ "Il ne faut point confondre Buddou divinisé avec tous ces dieux produits de l'immoralité. Il n'y a pas même de rapport à établir entre lui et le Vichenou de l'Indostan, qui est le même personnage sous un masque différent et avec une charge qui le rend presque méconnaissable. Dans la fable de Buddou, il y a quelque chose de son histoire; s'il est sévère et implacable contre le vice et le crime, il est humain, compatissant, généreux, et semble n'avoir de penchant que pour la vertu." <p. 31>

Though Buddou instituted a system of morality recognizing reward and punishment in a future state, a soul that survives death, and sagehood based on the reduction of desire, Ozeray holds that the "long and laborious ordeals it demands have something absurd about them" and are much inferior to Christian conceptions of retribution and the future state <p. 33>.

One Founder and a Single Creed

Unlike many authors of the late eighteenth and early nineteenth century including William Jones,[32] George Stanley Faber,[33] Joseph Görres,[34] and Carl Ritter[35] who wrote of two, three, or even four Buddhas and built impressive houses of cards on their assumptions, Ozeray was convinced that Buddhism had a single historical founder who, depending on region and language, received a number of different names.

> In Ceylon one calls him Buddou, Boudha, Baout, Boudh, Bouddou; in Hindustan Vichnou, Boudh, Boudha; in Tibet Mahamounie, and in Bhutan d'Herna-Raja. The Kalmyks designate him by the names Chaka-Chimouna, Chaka-Mouni, Schji-Mouni and Sakji-Mouni; and the Mongols by Chichi-Mouni. In the Burmese empire (Ava, Pegu, Arakan

---

[32] Urs App, "William Jones's Ancient Theology." *Sino-Platonic Papers* 191, (2009): 1–125.

[33] George Stanley Faber, *The Origin of Pagan Idolatry Ascertained from Historical Testimony and Circumstantial Evidence*. London: F. & C. Rivingtons, 1816. 3 vols. Faber's theories about Buddhism are for the most part found in vol. 2.

[34] Joseph Görres, *Mythengeschichte der asiatischen Welt*. 2 vols. Heidelberg: Mohr und Zimmermann, 1810.

[35] Carl Ritter, *Die Vorhalle europäischer Völkergeschichten vor Herodotus, um den Kaukasus und an den Gestaden des Pontus*. Berlin: G. Reimer, 1820.

and part of Siam) his name is Gaudma, Gouton; in Siam, Sommonacodon; in Tonquin [Vietnam] Bout; in China Fo, Foë, Fohi; in Japan, Xaca, Chaca, Scaka, Boudsdo, Boudso. <pp. 35–36>.

My index to *The Birth of Orientalism*[36] shows that many additional names for the founder were in use by missionaries since the sixteenth century; but what is striking here is that in this paragraph Ozeray does not refer to a single missionary source. Instead he relies exclusively on reports by travelers to Ceylon (Knox, Ribeiro), Japan (Kaempfer, Thunberg, Dutch embassy), Bhutan and Tibet (Turner), Burma (Symes, Valentia), Thailand (La Loubère), Vietnam (Richard), Russia (Pallas), and China (Chrétien-Louis-Joseph de Guignes[37]). This contradicts both Roger-Pol Droit's assertion that Ozeray "with regard to Buddha did not dispose of any new information" (1997:62) and Frédéric Lenoir's verdict that Ozeray's book only reflects "the prejudices of the time" (1990:90). While Ozeray certainly was not free of prejudices, he did not indulge in etymological flights of fancy and far-flung historical or mythological speculations like better known contemporary authors such as William Jones, Thomas Maurice, or George Stanley Faber. Rather, he based his argument about the founder Buddha and the unity of his religion (1) on the study of Buddha statues in many printed sources and (2) on reports by visitors to many regions of Asia about Buddha and the cult offered to him. Ozeray's section on the founder of Buddhism begins as follows:

> There cannot be the slightest doubt about the [single] identity of this person; in order to be convinced it would suffice,

---

[36] App, *The Birth of Orientalism*, p. 539.

[37] Chrétien-Louis-Joseph was the son of Joseph de Guignes, a pioneer of Chinese studies on the European continent who published the first translation of a Buddhist Sutra in the West. On Joseph de Guignes see chapter 4 of App, *The Birth of Orientalism*, in particular pp. 223–231.

even in the absence of other proofs, to cast a glance at the principal statues seen in the temples erected in his honor: they show, though with some small differences, the same principal form. His bearing evokes meditation; his body is dressed in a large robe, his head covered by a cap that differs according to locality, his eyes are immobile and fixed in direction of the earth, his legs crossed, his hands joined or posed in one manner or another on his knees.[38]

To my knowledge, the first Western image of a Buddhist statue appeared in Lorenzo Pignoria's 1615 Padova edition of Vincenzo Cartari's famous book on the gods of antiquity.[39] In the two subsequent centuries a broad range of reports about Asian countries and their religions was published in Europe, and a good number of them contained drawings and etchings. The study of such materials was crucial for Ozeray's conclusions about Buddhism's founder. His book contains no illustrations but he cites, among other sources, the etchings in La Loubère's volumes on Thailand, Thunberg and Kaempfer's Siam / Japan reports, Peter Pallas's richly illustrated studies about the Kalmyk tribe of Russia, Michael Symes' description of Burma, Paulinus a Sancto Bartholomaeo's annotated India volumes, and George Valentia's travelogue

---

[38] "On ne peut élever le moindre doute sur l'identité du personnage; il suffirait, à défaut d'autres preuves, de jeter, pour s'en convaincre, un coup d'œil sur les principales statues qu'on voit dans les temples érigés en son honneur : elles se présentent, à quelques légères différences près, sous le même aspect principal. Son attitude annonce la méditation ; le corps est revêtu d'une grande robe, la tête couverte d'un bonnet, qui varie selon les localités ; les yeux fixés contre terre et immobiles, les jambes croisées, les mains jointes ou appuyées de telle ou telle manière sur les genoux." <pp. 36–37>

[39] Lorenzo Pignoria, ed., "Seconda parte delle Imagini degli dei indiani. Aggionta al Cartari da Lorenzo Pignoria." In Vincenzo Cartari, *Le vere e nove Imagini de gli dei delle antichi*. Padova: Pietro Paolo Tozzi, 1615. This image is reproduced and briefly discussed in Urs App, *The Cult of Emptiness*, pp. 113–115.

of India and Ceylon.⁴⁰ Many of Ozeray's sources were available in French or French translation, and several of them were published in the late eighteenth and early nineteenth centuries. The following illustrations (Figures 2 to 10) are only a small sample of the wealth of visual information that Ozeray found in sources that he studied and cited.

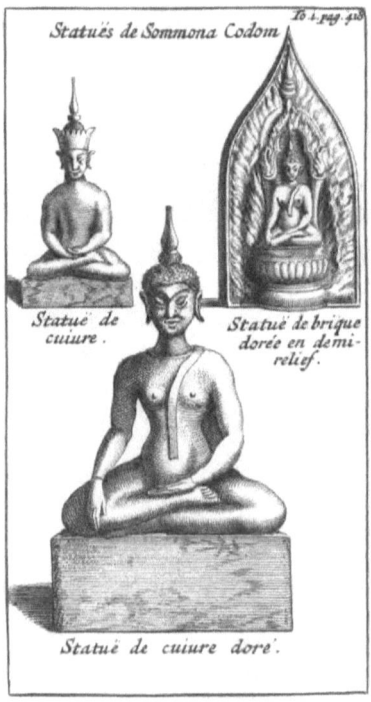

Fig. 2: La Loubère 1691, vol. 1, p. 419: Statues of the founder from Thailand

---

⁴⁰ La Loubère vol. 1:517; Thunberg vol. 3: 345 ff; Kaempfer vol. 1:46; Dutch embassy to Japan vol. 1:103; Pallas 1791; Symes vol. 2:320; Valentia vol. 2:339. For full bibliographic references see the Appendix to this Introduction, section "Sources about Asia and Asian Religions."

Introduction (Urs App)

Figs. 3–5: Paulinus a Sancto Bartholomeo 1808, vol. 3: Two statues of Buddha and statue of Gaudama from the Borgia museum

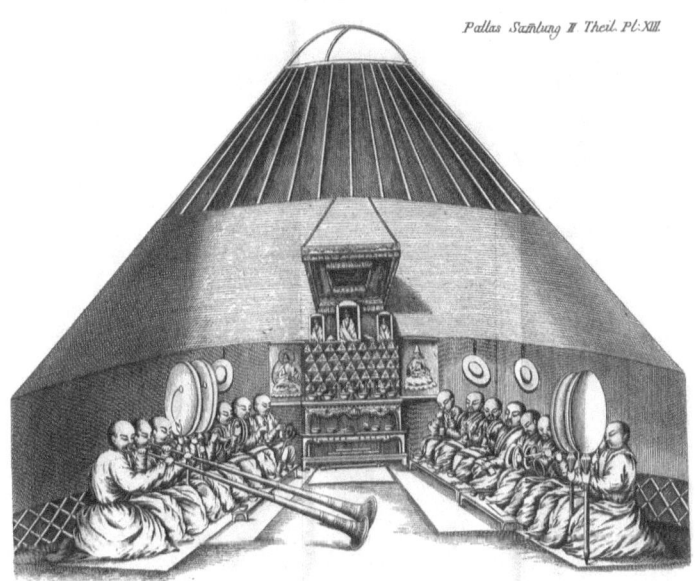

Fig. 6: Pallas 1801, vol. 2, pl. 13: Buddhist ceremony of the Kalmyk tribe with statues on the altarpiece

THE FIRST WESTERN BOOK ON BUDDHISM

Fig. 7: Kaempfer, *Histoire du Japon*, vol. 1, 1729: Buddhist temple in Thailand and giant Buddha statue

Fig. 8: Paulinus a Sancto Bartholomeo 1808, vol. 3: Two Buddha statues from the Borgia museum compared to a drawing from Jagrenat (India)

Fig. 9: Symes 1800, Collection de Planches, Plate 7: Sketch of Buddha statue in Bodh Gaya, India, by John Shore (Lord Teignmouth)

Fig. 10: Symes 1800, Collection de Planches, Plate 15: Gaudma (Gautama Buddha) statue in a Buddhist temple in Amarapura (Burma)

Buddhism's link to India was supported by reproductions of statues published by European merchants, scholars and ambassadors. On his visit to Bodh Gaya in North India the editor of William Jones's works, John Shore (Lord Teignmouth), sketched a Buddha statue (Fig. 9) that was printed by Symes (1800) together with an etching of a Burmese Buddha statue (Figure 10).

Ozeray carefully studied such illustrations and deduced with Symes that they must represent the same person, namely, the founder of Buddhism whose religion had, according to numerous reports, spread from Ceylon and India to Southeast, Central, North, and East Asia.

The second set of proofs adduced by Ozeray is based on published reports about the similarity of cultic activities related to founder Buddha in various Asian countries. The first Westerner to be struck by such similarities was, according to Ozeray, Engelbert Kaempfer who had "understood the links uniting Siam and Japan" <p. 38>. Subsequently, La Loubère had shown "that Buddou (Sommonacodom) was the religious lawgiver of several Indian nations and that the creed of Buddhists of this [Siamese] kingdom extended to several others" <p. 38>. Referring to Thunberg's conclusion that "Boudha or Buddou is worshiped by all nations of the Orient"[41] and to reports by Western ambassadors in various Asian countries, Ozeray stated that "recent years have made this truth incontestable" <p. 38>. In support he adduces reports about the worship of Buddha statues in Burma by Chinese ambassadors, statements by the Burmese emperor about the identity of the Burmese Gaudma with the Buddou of Ceylon, the acknowledgment by the Chinese emperor of the Tibetan Grand Lama as religious authority, the

---

[41] Thunberg 1796, vol. 4, p. 223: "Les idolâtres de l'île [de Ceylon] rendent leur hommage à Boudha ou Bouddou, qui est adoré par toutes les nations de l'Orient."

recognition by Kalmyks and Mongols of the Potala in Lhasa as religious center, and religious links between Tibet and India <pp. 39–40>. But Ozeray—who like many of his contemporaries conflated Buddhism and Brahmanism and thought that the Indian Brahmans had stitched their creed onto the more ancient tissue of Buddhism[42]—drew the circle rather too wide when he included India among the present-day Buddhist nations.

Buddha in History and Myth

Rejecting the view held by the likes of William Jones, La Loubère, and Paulinus a Sancto Bartholomaeo (Philipp Wesdin) that Buddha is only a mythological figure, namely, "the spirit of heaven or Mercur, the god of sciences and arts," Ozeray begins his discussion of Buddhism's founder with the title *This person is a deified man* and opens the chapter with the statement "This god was a man."[43] After a review of ancient Greek and Persian sources referring to Buddha <pp. 41–46>, Ozeray cites recent information from the annotated French translation of the first volumes of *Asiatick Researches* and from an article by William Chambers[44] in support of the view that the founder of Buddhism must have resided in North India. Ozeray discusses various conflicting theories about the time and place of Buddha's birth <pp. 46–48>, concluding that Buddha must have been born in Ceylon in the

---

[42] "[L]es Brames ont brodé sur le premier fond du bouddisme" <Ozeray 1817, p. 40>. For numerous earlier examples of this view see App 2010 and 2012.

[43] Ozeray's title of this section reads "Ce personnage est un homme divinisé," and its first sentence is "Ce dieu fut un homme." <p. 40>

[44] Symes 1800, vol. 3, 234–272. This article by Chambers that was published by Symes is a French translation of Chambers's "Some Account of the Sculptures and Ruins at Mavalipuram" which originally appeared in the first volume of *Asiatick Researches* (1788), pp. 145–170.

year 1029 before the common era <pp. 46–51>.⁴⁵ This view is based not only on Engelbert Kaempfer's Japanese chronologies (which Ozeray regarded as most authoritative) but also on the calculations of William Jones about the beginning of the present world age of India⁴⁶ and on reports about Tibetan chronology <pp. 50–51>. Interestingly, Ozeray does not waste one word on Kaempfer's conjectures about the Egyptian origin of Buddha that had influenced Mathurin Veyssière de la Croze, the authors of the French *Encyclopédie*, and many others.⁴⁷

In his book *From Stone to Flesh*, Donald Lopez credits the great Eugène Burnouf (1801–1852) with having in 1844 "for the first time" pointed out "that Buddhism is an Indian religion, that the Buddha is a historical figure, and, perhaps of particular consequence, that the Buddha was a human teacher of a religion, or perhaps a philosophy, that preaches ethics and morality without recourse to dogma, ritual, or metaphysics" (Lopez 2013:210–11). In his review of Lopez's book,⁴⁸ Matthew Kapstein points

---

⁴⁵ Ceylon was reputed to be the repository of the Pali texts, and various reports from Thailand and Burma supported the view that Ceylon was Buddhism's country of origin. Japanese sources used by Kaempfer mentioned *Tenjiku* 天竺 and Magadha as Buddha's birthplace. Kaempfer offered conflicting information about the exact location of *Tenjiku* (which in fact refers to the entire Indian subcontinent and sometimes also Southeast Asian countries). The year 1029 B.C.E. is based on Japanese sources reflecting the most common Buddhist chronologies of East Asia. The study of Sanskrit, Pali, and Tibetan Buddhist sources in the decades after the publication of Ozeray's book was to show that East Asian chronologies were wrong, that India rather than Ceylon is the birthplace of Buddhism and its founder, and that he lived around the fifth century BCE.

⁴⁶ William Jones, "Sur la chronologie des Hindous." *Recherches Asiatiques* 2 (1805): 179. On Jones' calculation and its basis in a forged text see Urs App, "William Jones's Ancient Theology." *Sino-Platonic Papers* 191 (2009): 60–65.

⁴⁷ See App, *The Birth of Orientalism* (2010), chapters 2 and 3.

⁴⁸ Matthew Kapstein, *History of Religions* Vol. 54, No. 4 (May 2015): 459–466, here 462.

out that Lopez's streamlined progression of the European view of Buddha from "idol" to "myth" and (with Burnouf) to "man" ignores "crucial aspects of Asia's Buddhist past" in which "a human Buddha teaching human disciples is everywhere in view" (Kapstein 2015:463). Indeed, Buddha as a man (rather than just an idol or myth) had also been known in Europe long before Burnouf. Almost three decades before Burnouf's *magnum opus*, Ozeray argued insistently that Buddha is a historical figure. He drew his information from older sources such as Kaempfer whose argument about Buddha's origin in Egypt presupposed a historical figure. Going further back, we find scores of missionaries (even in 16th-century Japan) who criticized Buddhism precisely because of the humanity and historicity of its founder: he had not been a god but merely a mortal man.[49]

Like modern Buddhologists who try—mostly in vain—to peel off thick layers of mythology and legend to reveal a historical kernel, Ozeray first presents what he accepts as facts about the life and teaching of Buddhism's founder ("Vie et doctrine de Buddou," pp. <51–52>) and then goes on to supply information belonging to the realm of mythology <pp. 52–56>. Both the "historical" and the "mythological" parts are more noteworthy for what the author omitted than for what he chose to include. Instead of presenting the "Jesuit" Buddha biography that was partly based on traditional Buddhist lore and partly on inventions by

---

[49] In *The Cult of Emptiness* (App 2012:52) I cited one of many examples from 16th-century Japan, a report (Fróis 1926:90) of a conversation between Jesuit brother Lourenço with a Buddhist priest that reads:

> [The Buddhist priest asked:]"What do you think of the most holy Shaka [Shakyamuni Buddha] who is venerated and famous in all the regions of Japan, China, and Siam?"

> [Lourenço] the Jesuit replied: "It seems to me that he was a mortal man like all of us and a creature, fashioned by the creator of heaven of earth. Who do you think this creator was?"

missionaries,⁵⁰ Ozeray's brief life of Buddha presents information drawn from Kaempfer that he boiled down to a few lines:

> The life of Buddou was entirely devoted to the work he had undertaken, and if one deducts the fables of mythology which people are wont to inflate and which form no part of history, his biography is very brief. The son of a king (of Ceylon, according to Japanese tradition), he left the paternal palace at the age of 19 and abandoned wife and child in order to become the disciple of a hermit with a great reputation for austerity. Soon enough he showed himself to be a man of excessive enthusiasm, but of the philanthropic kind, who was constantly preoccupied with abstract and metaphysical ideas yet dreamed ceaselessly of the happiness of other people. [...] He lived 69 years and died in the year 950 before Christ.⁵¹

It is noteworthy that Ozeray, who had studied much of the literature about Buddha and Buddhism that was available in French and provided hundreds of references to other sources, chose to rely for the "historical kernel" of Buddha's life almost exclusively on information from Japan as furnished by Engelbert Kaempfer. I have shown in earlier books that Japan played an extraordinary role in the European discovery of Buddhism. From the mid-sixteenth century onward, information furnished by Japan

---

⁵⁰ For a survey of missionary biographies of Buddha and their inventions see App, *The Birth of Orientalism* and *The Cult of Emptiness*.

⁵¹ "La vie de Buddou fut consacrée toute entière à l'œuvre qu'il avait entreprise, et, abstraction faite des fables de mythologie qu'on s'est plu à grossir et que l'histoire ne peut réclamer, elle est très-courte. Fils d'un roi (de Ceylan, selon la tradition japonaise), il quitta le palais paternel à l'âge de dix-neuf ans, abandonna sa femme et son fils pour être disciple d'un hermite qui avait une grande réputation d'austérité. Bientôt il s'annonça comme un homme d'un enthousiasme excessif, mais philanthrope, continuellement occupé d'idées abstraites et métaphysiques, mais rêvant sans cesse au bonheur de ses semblables. ... Il vécut soixante-neuf ans, et mourut 950 avant J.-C." <pp. 51–52>

missionaries had colored European perceptions of Asian religions (including what we now call Buddhism) to a surprising degree.

HISTOIRE
NATURELLE, CIVILE,
E T
ECCLESIASTIQUE
D E
L'EMPIRE DU
JAPON:

Composée en Allemand
Par ENGELBERT KÆMPFER,
Docteur en Médecine à Lemgow;
& traduite en François fur la Verfion Angloife
de JEAN-GASPAR SCHEUCHZER,
Membre de la Société Roiale, & du College des Médecins, à Londres.

Ouvrage enrichi de quantité de Figures deffinées d'après le naturel par l'Auteur même.

TOME PREMIER.

A LA HAYE,
Chez P. GOSSE, & J. NEAULME,
M. DCC. XXIX.

Fig. 11: Title page of vol. 1 of E. Kaempfer's Japan book, one of the main sources of Ozeray.

Introduction (Urs App)

With the 1727 publication of part of Kaempfer's *Heutiges Japan* manuscript in English (entitled *The History of Japan*) and its French translation of 1729 (see Fig. 11), a new and very different set of data had entered the circuit: the detailed description of the actual state of Japanese customs and religions around 1690. Though he had spent only about two years in Japan and was mostly confined to the small island of Dejima near Nagasaki, Kaempfer had profited from very able Japanese assistants who not only furnished excellent oral information but also translated important Japanese sources into Dutch.[52] In the introduction to his English translation of Kaempfer's Japan manuscript, the young Swiss Johann Kaspar Scheuchzer listed such sources on more than four pages.[53] The impact of Kaempfer's work on the European perception of our globe's religious landscape was immediate and lasting: no author could henceforth ignore this rich source of information. Its text and illustrations became ubiquitous in eighteenth-century encyclopedias, travel account collections, and surveys of the customs and religions of the world.[54] Ozeray's book shows that Kaempfer's influence lasted well into the nineteenth century. Not only Ozeray but also his friends including Europe's first professor of Sinology, Jean-Pierre Abel-Rémusat, were eager students of Kaempfer's work whose conjectures about "oriental paganism" had already shaped European perceptions of Asian religions and philosophies for almost a century.

---

[52] See App, *The Birth of Orientalism*, pp. 172–185 on Kaempfer and his view of "oriental paganism."

[53] Kaempfer 1732, vol. 1, pp. LX–LXV. The French edition of 1732 was used by Ozeray. It is based on Scheuchzer's English translation.

[54] The first major work on the continent to make use of Kaempfer's Japan work (even before the French translation appeared) is J. F. Bernard's *Cérémonies et coutumes religieuses des peuples idolâtres* (Amsterdam: J.F. Bernard), illustrated by Bernard Picart, vol. 2 (1728). For two sample pages of Picart's work see here below Fig. 12 (based on de la Loubère's *Du Royaume de Siam* of 1691) and Fig. 13 (based on Kaempfer's *The History of Japan*, first English edition of 1727).

Fig. 12: Etchings of Siamese Buddha statues by Bernard Picart (based on de la Loubère, 1691). J. F. Bernard, *Cérémonies et coutumes religieuses des peuples idolâtres* (Amsterdam: J. F. Bernard, 1728, vol. 2, p. 56)

Fig. 13: Etchings of Siamese Buddha statue and Buddhist temple compound by Bernard Picart (based on Kaempfer 1727; cf. Fig. 7). J. F. Bernard, *Cérémonies et coutumes religieuses des peuples idolâtres* (Amsterdam: J. F. Bernard, 1728, vol. 2, p. 62)

As mentioned above, Ozeray's "historical" information about Buddha's life and teaching relies on Kaempfer's section on Buddhism and its founder[55] where Buddha's Ceylonese origin, his abandonment of wife and child at age 19, etc. are discussed. Kaempfer's report includes much more detail; for example, the "excessive enthusiasm" of Buddha is described as follows:

> They call this profound enthusiasm Safen [*zazen* 坐禪], and the truths revealed to these holy persons as Satori [悟り]. In the case of Siaka [Shakyamuni Buddha], the power of this enthusiasm was such that by means of it he penetrated the most secret and important points of religion, thus discovering the existence and nature of heaven and hell, which are the places of recompense and punishment; the state of our souls in the life to come; their transmigration; and the path one must pursue to attain eternal bliss.[56]

Whereas Kaempfer's use of Japanese words like "zazen" (seated meditation) and "satori" (awakening, enlightenment) betrays the influence of Japanese Zen Buddhism, Buddha's "most secret and important points of religion" reflect widely held beliefs in the popular Buddhisms of many Asian countries including Japan. In pantomime performances (Nembutsu kyōgen 念佛狂言) dating back to the fourteenth century and still performed today in Kyoto, the dead are dragged before the King of Hell (Emma-ō 閻魔王, Skt. Yama) for judgment. Evil persons end up being horribly

---

[55] "Du Budsdo, ou du Culte Idolatre étranger, & de son Fondateur." Kaempfer 1732, vol. 2:59–70.

[56] "Cet enthousiasme profond est appelé par eux Safen, & ils nomment Satori les veritez divines révelées à ces saints personnages. A l'égard de Siaka la force de son enthousiasme étoit telle que par son moyen il penêtra dans les points de religion, les plus secrets, & les plus importans: decouvrant ainsi l'existence & la nature du ciel & de l'enfer, qui sont les lieux de recompense & de punition; l'état de nos ames dans la vie à venir, leur transmigration, & le Chemin qu'on doit tenir pour aller à la félicité éternelle [...]." Kaempfer 1732, vol. 2:61.

tortured by devils in hell, while virtuous and repentant ones are led to Amida Buddha's paradise, the Pure Land (Jap. *jōdo* 淨土). Kaempfer explains:

> Jemma [Emma 閻魔], also called in a more venerable manner Jemma O [Emma-ō 閻魔王] (it is by this name that he is also known to the Brahmins, the Siamese, and the Chinese) is the severe judge and the chief of this place of gloom and misery. All evil acts of humankind appear before him in all their horror and the most odious manner, by means of a great mirror placed before him that is called Ssofarino Kagami [Jōhari no kagami 淨玻璃の鏡], or mirror of knowledge.[57]

Fig. 14: Emma-ō (Sanskrit Yama rājā), the terrible judge of hell. Kamakura (Japan), Emmadō; photo by Urs App

---

[57] "Jemma, nommé autrement & exprimé avec un caractere plus venerable Jemma O, (c'est sous ce nom qu'il est connu aussi des Bramins, des Siamois, & des Chinois) est le juge sévère, & le chef de ce lieu de ténèbres, & de misère. Toutes les actions vitieuses du genre humain paroissent devant lui avec tout leur horreur, & de la manière la plus odieuse, au moyen d'un grand miroir placé devant lui, & nommé SSofarino Kagami, ou le miroir de la connaissance." (Kaempfer 1732, vol. 2:64)

Fig. 15: Buddhist statues of the Kalmyk tribe. Peter Simon Pallas, *Sammlung historischer Nachrichten über die mongolischen Völkerschaften*. St. Petersburg: Kaiserliche Akademie der Wissenschaften, 1801, vol. 2, plate 9. Also reproduced in the illustration volume of the French edition of 1788-93 used by Ozeray (Paris: Maradan).

Reports about the Buddhist paradise and its hells also reached Europe from other Asian countries and played an important role. So did descriptions and depictions of Buddhist deities or saints whose statues are worshiped by the Buddhist faithful of various countries. For Ozeray they represented an outgrowth of a complicated mythology "whose basis was furnished by the life and doctrine of Buddou" <p. 52 ff>. Apart from Amida (Amitābha) in heaven, Emma (Yama) in hell, and Buddou on earth, Ozeray's sources also contained depictions of women as well as a multitude of strange figures that he classified as "genies" or secondary gods ("dieux secondaires" <p. 55>). Instead of entangling himself in the complex Buddhist pantheon, Ozeray mentions only a few figures such as Buddha's evil brother Thevetat (Devadatta) and "Vichenou (the same as Buddou) who is represented in ways that are not horrible but bizarre" <p. 54>, and after barely four pages he states that it would be tedious to enter into more detail because such "mythological aberrations" are but outgrowths of the fundamental points of Buddha's doctrine <pp. 55–56>.

BUDDHA'S FUNDAMENTAL DOCTRINE

Though Ozeray's presentation of Buddou's core doctrines generally follows Kaempfer's report, there is a significant difference: whereas Kaempfer generally avoids the word "god," Ozeray's Buddou believes in a god of heaven who remunerates the good, and in a god of hell who punishes the evil:

> Meditating on the most important points of religion, he acknowledged one god who remunerates virtue, and another who punishes vice and crime; the peaceful abode of the virtuous in heaven and the somber dwelling place of the evil in hell; the immortality of souls and their transmigration; and metempsychosis as the means of acquiring merits.

He equipped the peoples with a good and generous, yet ridiculous and excessive morality. On the other hand, while devoting all duties of gratitude to the deity, he thought it necessary to prohibit sacrifices and denounced with horror the spilling of human blood. He regarded the local deities of oriental nations only as spirits in charge of different parts of the universe who direct various processes of nature.[58]

Ozeray mentions "maxims" of the Buddha collected by his disciples and "sheets written by his hand or by his order" as well as "theological collections" preserved in Ceylon, and he follows Kaempfer in holding that the "livre des *Belles fleurs*" (that is, the *Lotus sutra*) is "the bible" of all nations east of India. In Ozeray's opinion, "such books alone contain the religious system of the orthodox Buddhists" <p. 56>. Though two Japan missionaries had studied the Chinese text of the *Lotus sutra* as early as the sixteenth century,[59] almost nothing of its content was known in Europe until the publication of Eugène Burnouf's translation and related essays in 1852.[60] When Ozeray wrote his book, no translations of Sanskrit texts were yet available; and except for a few fragments

---

[58] "Méditant les points les plus importans de la religion, il reconnut un dieu rémunérateur de la vertu, un autre vengeur du vice et du crime, la paisible demeure des bons au ciel, le sombre séjour des médians aux enfers, l'immortalité des âmes, leur transmigration, la métempsycose comme voie et moyen d'acquérir des mérites; imbut les peuples d'une morale bonne et généreuse, mais ridicule et outrée. D'un autre côté, consacrant tous les devoirs de la reconnaissance envers la divinité, il crut devoir proscrire les sacrifices, et se prononça avec horreur contre ceux où l'on répandait le sang de l'homme. Pour les dieux des nations orientales, il ne vit en eux que des génies préposés aux diverses parties de l'univers, en dirigeant les différentes opérations de la nature." <pp. 51–52>

[59] App, *The Birth of Orientalism*, p. 190 and *The Cult of Emptiness*, p. 61.

[60] Eugène Burnouf. *Le lotus de la bonne loi: traduit du sanscrit, accompagné d'un commentaire et de vingt et un mémoires relatifs au buddhisme.* Paris: Imprimerie nationale, 1852.

published by La Loubère,[61] the content of Pali texts was equally unknown. Nevertheless, Ozeray thought he was in a position to present the religious system of the "orthodox" Buddhists and boil it down to five main points.

Interestingly, the doctrines described by Ozeray differ significantly from those ascribed to Buddha by such eighteenth-century authors as Brucker, Diderot, Kant, and Herder who tended to rely on the Jesuit tale of Buddha's deathbed confession and the notion of an "inner" and "outer" teaching.[62] The *inner teaching*, atheist and materialist in nature, was portrayed as Buddha's true teaching revealed on his deathbed: the view that there is neither a creator God nor a yonder and that everything consists of a single eternal substance which temporarily adopts and changes forms like waves in the sea. By contrast, the *outer teaching* was said to consist of fables about heaven and hell, punishment and reward, and the transmigration of souls—fables that the Buddha merely employed in order to improve people's moral behavior. As Diderot's *Encyclopédie* article on Oriental philosophy beautifully shows,[63] authors of the Enlightenment generally regarded Kaempfer's information as facets of Buddhism's "outer" teaching and relied on missionary sources for its "inner" doctrine.

Breaking with this dominant tradition of the eighteenth century, Ozeray mentions neither Buddha's deathbed confession nor a division into inner and outer teachings, and one searches in vain for terms like "nothingness" and "emptiness"; in fact, Ozeray's entire book contains no reference at all to Buddha's "inner" teaching which Enlightenment authors had regarded

---

[61] App, *The Birth of Orientalism*, pp. 120 and 438.

[62] For the origins and development of this idea see App, *The Birth of Orientalism* and *The Cult of Emptiness*, passim.

[63] See the chapter on Diderot in App, *The Birth of Orientalism*, pp. 133–187.

as the core doctrine not only of Buddhism but of "Oriental philosophy" as a whole.[64]

In a major turnabout, Ozeray relies in his presentation of Buddhist doctrines almost exclusively on reports about popular Buddhism as provided by Kaempfer (Japan), Pallas (Kalmyks, Mongolia), and Guy Tachard (Thailand). His Buddha is neither an atheist nor a nihilist or materialist but rather a "moral philosopher" who was revered by the faithful as a "god" and had taught five fundamental doctrines. Though the content of these doctrines is mainly drawn from Kaempfer's summary of the "most essential points of [Buddha's] doctrine" (1732:2.61–65), Ozeray omits important features such as the five, ten, and five hundred Buddhist precepts. Instead, he creates a doctrinal structure with three "gods" that is not found in Kaempfer but appears to be inspired by Guy Tachard's explanations about the worldview of Thai Buddhists. Ozeray's first three articles of Buddha's "original doctrine" pertain to the "three gods" of Buddhism and their respective realms: heaven, hell, and earth.

> *First article of doctrine.* — A first god presides over the physical as well as the moral order. As supreme head of the celestial realms, he has established his dwelling in the highest heaven. There he recompenses virtue. Since the souls differ in merits due to their past actions, they enjoy in this superior region more or less perfect bliss. The just dispenser of the good is treating like a father all those whose virtuous life has elevated them to him.[65]

---

[64] For the origin of this invention in 16th-century Japan and its spread from East Asian missions to Europe see App, *The Cult of Emptiness*.

[65] "Ier *Article de doctrine.* — Un premier dieu préside à l'ordre physique, comme il préside à l'ordre moral. Chef suprême des habitations célestes, il a établi son séjour au plus haut des deux. Là, il récompense la vertu. Comme lés âmes diffèrent par le mérite de leurs actions passées, il y a pour elles dans la région supérieure un bonheur plus ou moins parfait. Le juste dispensateur des biens traite en père tous ceux qu'une vie vertueuse a élevés jusqu'à lui." <Ozeray 1817, p. 56>

Fig. 16: Amida Buddha surrounded on the walls by happy saints and musicians of the Pure Land. Byōdōin, Uji city, Japan. Photo by Urs App

In this first article of Buddhist doctrine, Ozeray recasts Kaempfer's explanation about Amida, the supreme *chief* (rather than god) of the celestial realm.[66] He also refers to Pallas (1788:1.536) who purportedly based his presentation on "several small works on the religion of the Mongols translated by André Tchoubovskoï, protopope (head priest) of the Christian Kalmyks of Stavropol" <Ozeray 1817:56–57>.

Ozeray's second Buddhist dogma pertains to the domain that Kaempfer calls "Dsigokf" (Jap. *jigoku* 地獄), a "place of misery" where the judge Jemma (Jap. Emma 閻魔) resides. Kaempfer describes Jemma as the "severe judge and chief of this place of gloom and misery,"[67] but Ozeray uses the terms "hell" and "god":

> Second article of doctrine. — The god of hell convokes the guilty to his severe and impartial court and punishes all misdeeds in these abysses where sins are classified according to their enormity. Nothing can bend his justice, unless one takes recourse to the prayers of priests and offerings to the god of heaven who, by his powerful intercession, sometimes instigates him [the god of hell] to reduce the rigor of his sentence, provided that this does not interfere with the repression of vice and crime and with the exemplary punishment of those who have not done anything to cast off its yoke.[68]

---

[66] Kaempfer 1732, vol. 2, p. 62: "Amida est le Chef suprême de ces habitations célestes." Ozeray abbreviated and reformulated Kaempfer's text and introduced the word "god" which Kaempfer did not use. Amida Buddha's fate in the West is still largely unexplored; for one facet see Urs App, "How Amida got into the Upanishads: An Orientalist's Nightmare." In *Essays on East Asian Religion and Culture*, ed. by Christian Wittern and Lishan Shi. Kyoto: Editorial Committee for the Festschrift in Honour of Nishiwaki Tsuneki, 2007, pp. 11-33.

[67] "Jemma ... est le juge sévère, & le chef de ce lieu de ténèbres, & de misère" (Kaempfer 1732, vol. 2:64).

[68] "2ᵉ *Article de doctrine*. — Le dieu des enfers appelle le coupable à

Fig. 17: Horse-headed guardian of hell herding the damned sinners to be tortured in Buddhist hell. Detail from a medieval Japanese hell scroll (Saburō Ienaga, ed., *Jigoku zōshi*. Tokyo: Kadokawa shoten, 1976).

Ozeray's footnotes to these first two articles of Buddhist faith do not refer to Guy Tachard's *Voyage de Siam des pères jesuites, envoyés par le Roy aux Indes & à la Chine* (1686); yet Tachard's account of the worldview of Thai Buddhists certainly influenced Ozeray's view. Tachard calls Buddha the "god" and "deity" of the Thai people, and his report teems with other loaded terms such as "enfer" (hell), "paradis" (paradise), and "anges" (angels).[69]

---

son tribunal sévère et impartial, et punit toutes les fautes dans ces abymes où les peines sont graduées selon leur énormité. Rien ne pourrait fléchir sa justice, si l'on n'avait recours aux prières des prêtres,, et aux offrandes faites au dieu du ciel, qui, par sa puissante intercession, l'engage quelquefois à adoucir la rigueur de sa sentence, autant que cela peut s'accorder avec la répression des vices, des crimes, et la punition exemplaire de ceux qui n'ont rien fait pour en secouer le joug." <Ozeray 1817, p. 57>

[69] Tachard 1686: 382–384; titles in margin "Les Siamois croyent un Paradis & un Enfer" (The Siamese believe in a paradise and a hell), "Ce

By contrast, the notion that Buddha is the "god of the earth" appears to be a conclusion drawn by Ozeray:[70]

> *Third article of doctrine.* — The earth also has its god: it is Buddou. He makes himself visible and invisible according to his plans; when he transforms himself into a man, quadruped, or bird, it is in order to aid the perception of his benevolence and to shield the good from the evil. Nothing remains hidden to him, and he remembers exactly everything he has gone through since his last transmigration. As teacher and doctor of men, he teaches them the truth and leads them to the paths of virtue. His reign does not last forever. Deities preceded him on earth, which was overturned and reestablished several times; others will succeed to him, and there will be other upheavals. After a certain number of years—that is, when the number of the elect sanctified by merits is full—he will attain eternal rest. Other gods reigning on earth will inherit his passion for the good of humanity, and like him they will be torches to enlighten men and to familiarize them with true religion.[71]

---

que les Siamois croyent de l'Enfer" (What the Siamese believe about hell), and "Ce qu'ils croyent du Paradis" (What they believe about paradise).

[70] For this third article, Ozeray refers to Tachard 1686:379, Kaempfer 1732:64, Pallas 1788, vol. 1:536, and William Jones's article on Hindu chronology in *Recherches asiatiques* 2 (1805):390.

[71] "3ᵉ *Article de doctrine.* — La terre a aussi son dieu: c'est Buddou. Il se rend visible ou invisible, selon ses desseins; lorsqu'il se métamorphose en homme, en quadrupède, en oiseau, c'est pour servir les vues de sa bienfaisance, c'est pour soustraire les bons aux méchans. Rien ne lui est caché, et il se souvient exactement de tout ce qui lui est arrivé depuis sa dernière transmigration. Maître et docteur des hommes, il leur enseigne la vérité, et les conduit dans les voies de la vertu. Son règne ne doit pas durer éternellement. Des divinités l'avaient précédé sur la terre bouleversée et rétablie plusieurs fois; d'autres lui succéderont, et il y aura de nouveaux bouleversemens. Après un certain nombre d'années,

Tachard's *Voyage de Siam* (1786:390) also furnished the basis for Ozeray's fourth article of the Buddhist faith:

> *Fourth article of doctrine.* — The genies in charge of governing the universe's diverse parts and the different processes of nature can never be raised to the rank of gods. They all have a purpose of their own and inhabit the sun, the moon, the stars, the mountains, the forests, the rivers. Every person can, according to her needs, beseech or thank them with a heart that is grateful for the favors which she believes to have received from them.[72]

Ozeray's fifth and final article of Buddhist doctrine is inspired by Kaempfer's explanations about the Japanese belief in the return of impious souls into the world and about the process of metempsychosis or transmigration (1732:2.65). Ozeray presented this ultimate major doctrine of Buddou as follows:

> *Fifth and last article of doctrine.* — It is through the wise use of things that one can become worthy of eternal bliss. When the souls in hell have passed the time necessary for the expiation of their sins and are sent back into the world to acquire new merits, the god of the netherworld chooses the animals whose nature and characteristics best match their evil inclinations. Transmigration progresses from the most

---

c'est-à-dire lorsque le nombre des élus qui doivent se sanctifier par ses mérites sera rempli, il tombera dans un repos éternel. D'autres dieux régnant sur la terre hériteront de son ardeur pour le bien de l'humanité, et seront comme lui une lumière destinée à éclairer les hommes et à leur faire connaître la vraie religion." <Ozeray 1817, pp. 57–58>

[72] "4ᵉ *Article de doctrine.* — Jamais les génies préposés au gouvernement des diverses parties du monde et aux différentes opérations de la nature, ne peuvent être élevés au rang des dieux. Ils ont tous reçu une destination qui leur est propre, et habitent le soleil, la lune, les astres, les montagnes, les forêts, les fleuves. Chacun peut, selon ses besoins, les prier ou les remercier avec un cœur reconnaissant des grâces qu'il croit en avoir reçues." <Ozeray 1817:58>

base animals to higher ones until they are allowed to enter human bodies. If such a person does not take advantage of this chance to change behavior, he will be subjected to new tortures in hell, followed by another unhappy transmigration. Health, intelligence, talents, nobility, honors, wealth, holiness, and heaven are remunerations for a good life; on the contrary infamy, poverty, vice, ignorance, mutilation of a limb, illnesses, death, and hell serve as punishment for a reprehensible and criminal life.[73]

Though this view of transmigration may not seem orthodox to Buddhologists and Buddhist philosophers discoursing about *anātman* (not-self) and emptiness, it is widely held in many Buddhist countries and forms an integral part of popular Buddhism in Asia. Additionally, like the figure of King of Hell Yama, it is a notion that links popular Buddhism to other religions of India.

---

[73] "5ᵉ et dernier Article de doctrine. — C'est par le sage usage des choses présentes qu'on peut se rendre digne de la félicité éternelle. Lorsque les âmes qui ont passé en enfer le temps nécessaire à l'expiation de leurs fautes, sont renvoyées au monde pour acquérir de nouveaux mérites, le dieu des sombres demeures choisit les animaux dont la nature et les propriétés conviennent le mieux à leurs mauvaises inclinations. La transmigration se fait des plus vils à d'autres d'une nature plus élevée, jusqu'à ce qu'il leur soit permis d'entrer dans les corps humains. Si tel homme ne profite pas de cette faveur pour changer de conduite, il s'expose à subir de nouveaux supplices en enfer, suivis d'une nouvelle transmigration malheureuse. La santé, l'esprit, les grâces, la noblesse, les honneurs, les richesses, la sainteté, le ciel, sont la récompense d'une bonne vie ; et au contraire l'infamie, la pauvreté, le vice, l'ignorance, la mutilation d'un membre, les maladies, la mort, l'enfer, servent de punition d'une vie coupable et criminelle." <Ozeray 1817:58–59>

SIMILARITIES OF CULT AND CLERGY

In addition to the unique founder figure venerated in many Asian countries and his fundamental doctrine observed in several Asian countries, Ozeray found proof for the unity of this religion also in common invocations of Buddha and Amida and in prayers <pp. 59–60>, the use of offerings rather than sacrifices <60–61>, and furthermore similarities of liturgy <61–63>, moral instruction <63–64, 78–82>, monastic life <64–66>, clerical hierarchy <66–68>, ordination <68-70>, celibacy <70–71>, food restrictions <71–72>, ablutions <73>, priestly attire <73–75>, and ascetic practices by hermits and "enthusiasts" <75–78>.

Once again, the sources adduced by Ozeray contain many images. Engravings related to religious customs, persons, and objects were—regardless of their origin—widely used in encyclopedias, travel account collections, embassy reports, and many other publications. If the technique of engravers had reached its peak in the seventeenth and eighteenth centuries, the inventions and advanced printing technology of the early 19th century facilitated the reproduction of images in smaller and more economical formats. In 1816, just one year before the publication of Ozeray's book, one of the richest sources of such images, Jean-François Bernard's *Histoire des religions et des moeurs de tous les peuples du monde* with Bernard Picart's engravings, appeared in Paris in a new six-volume edition that won an award for its revolutionary technique of reduced-size reproduction of large engravings.[74] It contained a depiction of a rosary-wielding Chinese priest as well as one—adopted from Engelbert Kaempfer's Japan book—of Japanese rosaries used by different Buddhist sects (Figs. 18 & 19).

---

[74] Lynn Hunt, Margaret C. Jacob and Wijnand Mijnhardt, *The Book that Changed Europe. Picart & Bernard's Religious Ceremonies of the World*. Cambridge / London: Belknap Press of Harvard University Press, 2010, p. 302. This six-volume edition was published by A. Belin.

Fig. 18: Chinese clerics with their rosaries (the larger one on the left and the shorter one hanging from the sleeve of the priest on the right). Bernard / Picart 1816 ed., vol. 1, p. 106.

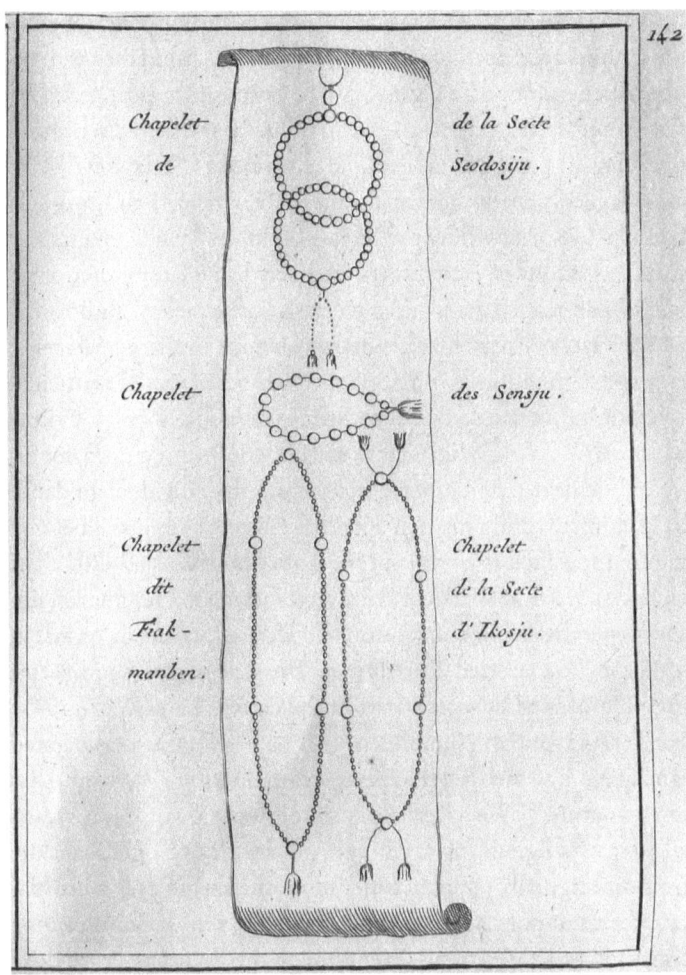

Fig. 19: Image of five different kinds of rosaries used by Japanese Buddhists.
  Top: Pure Land sect (Jōdōshū 浄土宗) rosaries.
  Middle: Zen (Zenshū 禪宗) rosary
  Bottom left: Hyakumanben rosary
  Bottom right: rosary of the Ikkōshū (一向宗) or Reformed Pure Land sect (Jōdō shinshū 浄土新宗).
  From Bernard / Picart 1816 ed., vol. 1, p. 142. Picart's source is Kaempfer 1729, vol. 1, Tab. VIII, and explanations on p. xlvi.

Various regional differences in prayers and offerings at Buddhist altars addressed to the "god of heaven" (Amida) or to Buddha are mentioned by Ozeray, as are various liturgical practices. For example, the recitation of "Pali books or the sacred scripture" is said to be practiced in Siam only by monks ("Talapoins") who cross-leggedly chant them in unison while moving their hand-held fans <p. 62>. According to Ozeray, Buddhist hymns, chants and such recitations of sacred texts are likely to be later accretions.[75] Such historical changes serve to explain the lack of uniformity which Ozeray's presentation makes obvious. India in particular is a constant outlier: Indian clergy has "established particular ceremonies" in the daily cult to diverse divinities involving ritual baths <61, 73> and ablutions of statues <61>, and it does not offer public instruction at its temples but only individual guidance by "Brahmans and Gurus or spiritual masters" <63, 66> belonging to a specific caste with special initiation rites <69–70>. The caste system, ritual baths in the Ganges, excessive penitences, lingam veneration, and immolation of widows (sati) are discussed in a long section entitled "Hindustan. The Religion of Buddha free for all, professed by a great part of the nation; heresy" <84–94>. For Ozeray, Indian "Buddhism" is thus a heretical, degenerated "amalgam" in which "all that comes from Buddou (Vichenou) has lost its nature."[76] We have already noted above that Ozeray's overall view of religious history hinges on the idea of a gradual slide from an originally pure doctrine (monotheism) to ever more blatant forms of polytheism and idolatry. His view of Buddhist history shows a similar trend. Even though the Buddha's "orthodox" teaching was already from the outset tainted with error, "heresy" soon engulfed entire nations such as India. Whereas Buddhist

---

[75] "Rien ne prouve que tel rit soit d'institution première" <p. 61>.

[76] "Ainsi tout ce qui vient de Buddou (Vichenou) a subi un amalgame; son caractère est dénaturé, et sa fable se rattache difficilement à celle de la mythologie vichenouviste." <p. 87>

Introduction (Urs App)

priests in "orthodox" countries such as Thailand, Burma, Ceylon, China and Japan are said to generally live in secluded monasteries where they "exclusively engage in meditation" <p. 64>, observe celibacy <p. 70>, and believe that priesthood is not hereditary, some Buddhist priests of India ("Brames") live with their family, reject celibacy, and insist that their priestly status be inherited by their sons <66, 69–70>. On the other hand, the vishnuite Brahmins are said to have preserved the "general tradition" of original Buddhism in wearing yellow robes and shaving their heads <pp. 73–74>.

This degeneration scenario also helped to explain further discrepancies between peoples and clergies who, according to Ozeray, belong to the same religion founded by Buddha. Some of the priests, monks, and nuns are entirely vegetarian while others accept and consume donations of animals or even habitually eat meat and fish, though all are in principle bound by the same five precepts that prohibit (1) killing animals, (2) stealing, (3) fornicating, (4) lying, and (5) consuming intoxicating substances <pp. 78–82>.

Orthodoxy and Heresy

The following section of Ozeray's book <pp. 83–111> describes "the general state of the religion of Buddha, its heresies, and its local influence in all regions where it penetrated." As mentioned above, Ozeray's explanation of the vast differences in various countries sets an "original," "orthodox" teaching by founder Buddou (more or less well preserved in Ceylon, Southeast Asia, China, and Japan) against degenerated forms that arose through "schisms" in the "heretical" traditions of India, Tibet, Bhutan, Siberia, and Mongolia. The apex of orthodoxy is of course

represented by the founder figure Buddha. In his summary Ozeray describes him as follows:

> It is a fact that cannot be contested: Buddou is a famous personage; he has not been wrested from oblivion by an industrious annalist or an able antiquarian. He owes his new existence neither to an inscription nor to a medallion but is known by his life and morals. Removed from the altar on which blindness and superstition has placed him, Buddou is a distinguished philosopher, a sage born for the happiness of his fellow creatures and for the good of humanity.[77]

As mentioned above, this appraisal is very much relativized in the paragraph that immediately follows:

> A deified man, he is the foremost of religious law-givers of Eastern Asia. Though his doctrine only sprang from the second gush of error, and though it destroyed gross superstitions, it has nonetheless preserved the vice of its origin: it finds itself infected by polytheism. With regard to morality, the author presents to man his duties—though often exaggerating them, seduced by his desire to have people love them more.[78]

---

[77] "C'est un fait incontestable ; Buddou est un personnage fameux; il n'a point été arraché à l'oubli par les soins d'un laborieux annaliste ou d'un habile antiquaire. Ce n'est ni à une inscription, ni à une médaille qu'il doit une nouvelle existence ; il est connu dans sa vie et dans ses mœurs. Descendu de l'autel où l'aveuglement et la superstition l'avaient placé, Buddou est un philosophe distingué, un sage né pour le bonheur de ses semblables et le bien de l'humanité." <Ozeray 1817, p. 111>

[78] "Homme divinisé, il est le premier des législateurs religieux de l'Asie orientale. Sa doctrine, quoique du second jet de l'erreur, et tout en détruisant de grossières superstitions, n'en conserve pas moins le vice de son origine : elle se trouve infectée de polythéisme. Quant à la morale, l'auteur présente, mais souvent exagère à l'homme ses devoirs, séduit par le désir de les lui faire aimer davantage." <Ozeray 1817, p. 111>

For Ozeray, Buddhism's triumph in Asia is thus ultimately based on error. Nevertheless, the Buddha's "false wisdom" had brought considerable benefits that differ according to region:

> His influence has not been the same everywhere. In some places Buddhism triumphs over beliefs that one cannot even explain to oneself, over unwritten ephemeral traditions, and over local deities that are worshiped with the keenest devotion while prosperous, but despised and hated in a moment of despair. In other [places] it uses its false wisdom to fight against accredited errors, against faint notions of philosophy, against the seduction of example, against the empire of common practice, and against the power of customs.[79]

For Ozeray the term "orthodox" therefore "does not mean that this doctrine is true in itself, because here one does not find truth;" rather, it only refers to an unchanged "general teaching" preserved "since the first centuries of the religion of Boudha." This teaching is full of errors; yet compared to those starker "heresies which are the strongest aberrations from the thought of the founders," it is the lesser evil.[80]

---

[79] "Son influence n'a pas été par-tout la même. Ici le bouddisme triomphe des croyances dont on ne peut se rendre compte à soi-même, de traditions non écrites, fugitives, sur des divinités locales adorées avec la dévotion la plus vive dans la prospérité, objets du mépris et de la haine dans un moment de désespoir. Là il oppose sa fausse sagesse à des erreurs accréditées, à une lueur de philosophie, à la séduction de l'exemple, à l'empire des usages, à la force des coutumes." <Ozeray 1817, p. 112>

[80] "Je dois fixer le sens des mots: je n'appelle pas la doctrine que je vais exposer *orthodoxe* parce qu'elle est vraie en elle-même, car on ne trouve pas ici la vérité; mais parce qu'abstraction faite des variétés d'opinion, elle est dans ses points principaux la matière d'un enseignement général depuis les premiers siècles de la religion de Boudha. Par *hérésie*, j'entendrai les plus fortes aberrations de la pensée des fondateurs." <Ozeray 1817, p. 56>

Ozeray believed that Buddhism spread "in two clearly distinct lines" from its original home in Ceylon (Sri Lanka), a "northern" line and a "western" line.[81]

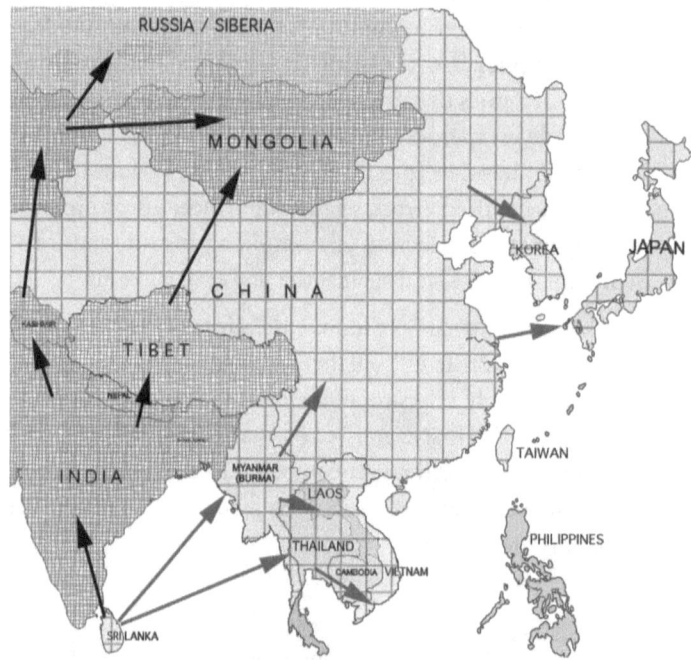

Fig. 20: Ozeray's vision of the spread of Buddhism from its original home in Sri Lanka. (1) in fine mesh: Ozeray's "Northern" line consisting of "heterodox," schismatic forms of Buddhism in India, Bhutan, Tibet, Mongolia and Siberia. (2) in large square grid: Ozeray's "Western" (actually Eastern) line of "orthodox" forms of Buddhism that stretches from Sri Lanka to Southeast Asia, China, and Japan. By Urs App.

Ozeray explains that the survival of Buddhism's "most ancient doctrine" in Ceylon, Burma, Thailand, Laos, Cambodia, Vietnam, China, and Japan is mainly due to the purely moral author-

---

[81] What Ozeray calls the "Western" line <p. 83> actually extends toward the East, as our Fig. 20 shows.

ity of Buddhist priests, their lack of involvement in politics, and the stability of governments. In these regions the laws were respected, the received dogmas and observances maintained without change, and Buddhism's dogmatic uniformity was more or less safeguarded since early times <p. 83>.

ORTHODOX BUDDHIST COUNTRIES

According to Ozeray, "orthodox" Buddhism was at the beginning of the 19th century still dominant in Ceylon (Sri Lanka) and Burma (Myanmar) as well as Siam (Thailand) where it had been adopted some centuries after the death of its founder. These are the countries where "the doctrine and fable of Buddou triumphed over the ancient superstitions" <p. 126> and achieved permanent dominance. At least one million Buddhists are said to live in Ceylon <p. 127>, about 5 million in Thailand <Siam; p. 131>, and about 17 million in Myanmar <Burma; p. 131>. For other countries of Southeast Asia such as Laos and Vietnam (the latter formerly called Cochin China and Tonkin), Ozeray's estimate amounts to 20 million Buddhists <p. 132>.

Buddhism's spread to China and Japan had taken place only after the beginning of the common era, and in these two countries Buddhism—though "orthodox"— was from the beginning obliged to coexist with Confucianism and Daoism and was only "tolerated" <pp. 101, 107>. Ozeray follows the Jesuit line in arguing that Confucian cults "are not customs, a discipline, religious observances; rather, they are civil conventions."[82] The idea—first advanced by the Jesuit missionary Matteo Ricci—that the ancient

---

[82] "Ces coutumes, dont l'empire est absolu, ne sont pas des usages, une discipline, des observances religieuses; ce sont des habitudes civiles" <p. 102>. For much of this portrayal, Ozeray relies on the 1780 edition of the Jesuit *Lettres édifiantes et curieuses*.

Chinese had pure monotheism and worshiped God under the name of *Tian* 天 (heaven)[83] confirmed Ozeray's overall degeneration scenario of the history of religions, which is why he devotes more space to Confucianism than to Daoism <pp. 103–104>. According to Ozeray, Buddhism had gained a foothold in China mainly because it filled a vacuum regarding the fate of man's immortal soul and moral order through its conception of transmigration and of punishment or reward in the yonder <p. 104>.

For Japan, Ozeray relies primarily on the information furnished by Kaempfer. Though he does not mention the word Shinto, he uses Kaempfer's description of this indigenous religion of Japan <pp. 107–110> and employs it to support his idea of primeval monotheism: the Japanese had originally believed in "the first and greatest of Japan's gods who inhabits the summit of the heavens and is the essence of light and the sun."[84] Ozeray also mistakenly claims that Buddhism had been introduced in Japan at the beginning of the sixth century of the common era by "Darma" (Bodhidharma; see Fig. 21), "a man whose zeal had no limits." This mythical patriarch—commonly credited with having brought Zen Buddhism from India to China in the sixth century—had by way of a mistranslation of Kaempfer's text become the founder of Japanese Buddhism. In addition, Ozeray has Bodhidharma set out not from "heretical" India but from "orthodox" Thailand (Siam),[85] thus extending the trajectory from Bud-

---

[83] From the late 17th century this line of argument was much disputed and formed the heart of the so-called Chinese rites controversy. See App, *The Cult of Emptiness*, pp. 91–110.

[84] "Le premier, le plus grand des dieux du Japon, habite au plus haut des cieux; il est l'essence de la lumière et du soleil" <pp. 107–108>.

[85] "La conversion de la nation japonaise, tentée sans succès jusqu'alors, eut lieu au commencement du sixième siècle de l'ère chrétienne. Darma, homme dont le zèle n'avait point de bornes, et qui étendit sa prédication de Siam par la Chine jusqu'au Japon, opéra cette révolution" <p. 110>.

dhism's cradle in Sri Lanka via Thailand and China to Japan at the very end of the world.

For China and Tartary, Ozeray calculates 150 million inhabitants <p. 132> and for Japan 20 million <p. 133>; but he lacks reliable data for Korea, the Ryukyu islands, and Taiwan. Estimating that about one third of the total population of China and Japan is Buddhist, Ozeray arrives at the number of 65 million <p. 133>.

Fig. 21: Bodhidharma floating on a reed on his way to China. Kaempfer 1732, vol. 2, Tab. XXXIX.

Heretical Buddhist Countries

Of all the heresies that according to Ozeray creeped into Buddhism, the one that is "professed by a great part of the [Indian] nation" is the most blatant. When Buddha alias Vishnu appeared among the Indians he enjoyed "the greatest success," and "of the numerous temples that he had built to the god of heaven some still remind us of the dominance that he exercised over their minds."[86] But soon "the furor of heresy" drove orthodox Buddhists to "a few caverns or subterranean grottos" which even today are "silent yet eloquent memorials of the ravages of centuries" <p. 84>. Ozeray's description, based on Lord Valentia's reports about Indian cave temples, almost evokes the catacombs of early Christian times. Ozeray's main reasons for the "schism" and heretical turn of Buddhism in India were mentioned above; above all, the division of castes and the monopoly of Brahmans on priestly duties had a pernicious effect <pp. 87–89>. Since this degenerated and heretical form of Buddhism is "professed by a great part of the nation" <p. 84>, Ozeray adds as much as 60 million inhabitants of India to Buddhism's ranks <p. 132>.

The second great region tainted by "heresy" consists of Tibet, Bhutan, parts of Russia, and Mongolia. According to Ozeray, Buddhism was brought from India to Tibet by "some Buddhists from Hindustan who had preserved the sacred doctrine" <p. 94>, but the "semi-theocracy" of the Tibetan lamas soon added new errors. Most importantly, Buddhism's central doctrine of transmigration was no more used for promoting ethical behavior but rather for serving Tibetan "popery." The "supremacy of the

---

[86] "Lorsque Vichenou (Buddou) parut au milieu d'eux, il eut le plus grand succès; des temples nombreux qu'il avait élevés au dieu du ciel, quelques-uns retraceraient encore combien il avait eu d'empire sur les esprits" <p. 84>.

Lamas" and their "pontiffs favored by heaven" <p. 96>, polyandry <99–100>, and burial customs differing from orthodox cremation <100–101> are adduced as the main symptoms of this Buddhist heresy dominant in Tibet and Bhutan. These two countries add six million to the ranks of heterodox Buddhists. The Eleuths, Kalmyks, Buriats, Usbeks, and various Mongolian tribes who adopted Tibetan Buddhism are good for another six million <pp. 128–130>, bringing the total number of heterodox or heretical Buddhists to 72 million.

In order to avoid being accused of exaggeration <p. 134>, Ozeray shrinks these enormous numbers down to a modest "more than 100 million" Buddhists <p. 125>[87] yet insists that "the most widespread religion in the East Indies, the richest in terms of populace, the only indigenous one, and the only one that links multiple peoples through a common belief, is that of our religious teacher [Buddha]."[88] As mentioned above, the idea that Buddhism is the largest religion on earth had already been aired in missionary writings of the mid-seventeenth century.[89] Though Ozeray had falsely regarded Brahmanism as a form of degenerated Buddhism, the idea that before the mid- or even late 19th century "there was no 'Buddhism' to consolidate disparate observations gathered in and about Asia"[90] must be finally laid to rest.

---

[87] The first header of Ozeray's Appendix <p. 125> reads "PAR plus de cent millions d'individus" ("by more than 100 million individuals") which refers to the Ozeray's Introduction where he states that Buddhism is followed by more than 100 million people.

[88] "Il résulte de tout ce que je viens de dire que la religion la plus répandue dans les Indes orientales, la plus riche en hommes, la seule indigène, qui attache plusieurs peuples par le lien de la même croyance, est celle de notre institueur religieux" <p. 134>.

[89] See App, *The Cult of Emptiness*, pp. 143 & 151.

[90] Tomoko Masuzawa, *The Invention of World Religions*. Chicago & London: The University of Chicago Press, 2005, p. 122.

Changing Images of Buddhism

Ozeray's vision of Buddhism is not only different from views of the Age of Enlightenment but also from more recent ones. In the decades after its 1817 publication, European academics began to study Buddhist texts in languages such as Sanskrit, Pali, Chinese, Tibetan, and Mongolian. Such study resulted in major progress in the Western understanding of Buddhism, its history, its sacred scriptures, its different traditions, and the broad range of practices in different regions of Asia. Thanks to the study of Buddhist texts by excellent philologists such as Jean-Pierre Abel-Rémusat (1788–1832), Sándor Kőrösi Csoma (1784–1842), and Eugène Burnouf (1801–1852), facets of the history of Buddhism began to appear: its origin in India around the fifth century BCE followed by its spread to regions adjacent to the Indian subcontinent such as Sri Lanka, present-day Pakistan and Afghanistan, and via Central Asia to China (c. first century CE), Korea (fourth century CE), Tibet (fifth century CE), and Japan (sixth century CE).

In the second half of the nineteenth century, the Pali canon of Buddhist scriptures came to be regarded as the most "original" body of texts. Influenced by the efforts of Western theologians to find the genuine "word of God" through critical and historical study of the Bible, students of Buddhism came to think that the oldest and most genuine textual sources of Buddhism had been safeguarded by the Theravada tradition of Buddhism in Sri Lanka, Burma, Thailand and other Southeast Asian nations. This opinion was connected to the notion of a pure, original Buddhism (in ancient India and in countries with living Theravada traditions) and a more or less severely degenerated Buddhism (Mahayana and Vajrayana or Tantric Buddhism) in countries of Central, North, and East Asia.

Today, this late nineteenth-century vision of Buddhist orthodoxy and texts is largely obsolete. After two centuries of scientific research on many Buddhist traditions, the naive optimism of encountering the founder's genuine words in texts of the Pali canon that were written down many centuries after the founder's death has given way to broader and more sophisticated approaches. Not only the "original" teachings of Buddhism are in dispute: even today, the century in which Buddhism arose is still debated.

From today's perspective, Ozeray's vision of the history of Buddhism is of course deeply flawed. This history only became gradually clearer in the decades after 1817 as researchers began to study Buddhist texts of various traditions. Ozeray's reliance on Kaempfer and hence on Japanese and Chinese traditions led to a date of origin that is at least five centuries early, and to a claim of orthodoxy for Far Eastern Buddhism.[91] Ozeray's view that Buddhism originated in Sri Lanka was based on misinterpretations of the word *Tenjiku* 天竺 (which usually refers to the Indian subcontinent as a whole).[92] Unaware that Buddhism had largely disappeared from India by the thirteenth century, Ozeray held that Brahmanism (today's Hinduism) is a degenerated form of Buddhism.[93] Thus India—the land that was later proven to be Buddhism's country of origin and cradle of orthodoxy—represented in Ozeray's view the apex of Buddhist heterodoxy which also infected Nepal, Tibet, Bhutan, and Mongolia (see Fig. 20, p. 52).

---

[91] See note 45 on p. 25 above. Interestingly, the claim of Japanese orthodoxy is also linked to the mistaken notion that the mythical Indian founder of Chan/Zen, Bodhidharma, had brought Buddhism to Japan. See p. 54 above.

[92] See note 45 on p. 25 above, and Urs App, "St. Francis Xavier's Discovery of Japanese Buddhism" Part 1. *The Eastern Buddhist*, vol. XXX no. 1 (1997): 53-78 (particularly pp. 55-57 and 64-75).

[93] On the influence of Kaempfer's "oriental paganism" and other notions of a single Oriental religion see App, *The Cult of Emptiness*, pp. 91-128, and *The Birth of Orientalism*, pp. 172-185.

Conclusion

For Ozeray the only religion in possession of genuine truth remains Christianity. Though he acknowledges that Buddha and his religion brought some degree of moral improvement to the majority of Asia's people, he is convinced that further progress must be rooted in truth rather than error. Thus no less than twelve pages of his book are devoted to strategies for the conversion of Buddhists to Christianity <pp. 112–124>. Although Ozeray relies primarily on secular sources such as travelers' reports and rarely uses missionary sources, his book is firmly rooted in the Christiano-eurocentric world view. In this respect it is far more conservative than Jean Frédéric Bernard's survey of the world's cults and religions published almost a century earlier.[94]

Yet, in spite of considerable shortcomings, Ozeray's book represents a landmark in the history of the Western discovery of Buddhism. Published three years after the establishment of Europe's first academic chairs for indology and sinology[95] and just before the organized academic study of Buddhist texts began, Ozeray's reliance on images and reports by embassies and European residents in Asian countries rather than missionary literature marks a watershed, as does the author's firm advocacy of a single historical founder, his unwillingness to engage in etymo-

---

[94] For a recent study on Jean Frédéric Bernard's multi-volume *Cérémonies et coutumes religieuses de tous les peuples du monde* illustrated by Bernard Picart (Amsterdam: J. F. Bernard, 1723 ff.; see p. 45, note 74 above); and L. Hunt, M. Jacob, and W. Mijnhardt (eds.), *Bernard Picart and the First Global Vision of Religion*. Los Angeles: Getty Publications, 2010.

[95] The first European chair in Chinese was created at the Collège de France in 1814 for Jean-Pierre Abel-Rémusat (1788–1832), and the first chair in Sanskrit (1815) for Antoine Léonard de Chézy (1773–1832).

logical and mythological flights of fancy,[96] and his insistence on Buddhism's status as the largest of all religions of the Orient or even of the entire world. Though the book did not reach a large pan-European readership, it was read by intellectuals interested in Buddhism such as the philosopher Arthur Schopenhauer, Europe's first professor of Sinology Abel-Rémusat, and the linguist Julius Klaproth. Klaproth and Abel-Rémusat were around the time of publication expressing increasing interest in Buddhism and its history. Both were involved in the birth of France's earliest Orientalist journal, the *Journal Asiatique*, which from the early 1820s became one of Europe's most important sources of information about Buddhism. Ozeray's book thus stands near the end of the mythological speculation period and near the beginning of organized academic research on Asia's greatest religion.

Why then has this first Western book about Buddhism hitherto elicited so little interest even among students of the European discovery of Buddhism? In my opinion this question is also related to orthodoxy and heterodoxy in Ozeray's sense, namely, to the quest for an "original," "pure" doctrine and the identification of deviations from it. The earliest comprehensive study in the field, Henri de Lubac's *La rencontre du bouddhisme et de l'occident*, was published in 1952 at a time when the academic study of Buddhism was still dominated by researchers intent on shoveling out a "historical" Buddha and his "original" teaching from a gigantic heap of legends and scriptures. But interest in Zen Buddhism was also on the rise, later followed by a fascination with Tibetan Buddhism. As presented to the Western public, Buddhism came to be seen as a sort of philosophical religion and a path to enlightenment free from superstitious ritual, a religion that ideally

---

[96] In spite of its flaws, Ozeray's view of Buddhism compares favorably not only with authors of his time such as Joseph Görres, Stanley Faber and Carl Ritter but even with the Theosophists of the late 19th century; see my forthcoming book *Theosophy and Orientalism* (2018).

focuses on intensive seated meditation under the guidance of an enlightened master. This became the late twentieth century's version of Buddhism's "inner" teaching. It involved the dismissal of Buddhism's "outer" shell consisting not only in words and texts but also precisely in the type of things described by Ozeray: Buddhist divinities, good and evil genies, rituals, paradise, and hell. In the West, Buddhism thus acquired a very particular image that tends to eschew or even denigrate the actual world view, practices, and beliefs of the majority of Asian Buddhists.

It is this modern Western image of Buddhism that apparently influenced modern readers of Ozeray's book. Most students and observers of Buddhist practices in Asian countries will confirm that this image has little connection with the living religion in Buddhist countries. Instead of meditating, studying Buddhist scriptures, and philosophizing about emptiness, the vast majority of Asian Buddhists pray and make offerings to deities and saints, hope to go to some kind of paradise or Pure Land after death, are afraid of the horrors of Buddhist hells, court good spirits and fear evil ones, hope for a better rebirth through the accumulation of merits, worry about the fate of their ancestors' souls, believe in the power of amulets and oracles, and expect from Buddhist clergy not guidance toward enlightenment in this lifetime but rather the competent performance of appropriate rites—in particular for protection from adversities, for good fortune, and most importantly for issues related to death, its aftermath, and rebirth. In these countries, the Buddhist faithful very rarely engage in cross-legged meditation, and the Buddhism they know and practice is far more congruent with Ozeray's descriptions than with commonly held modern Western ideas about Buddhism.

From such a perspective, the first Western book about Buddhism shed—in spite of its obvious shortcomings—a fair amount of light on living Buddhism in Asian countries and deserves to be recognized as a pioneering contribution to Western knowledge

about this religion and its founder. Like many Christian missionaries before and academic orientalists after him, Ozeray failed to grasp the founder's "original" doctrines, and his notions about the history of Buddhism were as hazy as those of contemporary specialists such as Klaproth and Abel-Rémusat. Nonetheless, Ozeray managed to stake out a field that is today belabored by many researchers who focus on actual religious practices and beliefs in Asian countries. They may discover that Ozeray's early 19th-century glimpse of Asia's greatest religion is rather more congruent with modern fieldwork than the vision prevalent in the vast majority of today's popular books on Buddhism. This is a point that I stressed in my contribution to the conferences "Christianity Translated" (Bochum University, June 2013) and the "International Forum on Buddhist Art & Buddhism's Transmission to Europe" (Madrid, August 2016) where I first presented an outline of some of the arguments of the present introduction.

The French Text and its English Translation

My English translation is relatively literal, but a few opaque expressions are clarified by words added in square brackets. My thanks go to Prof. Jonathan Silk and Dr. Dagmar Ludolph-Hauser for their suggestions and corrections. The original pagination of Ozeray's book is indicated both in the French text and in the facing English translation by numbers within angular brackets. In order to avoid confusion between references to the present book's pages and Ozeray's 1817 pagination, the latter always appear in <angular brackets>. Ozeray's abbreviated source references are expanded in the English translation's footnotes, and his most important sources are listed in the bibliographies that follow the present Introduction. As a rule, normal English spellings are used (for example "Buddha" instead of Ozeray's "Buddou").

Historical French orthography (such as "enfans" instead of the modern "enfants," or "évéque" instead of "évèque") is reproduced without change. The following parts of Ozeray's book that are unrelated to Buddhism were omitted from the French text and the English translation:

<xi-xx>	on some future works of Ozeray
<xxiv-xxxii>	on particularities of religion in France
<18-22>	on the gods of Egypt and Europe
<114-124>	on Islam and Christianity as means of Asia's conversion to monotheism

These omissions are clearly marked by an italicized note in {curly brackets}. Apart from the listed pages, our book contains the entire text of Ozeray's work in the original French and (on facing pages) my English translation. Ozeray's errata were integrated in the French text. The juxtaposition of Ozeray's French text with my translation should facilitate comparison and the detection of flaws that—given that neither French nor English are my mother tongue—seem inevitable.

Though I was tempted, I refrained from adding my own notes to Ozeray's text; it is *his* text and *his* notes that I translated. The comparison of Ozeray's vision of Buddhism with what we know about this religion today (and how we got there) would form an interesting subject for undergraduate / graduate courses in Buddhist studies, comparative religion, and the history of religions. Another topic of interest, also for art historians, concerns the figurative representations that were so important for Ozeray but whose role in the Western discovery of Buddhism has hitherto received scant attention.

Our book, completed in Paris in October of 2017, marks the 200th anniversary of Ozeray's pioneering publication of 1817.

Bibliography of Ozeray's Main Sources about Idolatry and the History of Religions

Bailly, Jean Sylvain. *Histoire de l'astronomie ancienne*. 2nd ed. Paris: Debure, 1781.

Banier, Antoine. *Explication historique des fables où l'on découvre leur origine & leur conformité avec l'Histoire ancienne, & où l'on rapporte les époques des Héros & des principaux évenemens dont il est fait mention*. Paris: François le Breton, 1711.

Conti, Natale (Natalis Comes). *Mythologie, c'est à dire, Explication des Fables, contenant des généalogies des Dieux, les cerimonies de leurs sacrifices, Leurs gestes, aduentures, amours. Et presque tous les preceptes de la Philosophie naturelle & moralle*. Lyon: Paul Frelon, 1600.

Cudworth, Ralph. *Systema intellectuale hujus universi seu De veris naturae rerum originibus commentarii quibus omnis eorum philosophia, qui Deum esse negant, funditus evertitur. Accedunt reliqua ejus opuscula. Joannes Laurentius Moshemius, theol. d. seren. ducis Brunsv. a consiliis rerum sanctiorum, abbas coenobiorum Vallis S. Mariae et Lapidis S. Michaelis, relique omnia ex anglico latine vertit, recensuit, variisque observationibus et dissertationibus illustravit et auxit*. Translated, edited and annotated by Johann Lorenz Mosheim. Jena: Meyer, 1733.

Delacroix, Jean-François, and Antoine-Louis-Guillaume-Catherine Laporte. *Dictionnaire historique des cultes religieux établis dans le monde, depuis son origine jusqu'à présent ; ouvrage dans lequel on trouvera les différentes manieres d'adorer la Divinité, que la Révélation, l'Ignorance & les Passions ont suggérées aux Hommes dans tous les temps;*

L'histoire abrégée des Dieux & Demi-Dieux du Paganisme, & celle des Religions Chrétienne, Judaïque, Mahométane, Chinoise, Indienne, &c. Leurs Sectes & Hérésies principales ; leurs Ministres, Prêtres, & Ordres Religieux ; leurs Fêtes, leurs Cérémonies ; le Précis de leurs Dogmes & de leur Croyance. Orné de Figures en taille-douce. 3 vols. Paris: Laporte, 1770.

du Tressan, Maurice-Élisabeth de Lavergne. *La mythologie comparée avec l'histoire, Ouvrage adopté par le Conseil de l'Université Impériale pour servir à l'Enseignement dans les Lycées et dans les Ecoles secondaires.* Vol. 1. Paris: Gabriel Dufour et Compagnie, 1813.

Dulaure, Jacques-Antoine. *Des cultes qui ont précédé et amené l'idolâtrie ou l'adoration des figures humaines.* Paris: Fournier, 1805.

Fréret, Nicolas. *Défense de la chronologie fondée sur les monumens de l'histoire ancienne, contre le système chronologique de Mr. Newton, par M. Fréret, ... secrétaire perpétuel de l'Académie Royale des Belles-Lettres, publiée depuis la mort de l'auteur [par J.-P. de Bougainville] pour servir de suite aux Mémoires de cette Académie.* Paris: Durand, 1758.

———. *Chronologie des Chinois.* Edited by Le Clerc de Septchènes. Vol. 3, Oeuvres complètes de Fréret, Secrétaire de l'Académie des Inscriptions et Belles-Lettres. Paris: Dandré, 1796.

———. *Mythologie.* Edited by Le Clerc de Septchènes. Vol. 18, Oeuvres complètes de Fréret, Secrétaire de l'Académie des Inscriptions et Belles-Lettres. Paris: Dandré, 1796.

Goguet, Antoine-Yves. *De l'origine des loix, des arts, et des sciences; et de leurs progrès chez les anciens peuples.* Paris: Desaint & Saillant, 1758.

Huët, Pierre-Daniel. *Demonstratio evangelica ad serenissimum delphinum*. Paris: Stéphane Michallet, 1679.

Lactantius. *Les institutions divines de Lactance, traduites en français. Livre Premier, De la Fausse Religion*. Avignon: Société des Libraires du S. Office, de la Cité & de l'Université, 1710.

Leland, John, and Clément Plomteux. *Nouvelle démonstration évangélique : où l'on prouve l'utilité & la nécessité de la révélation chrétienne par l'état de la religion dans le paganisme, relativement à la connoissance & au culte d'un seul vrai dieu, à une règle de moralité, & à un état de récompenses & de peines futures*. 4 vols. Liège / Leipzig: Clément Plomteux, 1768.

Selden, John. *De Dis Syris Syntagmata II. Adversaria nempe de Numinibus commentitijs in Veteri Instrumento memoratis. Accedunt fere qua sunt reliqua Syrorum. Prisca porro Arabum, Aegyptiorum, Persarum, Afrorum, Europaeorum item Theologia, subinde illustratur*. Editio altera; emendatior & tertia parte auctior. Leiden: Elsevir, 1629.

Spencer, John. *De legibus Hebraeorum ritualibus et earum rationibus libri tres*. Cambridge: John Hayes, 1685.

Bibliography of Ozeray's Main Sources about Asia and Asian Religions

Anon. *Tableau historique de l'Inde contenant un abrégé de la mithologie & des moeurs indiennes. Avec une Description de leur Politique, de leur Religion, &c.* Bouillon: Société typographique, 1771.

Barrow, John. *Voyage à la Cochinchine.* Translated by Conrad Malte-Brun. Paris: F. Buisson, 1807.

Bogle, George, Samuel Turner, António de Andrade, and Pourunguir. *Voyages au Thibet, faits en 1625 et 1626, par le père d'Andrada, et en 1774, 1784 et 1785 par Bogle, Turner et Pourunguir.* Paris: Hautbout l'Ainé, 1795.

Brucker, Johann Jacob. *Historia critica philosophiae.* Leipzig: Christoph Breitkopf, 1742-1744.

Chambers, William. "Some Account of the Sculptures and Ruins at Mavalipuram." *Asiatick Researches* 1 (1788): 145-70.

———. "Relation de l'ambassade anglaise envoyée dans le royaume d'Ava en 1795." In: Symes, Michael. *Relation de l'ambassade anglaise envoyée en 1795 dans le royaume d'Ava ou l'empire des Birmans.* Translated by J. Castéra. Vol. 1. Paris: F. Buisson, 1800: 234-72.

Conway (Courcy, Marquis de?). 1803. *Tableau religieux et politique de l'Indostan, ou Précis historique des révolutions de l'Inde [...] par Mr C***, lieutenant général des armées françaises, gouverneur général de l'Ile de France, ayant commandé dans l'Inde. Publié et enrichi de notes par A. B. de B******, auteur de l'Examen du Discours de M. Necker, à l'ouverture des États généraux, d'une Lettre à M. Pitt, de la traduction des ouvrages de M. Burke, des Vérités à*

ceux qui les aiment, etc., et de beaucoup d'autres ouvrages politiques. Paris: Marchant, 1803.

d'Antermony, John Bell. *Voyages depuis St. Petersbourg en Russie, dans diverses contrées de l'Asie.* Vol. 3. Paris: Robin, 1766.

de Guignes, Chrétien-Louis-Joseph. *Observations sur le voyage de M. Barrow à la Chine, en 1794.* Paris: Dentu, 1809.

———. *Voyages à Peking, Manille et l'Île de France faits dans l'intervalle des années 1784 à 1801.* Paris: Imprimerie impériale, 1808.

de la Flotte. *Essais historiques sur l'Inde: prédédés d'un journal de voyages et une descriptions géographique de la côte de Coromandel.* Paris: Herissant & fils, 1769.

Giorgi, Antonio Agostino. *Alphabetum Tibetanum missionum apostolicarum commodo editum: praemissa est disquisitio qua de vario litterarum ac regionis nomine, gentis origine moribus, superstitione, ac Manichaeismo fuse disseritur: Beausobrii calumniae in sanctum Augustinum, aliosque ecclesiae patres refutantur.* Rom: Sacra Congregatio de Propaganda Fide, 1762.

Halde, Jean-Baptiste du, S.J. *Description géographique, historique, chronologique, politique et physique de l'Empire de la Chine et de la Tartarie chinoise.* La Haye: Henri Scheurleer, 1736.

Holwell, John Zephaniah. *Événemens historiques intéressans, relatifs Aux Provinces de Bengale, et à l'Empire de l'Indostan. On y a joint La Mythologie, la Cosmogonie, les Fêtes & les Jeûnes des Gentous qui suivent le Shastah, & une Dissertation sur la Métempsycose, dont on attribue faussement le Dogme à Pythagore.* 2 vols. Amsterdam: Arkstee & Merkus, 1768.

Jones, William. "Sur la chronologie des Hindous." *Recherches Asiatiques* 2, (1805): 164-97.

Jones, William et al. *Lettres philosophiques et historiques à Mylord S***: sur l'état moral et politique de l'Inde, des Indous et de quelques autres principaux peuples de l'Asie, au commencement du dix-neuvième siècle, traduites, en très-grande partie, des "Asiatic Researches", des "Worcks of William Jones" et d'autres ouvrages anglais.* Edited by d'Écrammeville. Paris: Ch. Pougens, 1803.

———. *Recherches Asiatiques, ou Mémoires de la société établie au Bengale pour faire des recherches sur l'histoire et les antiquités, les arts, les sciences et la littérature de l'Asie.* Translated by A. LaBaume. Edited by Louis Mathieu Langlès. 2 vols. Paris: Imprimerie Nationale, 1805.

Kaempfer, Engelbert. *Histoire naturelle, civile et ecclésiastique de l'Empire du Japon.* Translated by François Naude. 2 vols. The Hague: P. Gosse & J. Neaulme, 1729.

———. *Histoire naturelle, civile et ecclésiastique de l'Empire du Japon.* Translated by François Naude. 3 vols. Amsterdam: Herman Uitwere, 1732.

Knox, Robert. *Relation ou Voyage de l'Ile de Ceylon, dans les Indes Orientales.* Amsterdam, 1693.

Le Gobien, Charles, S. J. (ed). *Lettres édifiantes et curieuses, écrites des missions étrangères, par quelques missionnaires de la Compagnie de Jésus.* Paris: N. Le Clerc, 1717–1776.

Lecomte, Louis Daniel. *Nouveaux mémoires sur l'état présent de la Chine.* 3 vols. Paris: Jean Anisson, 1696.

Loubère, Simon de la. *Du Royaume de Siam.* 2 vols. Amsterdam: Abraham Wolfgang, 1691.

Missions étrangères (ed.). *Lettre de Messieurs des missions étrangères au Pape sur les idolatries et les superstitions chinoises.* Paris / Cologne, 1700.

Montanus, Arnoldus (Arnoldus van Bergen). *Ambassades de la compagnie Hollandoise des Indes d'Orient vers l'Empéreur du Japon, divisées en trois parties.* 3 vols. Leiden: Henry Drummond, 1686. Several reprints under other titles, for example *Ambassades mémorables de la Compagnie des Indes Orientales des Provinces Unies vers les empereurs du Japon.* Amsterdam: Jacob de Meurs, 1680; and *Ambassades de la Compagnie Hollandaise des Indes d'Orient, vers l'Empereur du Japon divisées en trois parties; ornées de figures en taille-douce. Avec une relation exacte des guerres civiles de ce pays-là.* Paris: Pierre Witte, 1722.

Montmignon, Jean Baptiste (ed). *Choix des lettres édifiantes écrites des missions étrangères.* Paris: Maradan, 1808.

Pallas, Peter Simon. *Voyages de M. P. S. Pallas, en différentes provinces de l'empire de Russie, et dans l'Asie septentrionale, traduits de l'allemand, par M. Gauthier de la Peyronie, Commis des Affaires Étrangères.* 5 vols and one volume of illustrations. Paris: Maradan, 1788-1793.

———. *Sammlungen historischer Nachrichten über die mongolischen Völkerschaften* (vol. 2). St. Petersburg: Kaiserliche Akademie der Wissenschaften, 1801.

Paulinus a Sancto Bartholomaeo (Philipp Wesdin), Johann Reinhold Forster, Abraham Hyacinthe Anquetil-Duperron, and A. I. Silvestre de Sacy. *Voyage aux Indes Orientales.* Translated by Marchéna. 3 vols. Paris: Tourneisen fils, 1808.

Pauw, Cornelius de. *Recherches philosophiques sur les Égyptiens et les Chinois.* 2 vols. Berlin: G. J. Decker, 1773-1774.

Renaudot, Eusèbe. *Anciennes Relations des Indes et de la Chine. De deux voyageurs Mahometans, qui y allerent dans le neuvième siecle; traduites d'arabe: avec des Remarques sur les principaux endroits de ces Relations*. Paris: Jean-Baptiste Coignard, 1718.

Rennel, James. *Description historique et géographique de l'Indostan*. Translated by J. Castéra. Vol. 3. Paris: Poignée, 1800.

Ribeiro, João. *Histoire de l'isle de Ceylan. Écrite par le Capitaine Jean Ribeyro, & presentée au Roy de Portugal en 1685*. Trevoux: Estienne Ganeau, 1701.

Richard, Jérôme. *Histoire naturelle, civile et politique du Tonquin*. Paris: Moutard, 1778.

Sonnerat, Pierre. *Voyage aux Indes orientales et à la Chine*. Paris: Chez l'auteur, 1782.

Symes, Michael. *Relation de l'ambassade anglaise envoyée en 1795 dans le royaume d'Ava ou l'empire des Birmans. Suivi d'un Voyage fait, en 1798, à Colombo, dans l'île de Ceylan, et à la Baie de Da Lagoa, sur la côte orientale de l'Afrique; – de la Description de l'île de Carnicobar et des ruines de Mavalipouram. Collection de Planches*. Translated by J. Castéra. 3 vols. Paris: F. Buisson, 1800.

Tachard, Guy. *Voyage de Siam des Pères Jesuites, Envoyez par le Roy aux Indes & à la Chine*. Paris: Arnould Seneuze & Daniel Horthemels, 1686.

Taylor, John. *Voyage dans l'Inde, au travers du grand désert, par Alep, Antioche, et Bassora*. Translated and annotated by L. de Grandpré. 2 vols. Paris: Marchant, 1803.

Thunberg, Carl Peter. *Voyages de C.P. Thunberg, au Japon, par le Cap de Bonne-Espérance, les Isles de la Sonde, &c*. Paris: Benoît Dandré, 1796.

Turner, Samuel. *Ambassade au Thibet et au Bhoutan, contenant des Détails très-curieux sur les Moeurs, la Religion, les Productions et le Commerce du Thibet, du Bhoutan et des États voisins; et une Notice sur les Événemens qui s'y sont passés jusqu'en 1793. Traduit de l'Anglais avec des notes, par J. Castéra. Avec une Collection de 15 Planches, dessinées sur les lieux, et gravées en taille-douce par Tardieu l'aîné.* Translated by J. Castéra. Paris: F. Buisson, 1800.

Turpin, François-Henri. *Histoire civile et naturelle du royaume de Siam, et des Révolutions qui ont bouleversé cet Empire jusqu'en 1770. Sur des Manuscrits qui lui ont été communiqués par M. l'Evêque de Tabraca, Vicaire Apostolique de Siam, & autres Missionnaires de ce Royaume.* Paris: Costard, 1771.

Valentia, George. *Voyages dans l'Hindoustan, à Ceylan, sur les deux côtes de la Mer-Rouge, en Abyssinie et en Égypte durant les années 1802, 1803, 1804, 1805 et 1806.* Translated by P.-F. Henry. Vol. 1. Paris: Lepetit, 1813.

RECHERCHES

SUR

BUDDOU ou BOUDDOU,

INSTITUTEUR RELIGIEUX DE L'ASIE ORIENTALE

Précédées de considérations générales sur les premiers hommages rendus au Créateur ; sur la corruption de la religion, l'établissement des cultes du soleil, de la lune, des planètes, du ciel, de la terre, des montagnes, des eaux, des forêts, des hommes et des animaux ;

Par Michel-Jean-François OZERAY.

« Si quelqu'un veut s'appliquer à cette recherche, je ne doute point qu'il ne trouve beaucoup de choses qui me sont échappées, faute de lumières et de travail, *joint que* (d'ailleurs) ces sortes de connaissances qui dépendent des faits augmentent toujours avec le temps. »

Fleuri, *Histoire du Droit français*.

A PARIS,
Chez BRUNOT-LABBE, Libraire de l'Université, quai des Augustins, n° 33.

1817.

STUDIES

ON

BUDDOU or BOUDDOU,

RELIGIOUS TEACHER OF EASTERN ASIA

Preceded by general considerations about the first cults offered to the creator; and about the corruption of religion [through] the establishment of cults to the sun, moon, planets, sky, earth, mountains, bodies of water, forests, human beings and animals;

By Michel-Jean-François OZERAY.

"If someone wishes to apply himself to this study, I have no doubt that he will find much that I have overlooked due to lack of knowledge and effort. Besides, this is the kind of fact-based knowledge that always increases with time."

Fleuri, *History of French Law.*

PARIS
At BRUNOT-LABBE, University bookseller
Quai des Augustins 33.

1817.

TABLE DES MATIÈRES

Avant-Propos .... \<v\> 82
Introduction .... \<xxxiij\> 90
Avis au Lecteur sur les considérations générales .... \<xxxv\> 94
Considérations Générales sur les premiers hommages rendus au Créateur, la corruption de la Religion, l'établissement des cultes du Soleil, de la Lune, des Planètes, de la Terre, des Forêts, des Eaux, des Hommes et des Animaux .... \<1\> 96
    Dieu .... \<1\> 96
    Le Soleil .... \<2\> 96
    La Lune .... \<3\> 98
    Les Planètes .... \<4\> 100
    Le Ciel .... \<5\> 102
    La Terre .... \<5\> 102
    Les Montagnes .... \<6\> 104
    Les Eaux .... \<7\> 106
    Les Forêts .... \<8\> 108
    Les Hommes .... \<9\> 110
    Oblations, Sacrifices, Sacrifices humains .... \<12\> 114
    Culte de l'homme ; bizarreries de sa nature divine ; ses métamorphoses .... \<17\> 122
    Culte et métamorphose des animaux ; conséquences de celui de l'homme .... \<24\> 128
    La moralité des actions humaines établie par le sentiment et la conscience des sectateurs de tous les cultes, souffre quelque atteinte de celui de l'homme .... \<28\> 134
    Le dogme de la vie future, presqu'étranger à la morale sous les premiers cultes du Polythéisme, ne lui est pas entièrement conforme sous celui de l'homme divinisé .... \<31\> 140
    Résumé .... \<34\>144

TABLE OF CONTENTS

PREFACE .... <v> 83
INTRODUCTION .... <xxxiij> 91
FOREWORD *about the general considerations* .... <xxxv> 95
GENERAL CONSIDERATIONS *about the earliest worship of the creator, the corruption of religion, the establishment of cults to the sun, the moon, the planets, the earth, the forests, bodies of water, human beings, and animals* .... <1> 97
 God .... <1> 97
 The Sun .... <2> 97
 The Moon .... <3> 99
 The Planets .... <4> 101
 The Sky .... <5> 103
 The Earth .... <5> 103
 The Mountains .... <6> 105
 The Bodies of Water .... <7> 107
 The Forests .... <8> 109
 The Human Beings .... <9> 111
Offerings, Sacrifices, Human Sacrifices .... <12> 115
Cult of Human Beings; pecularities of his divine nature; its metamorphoses .... <17> 123
Cult and metamorphosis of animals; its consequences for that of human beings .... <24> 129
The morality of human actions, established by the feelings and conscience of followers of all cults, is damaged by the cult of human beings .... <28> 135
The dogma of a future state, almost divorced from morality under the first polytheistic cults, is not entirely conform to morality under the cult of a deified human being .... <31> 141
Summary .... <34> 145

Recherches sur Buddou

Noms divers de Buddou .... <35> 146
Identité du personnage divin .... <36> 148
Ce personnage est un homme divinisé .... <40> 156
Sa naissance à Ceylan, vers l'an 1029 avant Jésus-Christ <46> 166
Vie et Doctrine de Buddou .... <51> 174
Mythologie dont la vie et la doctrine de Buddou fournissent le premier fond .... <52> 176
Système général de croyance fondé sur la pensée et la fable de Buddou .... <56> 182
Culte .... <59> 188
   1°. De la Prière; usage du Chapelet .... ibid.
   2°. Offrandes .... <60> 190
   3°. Liturgie .... <61> 192
   4°. Instruction morale .... <63> 194
Discipline sacerdotale .... <64> 196
   1°. Vie cénobitique .... ibid.
   2°. Hiérarchie .... <66> 200
   3°. Promotion au Sacerdoce ; Castes .... <68> 204
   4°. Célibat .... <70> 206
   5°. Abstinence, Jeûne .... <71> 210
   6°. Ablutions .... <73> 212
   7°. Le jaune, couleur distincte de l'habit sacerdotal ..... ibid
Usages religieux du peuple .... <75> 216
   Solitaires .... ibid.
   Enthousiastes .... <77> 218
   Morale .... <78> 220
État général de la religion de Buddou, ses hérésies, son influence locale et relative à chaque région où elle a pénétré ..... <83> 230
   1°. Ceylan et presqu'île au-delà du Gange. Religion de Buddou dominante; orthodoxie .... <83> 230
   2°. Indostan. Religion de Buddou libre pour tous, professée par une grande partie de la nation; hérésie .... <84> 232

Table of Contents

Studies on Buddha

Diverse names of Buddha... <35> 147
Identity of the divine figure.. <36> 149
This figure is a deified human being.................................. <40> 157
His birth in Ceylon around the year 1029 before Christ.. <46> 167
Life and doctrine of Buddha .... <51> 175
The mythology whose first basis was formed by the life and doctrine of Buddha .... <52> 177
The general belief system based on the thought and legend of Buddha.. <56> 183
Cult.. <59> 189
   1. Of prayer; use of the rosary.. ibid.
   2. Offerings. .... <60> 191
   3. Liturgy .... <61> 193
   4. Moral education .... <63> 195
Clerical practice .... <64> 197
   1. Monastic life... ibid.
   2. Hierarchy.. <66> 201
   3. Promotion to Priesthood; Castes .... <68> 205
   4. Celibacy .... <70> 207
   5. Abstinence, fasting.. <71> 211
   6. Ablutions .... <73> 213
   7. Yellow, the distinct color of priestly robes.................. ibid
Religious customs of the people .... <75> 217
   Hermits .... ibid.
   Fanatic Enthusiasts... <77> 219
   Morality .... <78> 221
General state of the religion of Buddha, its heresies, its local influence in each region where it spread .... <83> 231
   1. Ceylon and the [Southeast Asian] peninsula beyond the Ganges. Religion of Buddha dominant; orthodoxy........... <83> 231
   2. India. Religion of Buddha free for all, professed by a great part of the nation; heresy .... <84> 233

3°. *Thibet, Boutan, Kalmoukie, Mongolie et autres lieux. Religion de Buddou dominante ; hérésie* .... <84> 250
4°. *Chine. Religion de Buddou tolérée. Orthodoxie* ..... <101> 262
5°. *Japon. Religion de Buddou tolérée. Orthodoxie* ...... <107> 272
Récapitulation .... <111> 278
Coup-d'œil sur la durée du Bouddisme et des autres cultes du Polythéisme ; conséquence d'un changement de religion dans la haute Asie .... <112> 282
APPENDICE .... <125> 286

Table of Contents

3. Tibet, Bhutan, Kalmykia, Mongolia and other places. Religion of Buddha dominant; heresy .... <84> 251
4. China. Religion of Buddha tolerated. Orthodoxy .... <101> 263
5. Japan. Religion of Buddha tolerated. Orthodoxy ..... <107> 273
Summary .... <111> 279
Glance at the long-term prospects of Buddhism and other polytheistic cults; consequences of a change of religion in Asia .... <112> 283

APPENDIX .... <125> 287

AVANT-PROPOS
Dans lequel on annonce une nouvelle histoire des Gaules et de la France.

L'auteur travaillait depuis plusieurs années sur l'*Histoire des Gaules et de la France*, sans se douter qu'il traitât jamais un sujet aussi étranger que celui-ci à nos antiquités. Cependant un goût prononcé pour tout ce qui tient à l'Orient le transportait souvent en idée au-delà de l'Indus. Grand nombre de livres (histoires, relations, voyages, mémoires, lettres, etc.) lus et médités, donnèrent lieu à un rapprochement, et lui fournirent le fond de cet ouvrage, qu'il a fait imprimer, convaincu de l'universalité, de l'importance et de la nouveauté des résultats relativement à l'instituteur indien.

Si par le soin avec lequel il a cherché à approfondir cette matière, qui n'avait pas même été effleurée ; si par des citations très-nombreuses, mais nécessaires pour mettre tout lecteur en état de remonter aux sources, il a dû convaincre chacun, de son exactitude et de son attention scrupuleuse, il espère qu'appelé par un puissant attrait à d'autres occupations littéraires, on le croira animé d'un zèle aussi soutenu pour parvenir à la connaissance <VI> de la vérité, l'entreprise fût-elle plus longue et bien plus pénible.

Elle l'a été en effet. Voici le produit de ses autres études : *Une Histoire des Gaulois, ou Tableau politique, civil, littéraire, religieux et moral des Gaules, depuis les temps les plus reculés jusqu'à la fondation de la monarchie française*[1]: je la ferai suivre d'une *Histoire des Français sous les rois Mérovingiens*, auxquelles succéderont celles-ci : *Histoire des Français sous les rois Carlovingiens*. — *L'Histoire des Français sous les rois Capétiens jusqu'à François Ier, ou la Renaissance des lettres*[2].

---
[1] 2 vol. in-8º à publier incessamment.
[2] Les deux premières forment chacune un vol. in-8º, et la dernière aura de 6 à 7 vol. également in-8º.

PREFACE

in which a new history of Gaul and France is announced.

Having worked for several years on the history of Gaul and of France, the author did not imagine that he would ever treat of a subject so foreign to our own antiquity. However, a distinct predilection for everything Oriental often carried his mind to the regions beyond the Indus river. A great number of books (histories, accounts, travels, reports, letters, etc.) that he read and reflected upon generated a closer connection and provided the basis for the present work. Convinced of the universality, importance, and novelty of the results concerning the Indian teacher, he had them committed to print.

If the author felt compelled to convince all readers of his exactness, scrupulous attention, and care in dealing with this matter in depth, as is evident from the numerous quotations allowing verification in sources, he hopes that the readers will appreciate that, while being powerfully attracted to other literary pursuits, the author has an equally sustained determination to arrive at knowledge <VI> of the truth even when that pursuit should take longer and be far more difficult.

That was the case here. The following are products of the author's other studies: *A History of the Gauls, or political, civil, literary, religious and moral Picture of the Gauls from the most ancient times to the French monarchy*.[1] That study will be followed by a *History of the French under the Merovingian kings*, and subsequently by the following works: *History of the French under the Carolingian kings*, and *The History of the French under the Capetian kings until Francis I, or the literary Renaissance*.[2]

---

[1] Two volumes in octavo, to appear shortly.

[2] Each of the first two works forms one volume in octavo, and the last will consist of six or seven volumes also in octavo.

{*pp. VI-XX omises: explications de ces oeuvres par l'auteur et sur la nécessité d'étudier 1) gouvernement et législation; 2) belles-lettres; 3) sciences et arts; ce qui suit ici est 4) religion et moeurs nationales*}

\<xx\>

En quatrième lieu, il y a un vide immense dans les évènemens mémorables sans l'histoire de la religion, qui modifie singulièrement un peuple. En général, tant que les premiers hommes conservèrent les anciens souvenirs, ils eurent la conviction de leur dépendance d'un être suprême.

Dans la suite, la plupart trouvant les traditions sur l'unité et le premier principe mêlées de fables, crurent que les plus imposantes parties de la nature étaient douées de qualités divines. Chaque nation eut ainsi ses dieux propres et tutélaires, dieux qu'on ne peut concevoir que très-imparfaits. De là, ce mélange de puissance et de faiblesse, de sagesse et d'inconséquence, qui abonde dans les mythologies.

Ainsi les rapports du ciel et de la terre n'étaient plus en proportion ; il restait quelque idée, 1° de la Providence ; elle fut obscurcie par celle du destin \<xxi\> , d'une fatalité aveugle qui gouvernait les dettes et les faibles mortels; 2° de la justice divine; elle n'en impose point avec les nouveaux maîtres du monde. Ils se présentèrent à l'univers sous mille formes diverses, produits de mille caprices bizarres, n'annonçant rien de sévère ; et pendant qu'ils punissaient dans le Tartare, si ce n'est des vices, au moins de grands crimes, ils s'adonnèrent à toutes les monstruosités morales, à la haine, à la vengeance, à la cruauté, et surtout à une révoltante lubricité.

Tels furent Jupiter et les autres dieux de l'Egypte, de la Syrie, de l'Asie mineure, de la Grèce et de l'Italie. Quoique vivans sur les bords de la Méditerranée où ces divinités recevaient les hommages, nos pères n'adoptèrent pas la même série d'êtres divins. Frappés d'un sentiment religieux à la vue du soleil et d'autres objets physiques, comme l'avaient été tant d'autres peuples, ils ne connurent qu'un dieu de nature humaine, le bienfaiteur de la nation, Ogmius.

Preface

{*pp. VI-XX omitted: Ozeray's explanations of these planned works and of the necessity to treat 1) government and legislation; 2) literature; 3) arts and sciences. What follows here below is 4) religion and national customs*} <xx>

In the fourth place, without the history of religion that singularly shapes a people, there is an immense void in knowledge about memorable events. In general, inasmuch as the first humans preserved ancient memories, they were convinced of their dependency upon a supreme being.

Subsequently, as the majority of peoples found traditions about unity and about the first principle mingled with fables, they believed that the most impressive phenomena of nature were endowed with divine qualities. Each nation thus had its own gods and tutelary deities that can only be regarded as very imperfect. This forms the ground for the mixture of power and weakness and of wisdom and thoughtlessness that abounds in the mythologies.

In this manner, the relationship of heaven and earth was skewed; there remained some notion 1) of providence, but obfuscated by the idea of destiny <xxi>, i.e., a blind inevitability governing events and weak mortals; and 2) of divine justice, but one that does not reign over the new masters of the world. These notions took a thousand different forms in the world, products of a thousand bizarre whims without serious consequences. The Tartars held that if vice is not punished then at least serious crimes should be, and they indulged in all sorts of moral monstrosities including hatred, vengeance, cruelty, and above all in revolting lechery.

This characterizes Jupiter and the other gods of Egypt, Syria, Asia minor, Greece, and Italy. Though our forefathers lived around the Mediterranean where such divinities were worshiped, they did not adopt the same series of divine beings. Filled with a religious sentiment at the sight of the sun and other physical objects, they knew in the manner of so many other peoples only a god with human characteristics: the benefactor of the nation Ogmius.

Leur mythologie s'environne d'obscurités souvent impénétrables ; beaucoup de simulacres existaient dans les bocages sacrés du temps de César ; mais ces simulacres n'étaient probablement que ceux d'Ogmius, comme on voit en tout lieu à Ceylan ceux de Buddou. On ne peut pas dire que ces dieux aient étonné l'homme par leurs volontés fantasques et singulières, qu'ils se soient <xxii> joués de sa moralité par leurs dissolutions; mais j'oserai affirmer qu'ils se moquaient de sa crédulité en lui offrant un plante appelée *selago* pour une panacée universelle ; de son dévouement entier et aveugle, en lui prescrivant d'immoler des victimes humaines.

Il n'y a point d'ailleurs de théorie religieuse qui se soit moins occupée de l'état futur de l'homme que le système théologique des Druïdes : il consiste, quant aux principes des mœurs, en quelques sentences, comme celle-ci : Il faut adorer les dieux, ne faire du mal à personne, montrer du courage au milieu des combats. Leurs divinités ne voient pas sans doute du même œil le vice et la vertu. Un autre ordre de choses existe à la vérité; mais, le héros grand, bon et généreux y reste en possession de la gloire acquise en ce monde ; pour les, autres guerriers et le commun des mortels, la fin de cette vie ne change rien à leur existence avantageuse ou pénible, à leurs habitudes sages ou désordonnées; elle est le commencement d'une autre parfaitement semblable. C'est assez : je ne crois pas, dans le jugement que j'ai à porter ici du druïdisme, dire des choses indifférentes à force d'avoir été répétées.

Le polythéisme romain enleva à ce culte national nombre de ses sectateurs. Traiter avec une certaine étendue ce qui le concerne eût été déplacé, et les lecteurs auraient lu avec répugnance, dans une <xxiii> histoire des Gaules, une série de documens qui ne sont étrangers à personne, et que l'on voit partout. Je dois me proposer uniquement d'exposer les faits relatifs à son organisation civile.

Enfin nos pères, étonnés, frappés, entraînés par la majesté des Ecritures, deviennent chrétiens. La sainteté des préceptes de

Preface

Their mythology is enveloped by an abstruseness that is often impenetrable. In Caesar's time, many simulacra existed in sacred groves; but these simulacra were probably only of Ogmius, analogous to those of Buddou that are found everywhere in Ceylon. One cannot claim that these gods surprised men by their capricious whims and that they <xxii> made fun of man's morality by their depravity; but I dare say that they mocked man's gullibility by offering him a plant called *selago* as a cure-all and that they mocked man's complete and blind devotion by ordering him to sacrifice human victims.

Nowhere do we find a religious theory that is less concerned with the future state of man than the theological system of the Druids. With regard to moral principles it consists only of a few directives such as: one must worship the gods, avoid doing harm to others, and show courage in combat. It is clear that their divinities do distinguish vice from virtue; but in reality there is a different order of things. [In the yonder] the great, good and generous hero remains in possession of the glory acquired in this world; but for the other warriors or common mortals, the end of life brings no advantage or disadvantage and neither wiser nor more depraved behavior: death is simply the beginning of another existence which is perfectly similar to the present one. Enough of this; I do not believe that I must here pass judgment on druidism by saying things that are of no interest since they were already repeated ad nauseam.

Roman polytheism reduced the number of adherents of this national cult. To discuss such things in detail would be inappropriate since readers of a <xxiii> history of Gauls would be reading with disgust a series of documents that they are already familiar with and that are found everywhere. The only task I set for myself is to expose the facts concerning the organization of religion in society.

At last our forefathers, astonished and struck and swept away by the majesty of the Scriptures, became Christians. The sanctity

l'Evangile parle aussi à leurs cœurs; et des hommes qui conforment leur vie aux maximes de la sagesse humaine, des hommes droits, sobres, ayant pour principe et pour habitude le mépris de la prospérité et de la gloire, la modération dans la bonne fortune, la constance à souffrir sans faiblesse dans la mauvaise, avouent en se convertissant l'imperfection de la philosophie. Ils sentent qu'il leur reste beaucoup à faire pour remplir toute l'étendue du devoir de la charité, qui prescrit de s'immoler soi-même à l'amour de Dieu et des hommes. Oui, le nouveau culte des Gaulois, qui est le nôtre, offre dans toutes ses parties, dogmes, morale, rites et observances le plus grand intérêt. Ce n'est pas de l'univers embrassant le christianisme, mais des Gaules et de la France sectatrices du Christ dont je m'occuperai ; ici le sujet se trouve naturellement circonscrit.

{pp. xxiv-xxxii omises; sur les particularités de la religion en France}

Les pinceaux de l'auteur ne peuvent présenter ici des touches toutes nouvelles, comme celles qu'offrent ses *Recherches sur Buddou*; mais on s'apercevra sans peine qu'il a trouvé, dans une immense carrière, des lieux de repos inconnus jusqu'alors, et que l'étendue d'un vaste domaine lui a fait découvrir de nouveaux points de vue.

Mon récit sur l'instituteur indien nous a jetés dans un monde moral bien différent du nôtre. Ici nous trouverons nos premières origines et la masse de nos traditions.

L'histoire des derniers siècles ne peut avoir d'attrait pour personne, si celle des précédens n'a pas fait ses délices ; j'ai donc cherché à inspirer le goût de l'antiquité: tout nous reporte à cette aurore d'un beau jour. En entrant dans une carrière, il faut choisir le point qui mène seul au but, autrement on s'expose à s'égarer, à revenir sur ses pas, et à s'égarer encore pour n'atteindre le terme qu'après avoir employé, dans une voie pénible, un temps précieux dont on déplorerait en vain la perte. Etudiez les anciens, et vous aurez plus de plaisir à vous retrouver au milieu des modernes, et vous les apprécierez mieux, les jugeant avec un tact plus sûr. <xxxiii>

of the Gospel's precepts spoke also to their hearts; and men who are living in conformity with the maxims of human wisdom—upright, sober men who by principle and custom despise prosperity and glory, exercise moderation in good fortune, and steadfastly suffer with valor in bad fortune—do admit upon conversion [to Christianity] the imperfection of philosophy. They feel how much remains to be done in order to live up to the entire range of charitable duty that requires the sacrifice of oneself in the love of God and men. Yes, the new cult of the Gauls, which is our cult, is of the greatest interest due to its broad range of dogmas, ethics, rites, and observances. I shall not write about the world embracing Christianity but rather about Gaul and France as partisans of Christ; these are the natural limits of my subject.

{pp. xxiv-xxxii omitted: on particularities of religion in France}

In this domain [the religious history of France], the painting brushes of the author cannot offer touches that are as entirely new as those of his *Studies on Buddou*; but one will easily find that in an immense quarry he found hitherto unknown resting places, and that the expanse of a vast domain has made him discover new points of view.

My report on the Indian teacher has thrown us into a world of morality that is quite different from ours. Here we will find our first origins and the mass of our traditions.

The history of the last centuries can only attract those who have tasted that of the preceding ones. I have thus endeavored to cultivate the taste of antiquity: everything transports us back to this dawn of a beautiful day. When entering a course one must choose the one point that leads to the goal; otherwise one risks getting lost, retracing one's steps, going once more astray, and reaching the goal only after having lost precious time in a difficult pursuit—time whose waste one will deplore in vain. Study the ancients, and you shall find yourself with increased pleasure in the midst of the moderns, appreciate them better, and do so with surer taste. <xxxiii>

INTRODUCTION

Il paraîtra peut-être singulier que je cherche à fixer les esprits sur un personnage peu connu. Notre littérature biographique n'offre, à la vérité, que de légers aperçus concernant un homme à qui l'on a érigé des autels dans la plus grande partie de l'Asie. Mais si les opinions qu'il a émises sont suivies de plus de cent millions d'individus[3] qui vivent sous des lois opposées, et diffèrent dans leurs coutumes et leurs mœurs, ne mérite-t-il pas quelque intérêt; et ne semble-t-il pas utile à la connaissance de l'espèce humaine, sous le rapport intellectuel et moral, de recueillir tous les documens qui le concernent?

Buddou n'est point un dépositaire des plus anciennes et des plus authentiques traditions; il n'a pas marché à la lumière de ce flambeau avec lequel Moïse nous a conduits au berceau du monde, et nous a fait contempler l'œuvre admirable de la création. Sa doctrine n'est qu'une de ces spéculations philosophiques qui font illusion au génie qui la conçoit, et aux peuples dont les yeux ont été fascinés par d'autres prestiges religieux. Elle ne <xxxiv> nous explique pas, comme la religion chrétienne, les vues bienfaisantes de la divinité donnant l'existence au monde, et à l'homme son immortalité.

Sur le premier fonds de l'erreur, où l'on avait élevé des autels aux plus nobles parties de la nature comme à autant de divinités, chacun bâtit à son gré. Au milieu de ce déluge d'opinions fausses, un homme né dans l'Asie orientale, y présenta aux peuples un polythéisme moins grossier, dégagea le culte de ses plus monstrueuses superstitions, lui donna une morale religieuse, et un système de peines et de récompenses, système bien singulier et surtout nouveau, la métempsycose. Voilà les titres de ce dogma-

---

[3] Voyez l'*Appendice*.

INTRODUCTION

My attempt to attract attention to a little known person may appear extraordinary. Indeed, our biographical literature contains only faint outlines of a man to whom altars have been erected in most parts of Asia. But why would he not merit some interest, given that the opinions he uttered are followed by more than one hundred million individuals[3] living under conflicting laws and with different habits and customs? Does collecting all documents concerning him not appear useful for the knowledge of the human species and its intellectual and moral aspects?

Buddha is not a recipient of the most ancient and authentic traditions; he did not walk in the light of the torch with which Moses led us to the cradle of the world and made us contemplate the admirable work of creation. Buddha's doctrine is but one of those philosophical speculations that delude both the genius who conceived it and the peoples whose eyes had been fascinated by other religious glamours. <xxxiv> Unlike the Christian religion, this doctrine does not explain to us the beneficial views of the deity that gave existence to the world and that equipped human beings with immortality.

On the initial foundation of error with its altars to the noblest phenomena of nature and its multitude of divinities, everyone went on building at will. In the midst of this deluge of false opinions, a man born in Eastern Asia presented to the peoples a less gross polytheism. Liberating the cult from its most monstrous superstitions, he equipped it with a religious morality in form of a singular and entirely new system of punishments and rewards: metempsychosis. Such is the claim to fame of this dogmatic en-

---

[3] See the *Appendix* (here below, pp. 286–299).

tique enthousiaste et de ce philosophe austère ; voilà les degrés par lesquels il parvint à l'apothéose.

De nouvelles connaissances à acquérir sur les étoiles fixes, les constellations, le mouvement des planètes, et tous les rapports du ciel avec la terre ; des notions plus étendues à se procurer sur la situation, la force, la grandeur des empires ; sur le cours des rivières, celui des fleuves ; la découverte d'un quadrupède, d'un oiseau, d'un insecte qu'on puisse assigner à un nouveau genre et à une nouvelle espèce ; des végétaux et des minéraux qui augmenteraient le produit du commerce et le travail de l'industrie, tout cela engage à parcourir les régions lointaines ; elles se rapprochent ainsi de nous pour les progrès des sciences. <xxxv>

L'utilité générale nous rattache à elles de plusieurs autres manières. Il y a sans doute quelque chose de bon et de sage dans les institutions des peuples qui les habitent. Sous ce rapport, les contrées de la haute Asie sont une mine à exploiter pour le législateur, après que l'astronome, le géographe, le naturaliste et le commerçant en ont exploité d'autres.

Le philosophe moraliste fixera ses regards sur les religions endémiques de ces parties de notre hémisphère, sur le Bouddisme en particulier, comme étant le plus répandu de tous ces cultes, puisqu'il s'étend depuis l'Indus jusqu'au Japon ; le plus singulier, puisque, seul, il a triomphé des croyances anciennes dans les plus vastes et les plus populeuses contrées de l'Orient. Les nuances de sa croyance seront aperçues, son influence locale analysée. Il frappera surtout par sa morale grande et sublime, lorsqu'elle proscrit les sacrifices humains, l'abandon des vieillards, l'exposition des enfans, commande le respect de la vie de l'homme et de ses propriétés, le bon usage des biens, ainsi que la sobriété; plus que minutieuse lorsqu'elle cherche à inspirer des remords pour avoir ôté la vie à un insecte souvent nuisible, pour avoir bu d'une liqueur qui peut enivrer, et dont par sagesse, on n'a pas abusé. Mais je dois laisser le lecteur examiner et juger. <xxxvi>

thusiast and austere philosopher, and these are the steps that led to his apotheosis.

Acquiring new knowledge about the fixed stars, the constellations, the movement of planets, and all connections of heaven with earth; obtaining better notions of the location, power, and size of empires and about the course of rivers and streams; discovering a quadruped, a bird or an insect that can be classified as a new genus and species; finding plants and minerals that have the potential to boost commerce and industrial production: all of this is connected with the exploration of faraway regions that thus become more familiar and contribute to the progress of science. <xxxv>

The general usefulness [of the exploration of remote regions] also concerns us in several other ways. Without any doubt one can find something good and wise in the institutions of the people inhabiting them. In this regard, the regions of High Asia are a mine of information for the legislator; and there are additional mines that were exploited by the astronomer, geographer, naturalist and merchant.

The moral philosopher will focus on the native religions of those parts of our hemisphere, in particular on Buddhism. It is the most widespread of all cults since it extends from the Indus to Japan, and also the most distinctive one since it has single-handedly triumphed over the ancient beliefs in the vastest and most populous regions of the Orient. Details of its belief system will be furnished, and its local influence will be analyzed. It is striking especially because of its great and sublime morality in prohibiting human sacrifices along with the abandonment of the elderly and children, and because it ordains the respect of human life and property, the frugal use of goods, and sobriety. It is overly strict when it seeks to elicit remorse for having taken the life of an often harmful insect or for having drunk an intoxicating liquor even though one has wisely avoided excess. But I must let the reader examine and judge. <xxxvi>

AVIS SUR LES CONSIDÉRATIONS GENERALES

Je prie le lecteur de ne pas négliger les considérations générales. C'est un coup-d'œil sur les principales aberrations religieuses du polythéisme par rapport au Bouddisme ou religion de Bouddou, le plus remarquable de tous ces cultes.

La comparaison donne une idée juste et satisfaisante du sujet qu'on veut traiter ; elle rectifie les faux jugemens, les réflexions de premier jet, et par conséquent les plus susceptibles de séduction et de surprise. Sans elle, ce que j'ai recueilli sur notre fondateur aurait moins de précision : car l'imagination a, comme les mathématiques, des infinis de bien des degrés. Je la compare à un excellent tableau qui présenterait la plus exacte disposition de la lumière et de l'ombre. D'ailleurs, si la teinte distincte et particulière des conceptions métaphysiques éclaire sur l'esprit et le caractère des différens peuples, c'est encore à la comparaison que nous le devons. <1>

NOTE ABOUT THE GENERAL CONSIDERATIONS

I am asking the reader not to neglect the General Considerations. They contain an overview of the principal religious aberrations of polytheism in connection with Buddhism—the religion of Buddha—which is the most remarkable of all such cults.

Our comparison offers a correct and satisfying idea of the subject at hand; it rectifies false judgments and initial impressions that tend to be most susceptible to seduction and surprise. Without such comparison, the information I collected about our founder [Buddha] would be less precise; for in imagination one finds, as in mathematics, many degrees of infinities. I compare it to an excellent painting that exhibits the most exact disposition of light and shadow. Besides, if the distinct and particular tint of metaphysical conceptions is able to enlighten us about the spirit and character of different peoples, it is once more due to comparison. <1>

CONSIDÉRATIONS GÉNÉRALES

Sur les premiers hommages rendus au Créateur, la corruption de la Religion, l'établissement des cultes du Soleil, de la Lune, des Planètes, de la Terre, des Montagnes, des Forêts, des eaux, des Hommes et des Animaux.

L'homme n'avait été que le dernier œuvre de la création[4] ; ses premiers hommages s'adressèrent au Tout-Puissant, qui se manifesta à lui par des signes étonnans, et cacha sa majesté aux regards d'un faible mortel. Il reconnut le premier des êtres, et s'humilia devant la grandeur de l'éternel géomètre, de l'auteur et conservateur de l'univers.

Dieu.

Cependant le genre-humain s'était multiplié, et Dieu n'était pas adoré avec une tendre piété et une sainte frayeur. Des scrutateurs téméraires avaient jeté sur lui un regard coupable. Sa gloire les éblouit, et leur esprit n'ayant plus d'idées saines, les premières vérités leur parurent une erreur. La divinité, spirituelle de sa nature, se trouva revêtue de formes sensibles ; l'Etre suprême <2> ne fut plus que l'âme de l'astre du jour, éclairant le monde par ses rayons, émanations de sa substance corporelle.

Le Soleil.

On conçoit la cause d'un pareil événement. Le soleil a frappé les premiers hommes et les a ravis par sa beauté et l'éclat de sa lumière. Il reproduisait constamment le jour, parcourait tous les points du ciel, chassait les frimats, et ramenait sur la terre, depuis les régions hyperborées jusqu'à la zone torride, la chaleur et la fécondité.

---

[4] Genès. c. I, v. 1-31.

GENERAL CONSIDERATIONS

About the first worship offered to the Creator, the corruption of religion, the establishment of the cults of the sun, moon, planets, earth, mountains, forests, bodies of water, human beings, and animals.

Man had been but the last work of creation;[4] his first tributes were directed at the Almighty who manifested himself in astonishing ways yet hid his majesty to the gaze of a feeble mortal. Man acknowledged the supreme being and humiliated himself in face of the greatness of the eternal geometer, the author and preserver of the universe.

God

However, when the human race had multiplied, God was no longer worshiped with tender piety and holy awe, and reckless speculators viewed him with their guilt-laden gaze. His glory dazzled them; and since their minds had no more sane ideas, the first truths seemed to them an error. The deity that by nature is spiritual found itself clothed in perceptible forms; the supreme being <2> was nothing more than the sun that illumines the world by its rays, emanations of its physical substance.

The Sun

One imagines the cause of such a development. The sun astonished the first human beings, and its beauty and the brilliance of its light delighted them. Again and again it brought daylight, traveled over the entire sky, chased away frost, and brought warmth and fertility to all regions from the far north to the torrid zone.

---

[4] Genesis I, 1-31.

Voilà pourquoi les ténèbres religieuses enveloppèrent les yeux de la plupart des nations. Elles ne voulaient rien voir au-delà du disque brillant du soleil, qui, pour elles, était un véritable nuage. Les habitans de la Chaldée, de la Phénicie, de l'Egypte, de l'Arabie et de la Perse, les Grecs, les Celtes ou Gaulois, le regardèrent d'abord comme le Dieu suprême[5]. Dans l'Indostan, à la Chine, au Japon, en Amérique, pareille prostitution d'hommages au premier et au plus nécessaire des êtres créés[6], et un astre reçut les offrandes ainsi que les sacrifices dus au créateur. <3>

La Lune.

La lune, qui tire du soleil la lumière qu'elle nous communique, parut aussi douée d'une âme divine, jalouse de répandre ses faveurs sur les mortels. Par le culte qu'on lui rendit, on était parvenu au polythéisme. L'idée du grand Dieu, quoique corrompue, existait encore ; elle n'arrêta point le débordement des opinions, et présida, quoique bien confusément, aux diverses mythologies. Telle est la marche que prit la religion chez la plupart des peuples. Les absurdités les plus monstrueuses ne devaient point effacer de l'esprit humain la croyance d'une divinité supérieure aux autres, lors même qu'ils eurent oublié la première cause, la seule et unique de tous les effets qu'ils contemplaient dans l'univers, et adopté comme une proposition vraie, que le monde avait été formé avec une matière préexistante[7].

---

[5] Bannier, Explication historique des fables, in-12, 1711, t. I, p. 74; du Tressan, Mythologie comparée à l'histoire, t. I, p. 38 ; Lélan, Démonstration évangélique, t. I, p. 143-157.

[6] Sonnerat, Voyage aux Indes orientales, t. I, p. 332 ; de Guignes, Voyages à Peking, t. II, p. 351 ; Kaempfer, Histoire du Japon, t. I, p. 157; Les PP. Sobriévola et Narcisso y Barcelo, Voyage au Pérou, 1791-1794, t. I, p. 145 ; Robertson, Histoire de l'Amérique, t. II, p. 315-385.

[7] Lélan, ibid., t. II, p. 226 ; du Tressan, ibid, t. II, p. 238.

General Considerations

This explains why religious obscurity came to cloud the eyes of the majority of nations. They did not want to see anything beyond the brilliant disc of the sun that for them [in truth] was a veritable cloud. The inhabitants of Chaldea, Phoenicia, Egypt, Arabia and Persia, the Greeks, the Celts or Gauls: all began to regard the sun as supreme God.[5] In India, China, Japan, and America we find the same prostitution of worship: the offerings and sacrifices that are due to the creator were presented to the first and most necessary creature,[6] a heavenly body. <3>

THE MOON

Drawing the light that it relays to us from the sun, the moon seemed also to be endowed with a divine soul eager to dispense its favors to the mortals. Polytheism arose through the cult that was offered to the moon. The idea of the great God still existed, though in a corrupted form which did not put a stop to the profusion of opinions, and which dominated in a rather confused manner the diverse mythologies. This is the course that religion took with the majority of peoples. Yet the most absurd monstrosities could not erase from the human spirit the belief in a deity that is superior to all others; thus even when men had forgotten the first cause—the sole and unique source of all effects perceived in the universe—they accepted as true the proposition that the world had been formed from preexisting matter.[7]

---

[5] BANIER, *Explication historique des fables*, in-12, 1711, vol. I, p. 74; DU TRESSAN, *Mythologie comparée à l'histoire*, vol. I, p. 38; LELAND, *Démonstration évangélique*, vol. I, pp. 143-157.

[6] SONNERAT, *Voyage aux Indes orientales*, vol. I, p. 332; DE GUIGNES, *Voyages à Peking*, vol. II, p. 351; KAEMPFER, *Histoire du Japon*, vol. I, p. 157; Fathers Manuel SOBREVIELA and Narciso GIRBAL Y BARCELÓ, *Voyage au Pérou, 1791-1794*, vol. I, p. 145; William ROBERTSON, *Histoire de l'Amérique*, vol. II, p. 315-385.

[7] LELAND, *Démonstration évangélique*, vol. II, p. 226; DU TRESSAN, *Mythologie comparée à l'histoire*, vol. II, p. 238.

Cette méprise n'étonnera pas. La lune supplée, bien imparfaitement à la vérité, l'astre du jour, lorsque la nuit nous dérobe sa lumière ; ses phases offrent des périodes de semaines et de mois, et sa révolution entière des périodes d'années. Le temps avec elle et par elle ne s'échappe point, pour ainsi dire, sans qu'on le mesure. Telle est la raison pour laquelle les hommes la considérèrent comme une providence spéciale, surtout avant qu'ils ne se fussent aperçus que le cours du soleil offrait seul des ères et des dates qui puissent être en harmonie avec les saisons.

On remonte ainsi aux premières sources de l'erreur. Le législateur des Hébreux défendit avec la plus grande <4> sévérité de boire de leurs eaux corrompues. Les Israélites ne devaient point adorer le soleil et la lune de peur qu'en voyant l'un et l'autre ils ne rendissent un hommage coupable à des créatures *que le Seigneur Dieu a faites pour le service des nations qui sont sous le ciel.*[8]

Les Planètes.

Les planètes furent aussi élevées au rang des dieux par le fol enthousiasme de l'homme ; elles présentaient des points lumineux très-sensibles. Au milieu des étoiles fixes, qui gardaient toujours entr'elles une égale distance, la position de ces astres variait beaucoup, soit qu'on les rapportât au soleil et à la lune, soit qu'on les comparât les uns aux autres. Cette observation eut ce résultat, que les planètes répondaient alternativement à toutes les parties du ciel, et parcouraient successivement, comme le soleil et la lune, diverses constellations ou amas d'étoiles fixes que la science astronomique a groupées ensemble à raison de leur plus ou moins d'éclat, et surtout de la position respective des unes avec les autres[9].

---

[8] Deuteron., c. IV, v. 19; DU TRESSAN, *ibid.*
[9] GOGUET, Origine des lois, sciences et arts, in-12, 1778, t. II, p. 127.

This error is not surprising. Though the moon does so very imperfectly indeed, it replaces the sun's light when the night robs us of it. Its phases provide us with time periods of weeks and months, and its entire revolutions periods of years. Eschewing the need for measurement, one can say that with and through the moon, time is kept. This is the reason why men regarded the moon as a special providence, especially before they realized that solely the course of the sun can supply periods and dates that are in harmony with the seasons.

We thus go back in time to the first founts of error. The legislator of the Hebrews [Moses] prohibited with the greatest <4> severity to drink from their poisoned waters. The Israelites were instructed to refrain from adoring sun and moon because Moses feared that they might sin by paying tribute to creatures *that God our Lord has fashioned to serve the nations under heaven.*[8]

THE PLANETS

The planets were also raised to the rank of gods by the mad enthusiasm of man; they appeared as very delicate luminous dots. Compared to the fixed stars that always maintained a constant distance from each other, the position of the planets varied very much both in relation to sun and moon and to each other. This observation led to the view that the planets entertain reciprocal relationships with all parts of the sky and that they, in the manner of the sun and the moon, successively trace their course through different constellations or clusters of fixed stars that the science of astronomy grouped together according to the degree of their luminosity and their relative position.[9]

---

[8] Deuteronomy, ch. IV, v. 19; DU TRESSAN, *Mythologie comparée à l'histoire,* vol. II, p. 238.

[9] GOGUET, *Origine des lois, sciences et arts,* in-12, 1778, vol. II, p. 127.

Leur mouvement particulier frappa les observateurs, et toutes devinrent des dieux servis par un culte semblable à celui du soleil et de la lune : ils sont connus sous les noms de *Vénus, Mars, Mercure, Jupiter* et *Saturne*. Les Egyptiens adoraient, et les Juifs prévaricateurs à la loi de Dieu avec eux, Moloc ou la planète de Mars, Kijun ou celle de Saturne.[10] L'astrologie judiciaire naquit de la pluralité de ces êtres divins. On avait <5> regardé les conjonctions et oppositions des planètes avec les étoiles fixes comme l'effet de leurs volontés divines ; et de la position particulière de l'une ou l'autre dans le ciel à tel jour du mois, à tel mois de l'année, on tira des pronostics variés qui rendaient indubitable leur influence bénigne ou mauvaise ; car tout était prodige pour des esprits superstitieux.

Le Ciel.

Du culte des astres je passe aux plus imposantes parties de la nature qui se trouvèrent animées par des intelligences divines. Le ciel, son magnifique azur, cette voûte qui semble si brillante, ce majestueux horizon, ces astres qui offrent une si belle harmonie, cet air pur qu'on respire dans les régions supérieures ; tout cet ensemble prit un caractère sacré, fut même une divinité. La Grèce et l'Italie placèrent le dieu qui jouissait d'un si ravissant séjour au nombre des leurs. Plusieurs veulent que le dieu *Tien* de la Chine, à qui l'Empereur offre les sacrifices les plus solennels et dont il est l'unique prêtre, soit identiquement le même que le ciel[11].

La Terre.

La terre, riche en productions propres à la nourriture, au vêtement et à l'agrément de l'homme, offrant à l'industrie une foule de matières premières qu'elle peut élaborer à son gré pour des besoins factices aussi-bien que réels, fut aussi comptée au nombre de ces

---

[10] Spenc. *de Leg. Hebraeor. ritual.*, l. II, c. III.
[11] De Guignes, t. II, p. 354.

Their particular movements impressed the observers, and they all became gods worshiped in a cult resembling that of sun and moon. They are known as *Venus, Mars, Mercury, Jupiter,* and *Saturn.* The Egyptians, and with them the Jews who had flouted God's law, worshiped Moloch or the planet Mars, and Kijun or Saturn.[10] Divinatory astrology was born from the multitude of these divine beings. The conjunctions and oppositions of the planets with the fixed stars <5> were regarded as the effect of their divine will; and from the particular positions in the sky of one or the other on a particular day of the month or in a particular month of the year, one drew various prognoses that eliminated all doubts about their good or bad influence, since for superstitious spirits everything seemed a portent.

The Sky

From the cult of celestial bodies I pass to the most impressive parts of nature that were seen as animated by divine intelligence. The sky, its magnificent blue, this vault that seems so brilliant, this majestic horizon, these heavenly bodies in their beautiful harmony, the pure air that one breathes at higher altitudes: all of this together obtained a sacred character and was even seen as a deity. Greece and Italy put the god whose abode is so attractive into their pantheon. Some argue that the god *Tian* of China, to whom the emperor performs the most solemn sacrifices and whose sole priest he is, is the same as the sky.[11]

The Earth

The earth with its wealth of products fit for man's food, clothing, and pleasure offers a mass of raw materials for industry that can be fashioned at will to serve artificial as well as actual needs. It also formed part of the beings considered superior by the mortals.

---

[10] SPENCER, *De Legibus Hebraeorum ritualibus,* book. II, ch. III.

[11] DE GUIGNES, *Voyages à Peking,* vol. II, p. 354.

êtres supérieurs aux mortels. Sur la fable de leur mythologie, les Egyptiens, les Grecs, les Romains et les Gaulois <6> l'adorèrent. A Pékin, le Ti-Tan est un temple magnifique élevé à la terre et desservi par un prince de la maison impériale[12].

Les Montagnes.

Les points les plus éminens de sa surface, les montagnes inspirèrent aussi un sentiment religieux. L'aspect de plusieurs d'entre elles est imposant ; leur cime, parfois inaccessible, se perd dans les nues ; l'horizon est souvent borné par leurs énormes masses. Là se forment la foudre et les éclairs ; de leurs flancs découlent les torrens, les fleuves, les rivières. Comment, lorsqu'on regarde d'un œil enchanté tout ce qu'il y a de grand dans la nature, ne pas croire à des génies qui en sont l'âme ? Le Saint-Gothard (peut-être le même que le Penninus) adoré par les Gaulois ; le Soracte, objet d'un semblable culte chez les nations italiennes voisines des Alpes ; l'Ida, l'Atlas, honorés ainsi par les habitans de l'île de Crète et ceux de l'Afrique septentrionale ; l'Olympe, si révéré chez les Grecs, animé par une divinité secondaire avant que Jupiter n'y absorbât tous les hommages, étaient des montagnes divinisées[13], et, à ce titre, recevaient les vœux des mortels.

Loin des bords de la Méditerranée, nous verrons que la superstition s'est encore créé de tels dieux. Le Thibet à son Choumoutarie ; le pays des Kalmouks, son Moo-Bogdo ; Ceylan, son Outéralié ; la région des Chippeways, nation sauvage au Canada, près le lac Supérieur, <7> son Kitchée-Monitoo. Ces derniers appellent leur mont divinisé le maître de la vie, lui portent des offrandes, jettent du tabac et autres présens dans les eaux du lac qui est à ses pieds, et l'adorent comme un dieu.[14]

---

[12] *Ibid.*

[13] Dulaure, des Cultes qui ont précédé l'idolâtrie, p. 32-36; pour Penninus, Titi-Livii, *Hist- rom.,* l. xxi, c. xxxviii.

[14] Dulaure, *ibid.*, p. 38-173 ; *Voyez* de plus Pallas ; Turner ; Long, Voyage au Canada.

General Considerations

Based on the fables of their mythology the Egyptians, Greeks, Romans, and Gauls <6> worshiped it. The Ditan [Temple of Earth] in Peking is a magnificent temple to the earth that is served by a prince of the imperial household.[12]

The Mountains

The most elevated points of the earth's surface, the mountains, also inspired religious feelings. Several of them look impressive: their sometimes inaccessible peaks disappear in the clouds, and the horizon is often confined by their enormous mass. It is there that flashes of lightning form, and from their sides flow torrents, streams and rivers. When one sees with delight all that is grand in nature, how could one not believe in spirits that form its soul? The St. Gotthard (which possibly corresponds to the Penninus) was worshiped by the Gauls; the Soractes was the object of a similar cult in the Italian nations bordering the Alps; Ida and Atlas were honored by the inhabitants of the island of Crete and in North Africa; and Olympus, so revered by the Greeks, was animated by a secondary deity before Jupiter absorbed all of its worship. These were all deified mountains,[13] and as such they received the worship of mortals.

Far from the shores of the Mediterranean we find that superstition has also created such gods. Tibet has its Chumularee, the land of the Kalmyks its Moo-Bogdo, Ceylon its Outéralié, the region of the savage nation of the Chippeways near Lake Superior in Canada <7> its Kitchée-Monitoo. The Chippeways call their deified mountain the master of life and make it offerings; they throw tobacco and other presents into the lake at its foot and worship it like a god.[14]

---

[12] DE GUIGNES, *Voyages à Peking*, vol. II, p. 354.

[13] DULAURE, *Des Cultes qui ont précédé l'idolâtrie*, pp. 32-36; for Penninus, TITUS-LIVIUS, *History of Rome*, book xxi, ch. xxxviii.

[14] DULAURE, *ibid.*, p. 38-173; see also Pallas; Turner; LONG, *Voyage au Canada*.

Les Eaux.

Il est inutile de pousser plus loin cette énumération. Les eaux offrent au récit une matière aussi riche en créations fantastiques. Les rivières et les fleuves n'étaient point, pour les hommes du premier âge, un spectacle simple et ordinaire. Plus ou moins impétueux dans leurs cours, aucune digue ne s'opposait à leurs ravages. Ils semblaient tenir de la nature des torrens qui détruisent tout ce qui se trouve sur leur passage. L'opinion en fit des divinités terribles ou favorables qui se portaient avec impétuosité au-delà de leur lit, ou s'y contenaient avec force, s'épanchant pour la fertilité, se débordant pour la ruine des campagnes.

Ainsi était gouverné l'Eurotas du pays de Lacédémone, l'Eridan de la Gaule Cisalpine, le Tibre du Latium, le Rhin, placé sur les confins de la Gaule et de la Germanie, le Nil de l'Egypte. La Méditerranée, surtout, avait son Neptune[15]. On érigea à plusieurs de ces dieux des autels qui furent servis avec tout le zèle de la résignation et de l'espérance. Les fontaines d'eau chaude, les lacs d'une immense profondeur, tels que l'Achéron et l'Averne des Grecs et des Romains, donnaient aussi une <8> affection religieuse mêlée de crainte et d'exaltation. Diuona, fontaine près de Bordeaux, le lac Helanus de la Lozère, dans le Gévaudan, inspirant de tels sentimens à nos pères, ils y jetaient l'or et l'argent pris sur l'ennemi[16].

Au-delà de l'Indus, le culte de l'eau n'entre pas dans le premier ordre des idées religieuses que fit naître l'oubli du Créateur. Une divinité particulière, Gunga, dont l'heureuse et mémorable descente sur la terre est un jour de fête, préside bien au cours du Gange[17] ; mais il n'y a pour la mer qui baigne les côtes de l'Indos-

---

[15] Dulaure, *ibid.*, p. 39, 40.

[16] Du Tressan, *ibid.*, t. II, p. 273; Auson, *de clar. urbibus carmen* 15 ; Greg. Turon, *de Gloriâ confes.* c. II.

[17] Holwel, Mythologie des Gentoux, p. 146.

Bodies of Water

It is superfluous to continue this list. Bodies of water offer a subject matter that is just as rich in fantastic creations. For the people of the first age, rivers and streams were not a simple and ordinary sight. The courses of rivers were more or less wild, and there were no dykes to prevent their ravages. They seemed to have the nature of torrents that destroy everything in their way. They were regarded as terrible or benevolent divinities that either rashly left the river bed or remained constrained therein, thus dispensing their waters in the service of fertility, or alternatively flooding and ruining the countryside.

This was the case with the Eurotas in the region of Lacedaemon, the Eridan of cisalpine Gaul, the Tiber of Latium, the Rhine bordering Gaul and Germany, and the Nile in Egypt. The Mediterranean had above all its Neptune.[15] Altars were built for several of these gods, and they were served with the zeal born from resignation and hope. Hot water fountains and extremely deep lakes such as the Acheron of the Greeks and Avernus of the Romans were also the object of <8> religious affection mixed with fear and exaltation. The fountain of Diuona near Bordeaux and Lake Helanus in the Gévaudan region of the Lozère also inspired such feelings in our forefathers who threw in gold and silver taken from their enemies.[16]

East of the Indus river, the cult of bodies of water is not among the principal religious ideas that led to the forgetting of the Creator. Ganga, a deity whose fortuitous and memorable descent on earth is remembered in a festival, does preside over the course of the Ganges river;[17] but for the sea around India there is only a

---

[15] DULAURE, *Des Cultes qui ont précédé l'idolâtrie*, p. 39, 40.
[16] DU TRESSAN, *Mythologie comparée à l'histoire*, vol. II, p. 273; AUSONIUS, *Liber de claris urbibus carmen* 15; GREGORIUS TURON, *Gloriâ confesssorum*, ch. II.
[17] HOLWELL, *Mythologie des Gentoux*, p. 146.

tan qu'un demi-dieu[18], et pour les autres mers, fleuves et rivières de l'Orient, que des génies, êtres d'une influence bornée et locale.

Les Forets.

Les forêts tiennent encore à un genre de merveilleux qui multiplia les êtres divins ; elles n'ont pas, il est vrai, frappé généralement l'imagination de l'homme. Mais si le touffu de leurs arbres présentait aux uns l'unique avantage d'un ombrage frais, il était, relativement aux autres, d'une obscurité mystérieuse. On y vit, on y entendit des choses étonnantes, on s'y infatua de chimères. Des dieux sombres et mélancoliques y habitaient sous d'épais feuillages, et s'identifiaient avec des végétaux aussi anciens que le monde.

Les Scythes regardaient leurs bois sacrés comme le <9> séjour d'une déité. Il existait chez les Gaulois une semblable forêt dont les arbres n'avaient pas été taillés. Les troncs informes y pourrissaient à côté des tiges jeunes et vigoureuses dont la végétation était la plus expansive. Jules-Caesar ordonnant après la conquête qu'on les coupât, fut regardé comme un profanateur. Tous frémissaient de l'outrage qu'on allait faire à la divinité. Le soldat romain, effrayé lui-même de la majesté de cette forêt, n'y porta la hache qu'en tremblant[19]. Dans les Ardennes, on adorait Arduina; dans les autres parties des Gaules, Vosegus[20] ; et les forêts de la Grèce et de l'Italie avaient été enchantées pour leur habitans, au point d'y révérer Diane, les Faunes, les Sylvains, les Driades et les Amadriades.

Je laisse les régions séduites par les fables des Gaulois et des Grecs, et je vois que, dans l'Asie orientale, l'épaisseur ténébreuse des bois n'en impose pas d'une manière sensible. Personne ne s'y

---

[18] Sonnerat, *ibid.*, t. I, p. 319.

[19] Voyez Caesar, *de Bello Gallico;* et Delaure, *ibid.,* p. 43-47.

[20] Don Martin, Religion des Gaulois, l. IV, c. xliii.

demigod[18], and for the other seas, rivers and streams of the Orient there are only spirits of local and limited influence.

Forests

The forests belong to a species of the marvelous that multiplied the number of divine beings. It is true that in general they have not inspired human imagination. But if the density of their trees offered to some the unique advantage of cool shade, others saw in them a mysterious obscurity. While living in them, people heard surprising sounds and became obsessed with chimeras. Somber and melancholic gods inhabited their thick foliage, and they were identified with plants as old as the world.

The Scythians regarded their sacred woods as the <9> abode of a deity. The Gauls had a similar forest whose trees had never been cut. There, amorphous tree trunks were rotting next to young and vigorous trees with very dense foliage. When, after his conquest, Julius Caesar ordered these trees to be cut down, it was regarded as a sacrilege. Everybody shuddered because of the planned offense against the deity. Frightened by the majesty of this forest, even the Roman soldier who wielded the axe was trembling.[19] In the Ardennes it was Arduina who was worshiped, and in the other parts of Gaul Vosegus.[20] The forests of Greece and Italy were regarded by the populace as so enchanted that they worshiped in them Diana, the fauns, the sylvains, the dryads, and the hamadryads.

Outside of the regions under the spell of the Greek and Gallic fables, I observe that in Eastern Asia the gloomy density of forests did not make a similar impression. Noone was so deeply

---

[18] SONNERAT, *Voyage aux Indes orientales*, vol. I, p. 319.

[19] See CAESAR, *De Bello Gallico;* et DULAURE, *ibid.,* p. 43-47.

[20] Jacques de MARTIN, *Religion des Gaulois*, book IV, ch. xliii.

trouva profondément pénétré, n'y rêva à des divinités locales et présentes. Le bouddiste regarda cependant avec un œil religieux l'arbre des pagodes dit *de Buddou*. C'est surtout à Ceylan et dans la presqu'île au-delà du Gange qu'on le plante plus particulièrement autour des édifices sacrés ; il ne rappelle que de pieux souvenirs.

Les Hommes.

Enfin, les hommes s'élèvent à l'apothéose. Par quels mobiles se trouvèrent-ils placés au rang des dieux ? par <10> le triomphe de la force et du courage sur la faiblesse, de l'esprit et du génie sur l'ignorance et l'abrutissement, et encore par celui de la vertu sur le vice. Le genre-humain sortait à peine de la barbarie, que chacun voyait déjà avec le plus vif intérêt celui de ses semblables revêtu d'éminentes qualités. L'enthousiasme franchit les bornes du respect et de la vénération ; il devint un hommage religieux ; tant on était enclin à regarder comme un dieu tout individu qui portait dans sa personne, dans les nobles conceptions ou affections de son âme, quelque chose de grand.

C'est à l'idée de l'immortalité de l'âme que ces hommes doivent les adorations des mortels. Si l'on n'avait pas cru que la mort était pour eux le commencement d'une vie plus heureuse, les eût-on regardés comme revêtus de qualités aussi belles qu'inaltérables, eût-on associé leurs âmes aux êtres supérieurs et divins appelés au partage du gouvernement du monde ?

Leurs tombeaux avaient été conservés avec soin[21] ; ils y reçurent les premiers hommages. Lorsqu'on eut célébré auprès de ces monuments souvent très-simples, mais chers à une nation reconnaissante, les hauts faits, les actes de bienfaisance, les découvertes utiles à l'humanité par lesquels ils s'étaient illustrés, il fut

---

[21] Dans les premiers siècles du christianisme, on voyait encore celui de Jupiter à Gnose, ville de l'ile de Crète (Lact., *div. Inst.*, 1. I, c. II ; du Tressan, *ibid.*, t. I, p. 112.

General Considerations

impressed by them as to dream up local divinities inhabiting them. However, the Buddhists had a religious view of the pagoda tree that is said to be *of Buddha*. Especially in Ceylon and on the peninsula east of the Ganges [Southeast Asia], this tree is planted with preference around sanctuaries; but it evokes only pious memories.

Human Beings

At last, human beings arrived at apotheosis. What was it that raised them to the rank of gods? It was <10> the triumph of strength and courage over weakness, of esprit and genius over ignorance and stupidity, and also of virtue over vice. The human race had barely left barbarity behind when individuals observed with the keenest interest those among them with eminent qualities. Going beyond respect and veneration, their enthusiasm turned into religious worship—so much so that one tended to regard as a god any individual whose personality had something grand in its noble conceptions or in the sentiments of its soul.

It is due to the idea of the immortality of the soul that these men are worshiped by mortals. Had one not believed that death for them is the beginning of a happier life: would they then have been regarded as endowed with qualities that are as beautiful as they are changeless? Would one have associated their souls with superior and divine beings destined to take part in the government of the world?

Their graves were preserved with care;[21] it was there that they received the first worship. Next to their graves that often were very simple monuments, celebrations were held of the great deeds, charitable acts, and discoveries useful to humanity by which these

---

[21] In the first centuries of Christianity one still saw the one of Jupiter in Gnose, a town on the island of Crete (LACTANTIUS, *Divinae Institutiones*, book I, ch. II; DU TRESSAN, *Mythologie comparée à l'histoire*, vol. I, p. 112).

impossible de résister au désir de présenter à leurs mânes, à leurs génies des corbeilles pleines de plantes potagères et de fruits. On érigea ensuite des autels pour brûler en leur <11> honneur des holocaustes ou leur immoler des victimes.

Cette erreur des anciens peuples descendant à ceux qui les avaient gouvernés et éclairés pour trouver, non un type, mais une forme, une nature identique avec la divinité, n'avait rien qui les dégradât à leurs propres yeux. En honorant de grands talens ou de grandes vertus on croyait rendre hommage à des êtres divins. Ainsi chez les Grecs, Jupiter doit son titre de père des humains à ses nombreuses victoires, à ses étonnantes conquêtes. Celui de Mars, c'est l'invention de la tactique militaire et des instrumens de guerre ; Diane se trouve au nombre des grands dieux, parce qu'elle fit de la chasse un art ; Cérès, par la découverte de la charrue, pour la culture du blé et autres graminées ; Mercure, par celle des élémens de géométrie et autres sciences exactes. Ainsi Neptune siège dans l'Olympe à raison des progrès que firent sous son régne la navigation et la manœuvre des vaisseaux ; Pluton et Bacchus, à cause de l'exploitation des mines et de la culture des vignes. L'Odin des habitans du nord de l'Europe et le Mercure Teutatès des Gaulois (Ogmius) doivent leur apothéose aux premiers élémens de civilisation qu'ils avaient donnés à leurs concitoyens[22].

L'Asie, ainsi que l'Europe, a érigé des autels aux grands hommes ; mais elle s'est plue davantage à se prosterner devant ses législateurs que devant les héros et les inventeurs des arts. Rarement elle révère en ses dieux des prodiges de force et de courage, de belles découvertes, mais presque toujours des principes d'harmonie et d'ordre social. Un prince, un sage qui se présentera devant elle <12> avec un code civil ou religieux, ou simplement avec de belles et imposantes maximes, avec des principes dont il trouve la sanction dans la conscience de tous, et qui sont comme l'expression des sentimens honnêtes, frappe l'imagination plus sûrement,

---

[22] *Voyez* la Mythologie comparée à l'histoire, de Du Tressan.

men had distinguished themselves. On such occasions it was impossible to resist the desire to offer baskets filled with edible plants and fruit to their Manes or spirits. Altars were then erected to burn offerings in their <11> honor or to sacrifice victims.

The error of ancient peoples regarding those who had governed and instructed them consisted in ascribing to them a form and nature identical to divinity, which in their eyes was by no means degrading. For them, honoring great talents or great virtues meant worshiping divine beings. Thus for the Greeks, Jupiter earned his title of father of humankind through his numerous victories and astonishing conquests. With Mars it was the invention of military strategy and weaponry. Diana is among the great gods because she made an art of hunting; Ceres because she discovered the plough along with the cultivation of wheat and other cereals; and Mercury because of the discovery of the elements of geometry and other exact sciences. Neptune resides on the Olympus because of the progress achieved during his reign in navigation and in the operation of naval vessels, and Pluto and Bacchus because of mining technology and grapevine cultivation. Odin of the northern Europeans and Mercury Teutates (Ogmius) of the Gauls were apotheosized because they had brought the first elements of civilization to their fellow citizens.[22]

Both in Asia and Europe, altars were erected to great men. But Asia was more inclined to prostrate before legislators than before heroes and inventors of arts. In its gods it rarely reveres feats of power and courage or great discoveries but almost always qualities related to the principles of social harmony and order. A prince or sage who furnishes <12> a civil or religious code, or simply beautiful and imposing maxims whose principles are sanctioned by everyone's conscience and express honest feelings: such a man is more likely to strike people's imagination, since without laws and religion there is no happiness.

---

[22] See *Mythologie comparée à l'histoire* by DU TRESSAN.

parce que, sans lois et sans religion, il n'y a pas de bonheur. Elle comptera au nombre de ses principaux dieux notre philosophe, ce Buddou révéré successivement chez presque tous les peuples de l'Orient ; Brama et Chiven, législateurs de l'Indostan ; les Dsi-sin-go-dai, fondateurs de l'empire du Japon, ses dieux terrestres. Pour Confucius, sa doctrine si vantée par les Chinois lui aurait mérité des autels, si son existence eût daté d'une antiquité plus reculée, et s'il eût pris le ton d'un visionnaire. Il est regardé par eux, non comme le plus ancien, mais comme le plus éminent de leurs sages.

Oblations, Sacrifices, Sacrifices humains.

Tous les dieux, depuis le soleil jusqu'à l'homme, ont été honorés par des prières, des rites, des oblations, et des sacrifices différens selon les temps et les lieux. Dans les premiers jours du monde, dès que notre premier père put contempler le spectacle de la nature, il offrit au créateur les présens qu'il croyait les plus dignes de sa grandeur, tels que des fruits exquis et des animaux de choix. L'éducation des troupeaux fournit ensuite de nouveaux signes de reconnaissance et d'amour. Le Dieu très-bon et très-sage ne pouvait agréer d'autres offrandes et d'autres sacrifices ; mais les dieux d'invention humaine se plurent à voir couler sur leurs autels le sang d'une victime bien plus précieuse. <13>

Ce serait se tromper que d'attribuer cette cruelle institution à l'idée des mauvais génies auxquels on donne, chez presque tous les peuples[23], des attributions tellement secondaires qu'ils échappent, quant à la religion des Grecs et des Romains, à l'attention des écrivains mythologiques[24]. C'est à une superstition du premier ordre,

---

[23] KNOX, relation de l'île de Ceylan, t. II, p. 154-160; LALOUBÈRE, Voyage dans le royaume de Siam, t. I, p. 456 ; t. II, p. 7 ; SONNERAT, *ibid.,* t. I, p. 323-324 ; PALLAS, Voyage en Russie, t. I, p. 539-543; DE GUIGNES, *ibid.,* t. II, p. 348-349.

[24] BANNIER, DU TRESSAN, *ibid.,* etc.

General Considerations

Among Asia's principal deities we find our philosopher, the Buddha, who has gradually come to be revered by almost all of the peoples of the Orient. There are also Brahma and Shiva, legislators of India, and the earth gods Jishin godai who founded the empire of Japan. For his teaching that is so much appreciated by the Chinese, Confucius would have deserved altars had he lived in more remote antiquity and had he adopted the tone of a visionary. The Chinese regard him not as the most ancient but as the most eminent of their sages.

Offerings, Sacrifices, Human Sacrifices

From the sun to human beings, all gods were worshiped by means of prayers, rituals, offerings, and sacrifices that vary according to time and place. From the first days of the world when our first forefather could contemplate the spectacle of nature, he offered to the creator the gifts that he deemed most worthy of his greatness such as exquisite fruits and select animals. Later, animal husbandry furnished new tokens of gratitude and love. The all-good and wise God would not be content with other offerings and sacrifices; by contrast, the gods invented by human fantasy liked to see the blood of far more precious victims flow on their altars. <13>

It would be mistaken to attribute this cruel practice to the idea of evil spirits which almost all people[23] endow with characteristics that are so secondary that in Greek and Roman religion they elude even the attention of mythological authors.[24] We must locate its ultimate source in a superstition of the first order, the apex

---

[23] KNOX, *Relation de l'île de Ceylan*, vol. II, pp. 154-160; LA LOUBÈRE, *Voyage dans le royaume de Siam*, vol. I, p. 456; vol. II, p. 7; SONNERAT, *Voyage aux Indes orientales*, vol. I, p. 323-324; PALLAS, *Voyage en Russie*, vol. I, p. 539-543; DE GUIGNES, *Voyages à Peking*, vol. II, p. 348-349.

[24] BANIER, *Explication historique des fables*; DU TRESSAN, *Mythologie comparée à l'histoire*, etc.

à l'exaltation du plus grand fanatisme qu'il faut remonter comme à sa source. C'est une expiation à faire pour apaiser les principaux dieux, un acte de dévouement absolu qu'on leur doit.

La subversion des idées fut telle à ce sujet qu'on vit souvent des malheureux se précipiter d'eux-mêmes sous le couteau du sacrificateur pour recevoir de lui le coup de la mort et expirer, dans la conviction que leur sang serait utile à leurs concitoyens. Les Phéniciens, les Syriens, les Arabes et les autres peuples de l'Asie occidentale[25], excepté les Hébreux[26] et les Perses ; les Carthaginois et toutes les nations africaines ont sacrifié des hommes. Je puis assurer la même chose des Scandinaves, des Scythes et des Hérules, habitants du nord et de l'est de l'Europe. Ceux du centre et du midi de cette partie du monde n'ont pas adoré Dieu d'une manière moins barbare. On cite à ce sujet les Gaules, la Germanie, la Grande-Bretagne, la <14> Batavie, la Thessalie, la Messénie, la Phocide, l'île de Chypre, celle de Lesbos, la Grèce et l'Italie[27]. L'Amérique nourrissait des hommes non moins inhumains et avait des Dieux aussi avides de sang. La tradition du nouveau monde comme celle de l'ancien nous a transmis en ce genre des monumens incontestables[28].

On trouve encore dans les livres sacrés des habitants de l'Indostan quelles étaient les cérémonies voulues pour le sacrifice de l'homme. Je dois me borner au culte de la déesse Chandica ; elle exigeait comme oblations convenables les oiseaux, les poissons, neuf espèces de quadrupèdes, entr'autres le bœuf, le buffle; et l'homme. Le sang d'un oiseau rendait la divinité favorable pour un mois, celui d'un crocodile pour trois, celui des neufs espèces

---

[25] LUCA, Floren, t. I, c. xiii ; DIODOR. Sicul., l. xx ; HEROD., l. vii. ; CAESAR, de *Bel. Gal.* l. iv, c. vi.

[26] Deutéron., ch. xii, v. 29 et *seq.*

[27] Esprit des coutumes des différens peuples, par DEMEUNIERS, t. III, l. xvi, c. iii; LÉLAN, Démons. évang., t. I, p. 329-330.

[28] *Ibid.*

of the greatest fanaticism: an expiation performed to appease the principal gods, an act of absolute devotion that one owes to them.

The subversion of ideas in this respect was so great that one often saw wretched men throw themselves onto the knife of the sacrificer in order to receive the mortal stab and to die convinced that their blood will benefit fellow citizens. The peoples of Western Asia— the Phoenicians, Syrians, Arabs and the other peoples of Western Asia[25] except the Hebrews[26] and Persians—sacrificed human beings, as did the Carthaginians and all African nations. I can assert that the same holds true for the Scandinavians, the Scythians and the Heruli living in the northern and eastern regions of Europe. Inhabitants of central and southern Europe worshiped God in no less barbarian a manner: the Gauls, Germany, Great Britain, <14> Batavia, Thessalia, Messenia, Phocis, the islands of Cyprus and Lesbos, Greece, and Italy.[27] America's inhabitants were just as inhuman and their gods just as bloodthirsty. Our information about traditions both of the New and the Old World furnish indisputable proof of this.[28]

The sacred scriptures of the inhabitants of India also contain accounts of the ceremonies required for human sacrifice. Here I must limit myself to the cult of the goddess Chandica. As appropriate offerings she demanded birds, fish, nine species of quadrupeds including cows and buffaloes, and human beings. The blood of a bird rendered her favorable for a month, that of a crocodile for three months, and that of nine species in incremental progression for nine months to twelve years. The blood of a human being

---

[25] LUCA, *Florentia*, vol. I, ch. xiii; DIODORUS SICULUS, book xx; HERODOTUS, book vii; CAESAR, *De Bello Gallico,* book iv, ch. vi.

[26] Deuteronomy, ch. xii, verse 29 ff.

[27] Jean-Nicolas DÉMEUNIERS, *Esprit des coutumes des différens peuples*, vol. III, book xvi, ch. iii; LELAND, *Démonstration évangélique*, vol. I, p. 329-330.

[28] *Ibid.*

par une progression graduée depuis neuf mois jusqu'à douze ans. Celui de l'homme lui était agréable pour mille ans. La chair des animaux sacrifiés lui plaisait la même durée de temps que leur sang[29]. L'usage établi à la Chine d'offrir aux dieux et de brûler devant leurs images des chevaux, des habits et des hommes de papier, rappelle un temps où l'on ne se contentait pas d'une simple effigie[30].

Tous les dieux n'exigeaient pas de pareils sacrifices, qui, d'ailleurs, n'avaient lieu que dans les calamités publiques. Les Egyptiens immolaient des filles[31], et <15> les Albanois des hommes à la lune[32]. Les Latins et les Carthaginois égorgeaient des enfans, ceux des familles distinguées, pour apaiser Saturne[33]. Les Messéniens, les Thessaliens, les Phocéens et les Lesbiens croyaient se rendre propices Jupiter, Bacchus et Diane par de tels hommages[34]. A Rome, dans la vue de détourner les plus grands malheurs, les citoyens des premiers rangs se dévouaient eux-mêmes aux dieux Lares[35].

Dans les Gaules, afin de calmer la colère de Teutatès et d'Esus, on recourait à l'effusion d'un sang aussi précieux que celui de l'homme[36]. Pour les Scythes et les Germains, ils ne paraissent avoir eu qu'un dieu de ce caractère, Odin et Mercure, les premières de leurs divinités[37]. Ces détails pourraient s'étendre sans utilité ;

---

[29] Lettres philos. et hist. sur l'état moral et politique de l'Inde, p. 205 et suiv.

[30] DE GUIGNES, *ibid.*, t. II, p. 304.

[31] NATALIS COMÈS, Mythol, 1. I.

[32] SELDEN, *de Diis Syriæ*.

[33] HEROD., l. VII ;. PLUT., *de Superst.* ; TERTUL., *Apolog.*, c. IX.

[34] CLEMENS ALEX., *Admonit. ad Gentes* ; LACTANT., *divin. Institut.*, l. III, c. xxi.

[35] LUC., Flor., t. I, c. xiii.

[36] CAESAR, de *Bel. Gal.*, l. VI, c. IV.

[37] TACIT., *de Mor. German.*, c. ix.

pleased her for a thousand years. This goddess liked the flesh of sacrificed animals as much as their blood.[29] The Chinese custom to offer and immolate paper images of horses, clothes and human figures for its gods reminds us of an era when such effigies were not considered sufficient.[30]

Not all gods demanded sacrifices of this kind which, by the way, were only performed at times of public disaster. The Egyptians immolated girls,[31] and <15> Albanians burned men in worship of the moon.[32] The Romans and Carthaginians cut the throats of children of distinguished families in order to appease Saturn.[33] The Messenians, Thessalonians and the inhabitants of Phocaea and Lesbos made such offerings in the belief that they would appease Jupiter, Bacchus, and Diana.[34] In Rome distinguished citizens sacrificed themselves to the Lares deities in order to avert the greatest disasters.[35]

In Gaul one took recourse, in order to appease the anger of Teutates and of Esus, to shedding blood as precious as that of human beings.[36] The Scythians and the Germanic people seem each to have had only a single deity of this kind: Odin respectively Mercury, their foremost gods.[37] It is useless to further discuss such details; here it suffices to establish that the sun received similar

---

[29] JONES, *Lettres philosophiques et historiques à Mylord S****. Paris, 1803, p. 205 ff.

[30] DE GUIGNES, *Voyages à Peking*, vol. II, p. 304.

[31] NATALIS COMES, *Mythologiae*, book I.

[32] SELDEN, *De Diis Syris syntagmata*.

[33] HERODOTUS, book VII; PLUTARCH, *De Superstitione*; TERTULLIAN, *Apologeticus*, ch. IX.

[34] CLEMENS ALEXANDRINUS, *Admonitio ad Gentes*; LACTANTIUS, *Divinae Institutiones*, book III, ch. xxi.

[35] LUCA, *Florentia*, vol. I, ch. xiii.

[36] CAESAR, *De Bello Gallico*, book VI, ch. IV.

[37] TACITUS, *De moribus Germanorum*, ch. ix.

qu'il me suffise d'établir ici que le soleil a reçu de semblables hommages. Un historien estimable[38] croit qu'adorer cet astre, c'est admirer uniquement l'ordre ainsi que la bienfaisance de la nature, et par conséquent rejeter toute superstition barbare. Il émet cette opinion à l'occasion des Péruviens, qui le servaient par des rites innocens. Cependant il est certain que les anciens habitans de l'Egypte immolèrent des garçons au soleil[39], et qu'en Amérique les Mexicains et les peuples de la Floride avaient naguères l'usage de rougir leurs autels du sang des victimes humaines[40]. <16>

Ce rit inhumain ne peut être regardé comme général. Outre la Judée et la Perse, qui ne s'aveuglèrent jamais par la croyance que la divinité avait pour agréables les convulsions, l'agonie et la mort de l'homme frappé par la main du sacrificateur ; à l'autre extrémité de l'Orient, le Japon ne connut point un usage religieux aussi barbare. Là le citoyen se crut souillé par le toucher d'un cadavre[41]; ce qui doit n'avoir eu lieu que par la longue habitude de respecter la vie de l'homme et de l'usage de ne pas la prodiguer pour le service prétendu de la divinité.

Ces scènes d'horreur ont cessé en Europe et sur la côte septentrionale de l'Afrique sous l'influence du christianisme. On avait vu à Rome et à Carthage des pères conduire aux pieds des autels leurs propres enfans, les amuser par des caresses, afin de ne pas offrir aux dieux des victimes tristes et éplorées. La présence commandée des mères à qui l'opinion interdisait de jeter un soupir et de répandre une larme, aurait rendu pour nous ce spectacle affreux[42]. Les descendans des Scandinaves ne furent éclaires par l'Evangile et dirigés par sa bienfaisante morale qu'au neuvième siècle ; ils offrirent jusqu'alors à Odin les sacrifices les plus solennels qui se

---

[38] ROBERTSON, Histoire d'Amérique.
[39] LELAN, Démonstration evang., *ibid.*
[40] Diction. des Cultes religieux, t. III, p. vii, p. 45.
[41] KAEMPFER, *ibid.*, t. II, p. 18.
[42] TERTUL., *Apolog., ibid.* ; LACT., *Instit. div.*, 1. I, c. XXI.

offerings. An esteemed historian[38] believes that the worship of this heavenly body is but a worship of nature's order and beneficence and that therefore no barbaric superstition is involved. He expresses this opinion about the Peruvians who are said to have served the sun through innocent rituals. However, it is certain that the ancient inhabitants of Egypt immolated boys in worship of the sun[39] and that in America the Mexicans and peoples of Florida used to drench their altars with the blood of human victims.[40] <16>

This inhuman rite cannot be regarded as universal. Other than Judea and Persia—which were never blinded by the belief that the deity enjoys the convulsions, agony and death of men caused by the hand of a sacrificer—Japan at the other extremity of the Orient also did not know such a barbaric custom. Its citizens believed that touching a dead body would defile them.[41] This can only be based on a time-honored custom of respecting human life and on the habit of not wasting it in the so-called service of the deity.

Under the influence of Christianity, such horrific scenes came to an end in Europe and North Africa. In Rome and Carthago one could witness fathers who led their own children to the altars and amused them with caresses in order to avoid offering sad and tearful victims to the gods. The required presence of mothers who by custom were not allowed to sigh and shed a tear would have made this a horrible spectacle for us.[42] The descendants of the Scandinavians were only in the ninth century enlightened by the Gospel and guided by its benevolent morality; until then they offered to Odin the most solemn sacrifices that were repeated every

---

[38] ROBERTSON, *Histoire d'Amérique*.
[39] LELAND, *Nouvelle démonstration évangélique, ibid.*
[40] *Dictionnaire des cultes religieux*, vol. III, p. vii, p. 45.
[41] KAEMPFER, *Histoire du Japon*, vol. II, p. 18.
[42] TERTULLIAN, *Apologeticus,* ch. IX; LACTANTIUS, *Divinae Institutiones,* book I, ch. XXI.

renouvelaient tous les neuf mois, qui duraient neuf jours, et pendant lesquels on immolait neuf victimes, soit hommes, soit animaux[43].

L'intérieur de l'Afrique, où la religion de Mahomet a fait de très-nombreux partisans et en acquiert tous les <17> jours de nouveaux, n'est pas assez connu[44] pour savoir si ces sanctuaires remplacent des autels qui étaient encore teints du sang humain. Quant à celle de Buddou, on peut dire que si, d'un côté, elle a fait disparaître cette ancienne superstition, de l'autre, son exemple a été d'un si grand poids et d'une influence si marquée que, dans la haute Asie, aucune nation, aucun individu ne pense aujourd'hui à honorer ses dieux de cette manière.

Comment concevoir que ce genre de sacrifice ait été répandu presque par-tout? .... La raison est bien simple: plus l'homme est étranger à la civilisation, plus il ferme son cœur au sentiment et à l'humanité. Vous l'auriez vu alors manger son prisonnier de guerre, ou au moins et plus souvent le brûler à petit feu, l'enterrer tout vif, le couper par morceaux, faire un trophée de sa chevelure ou de sa tête, boire dans son crâne. Mais détournons la vue a un tel spectacle pour continuer ce qui regarde la corruption de la croyance primitive.

Culte de l'homme ; bizarreries de sa nature divine ; ses métamorphoses.

On jouissait de l'ordre permanent de la nature, de l'harmonie des globes, de l'agréable alternative des jours et des nuits, de la succession constante des saisons et des années, de la reproduction des animaux selon leur genre et leur espèce ; enfin de cette multitude de végétaux dont les formes et les propriétés varient à l'infini, sans remonter à une cause unique et nécessaire dont toutes

---

[43] Du Tressan, *ibid.*, t. II, p. 248, 249.
[44] Mungo-Park, t. I, p. 22 ; le vicomte Georges Valentia, Voyage dans l'Indostan et l'Abyssinie, t. IV, p. 236.

nine months for nine days during which nine animal or human victims were sacrificed.⁴³

The interior of Africa, where the religion of Muhammad has gained numerous partisans and continues to do so every day, <17> is not sufficiently known⁴⁴ in order to judge if its sanctuaries are replacing the altars still colored with human blood. With regard to the religion of Buddha one can say on one hand that it caused this ancient superstition to disappear, and on the other that its example has carried so much weight and was so highly influential that today no nation and no individual in High Asia thinks of honoring the gods in this manner.

How can one account for the fact that this kind of sacrifice had been prevalent almost everywhere? ... The reason is quite simple: the less civilized a human being is, the more his heart is closed to feelings and humaneness. One would have seen them eat their prisoners of war or at least slowly burn them, bury them alive, cut them to pieces, make trophies of their scalps or heads, and drink from their skulls. But let us turn away from such a spectacle and continue our discussion of the corruption of primeval religious beliefs.

THE CULT OF MAN; ODDITIES OF HIS DIVINE NATURE; ITS METAMORPHOSES.

Man enjoyed the permanent order of nature, the harmony of the spheres, the pleasant alternation of day and night, the constant succession of seasons and years, the reproduction of animals according to their race and species, and finally the infinite variety of forms and characteristics of plants; but he did this without going back to their source, a unique and necessary cause whose views <18> and designs are all admirable. Given that man assumed that

---

⁴³ DU TRESSAN, *Mythologie comparée à l'histoire,* vol. II, p. 248, 249.
⁴⁴ Park MUNGO, vol. I, p. 22; viscount GEORGES VALENTIA, *Voyage dans l'Indostan et l'Abyssinie,* vol. IV, p. 236.

les vues ainsi <18> que les desseins sont admirables. Personne ne sera étonné qu'en supposant plusieurs volontés divines, faibles, bornées, impuissantes, qui semblaient n'avoir de force que pour concevoir des caprices bizarres, on ait admis pour ces êtres fantastiques diverses métamorphoses ou changemens de forme. Du moment où l'homme fut intronisé dans le sanctuaire et placé au rang des divinités, des imaginations ardentes les conçurent et des cerveaux creux les adoptèrent. Le premier fonds était trop stérile. Chaque visionnaire voulait voir ses dieux sous sa propre figure.

{*pp. 18-22 omises: exemples de l'Egypte, Grèce, Rome, Gaule, Scandinavie*}

<22>Les peuples de l'Inde offrent la même subversion d'idées, comme nous le verrons. Quels que soient les dieux, ceux mêmes qui ne doivent leur existence mythologique qu'à une simple opération de la nature, prennent tous la figure de l'homme sous un symbole analogue.

Ici le lecteur remarquera des oppositions frappantes entre les signes. Dans l'Europe et dans l'Asie mineure, quelles que fussent les annales des pontifes, les rites du sanctuaire, les croyances des peuples sur les métamorphoses, on voulait que les dieux ne s'offrissent aux regards et aux souvenirs des mortels que sous des traits humains. Cela tient à l'impossibilité d'effigier une divinité complexe, et non à la croyance que ces formes soient les seules sous lesquelles elle s'est présentée aux hommes[45]. Dans l'Asie orientale c'est tout le contraire ; l'homme divinisé ne se confondant point avec les parties les plus grandes et les plus imposantes de la nature, il n'est autre chose que lui-même dans sa transformation, et il se reproduit au-dehors avec tout caractère : par-tout ce sont des simulacres ridicules ou horribles[46].

---

[45] Voyez *Métamorphoses des Animaux*.

[46] Quant à l'Indostan, SONNERAT, t. I, p. 303 ; et quant à la Chine, DE GUIGNES, t. II, p. 330, 365, 366.

General Considerations

there are several divine wills which are weak, limited, and so powerless that they seemed only capable of inventing bizarre whims, noone will be surprised that these imagined beings underwent diverse metamorphoses or changes of form. From the moment when human beings came to be enthroned in a sanctuary and given the status of deity, lively imaginations dreamed up such forms, and vacuous brains adopted them. The starting point was all too sterile. Every visionary wanted to see the gods in his own image.

{*pp. 18-22 omitted: examples from Egypt, Greece, Rome, Gaul, Scandinavia*}

<22> As we will see, the peoples of India exhibit the same subversion of ideas. All gods, even the ones that owe their mythological existence to a simple process of nature, adopt features analogous to those of human beings.

Here the reader will notice some striking differences in such features. Regardless of the annals of the pontiffs, the rituals of the sanctuary, and the popular beliefs about such metamorphoses, the people in Europe and the Near East wanted the gods to manifest themselves in human form to the gaze and memory of mortals. This is not due to the belief that these forms are the only ones chosen by a deity to present itself to humankind; rather, it is connected to the impossibility of portraying a complex deity.[45] In Eastern Asia it is quite the opposite. Deified man is not confounded with the grandest and most impressive features of nature. In his transformation he remains himself, and he manifests himself with all his characteristics: ridiculous or horrible travesties everywhere.[46]

---

[45] See *Métamorphoses des Animaux*.
[46] For India see SONNERAT, *Voyage aux Indes orientales*, vol. I, p. 303; for China see DE GUIGNES, *Voyages à Peking*, vol. II, p. 330, 365, 366.

D'un côté rien que de noble dans Jupiter ; c'est ordinairement un homme majestueux ; un trône lui sert de siège ; de sa main droite il tient la foudre, de sa gauche une victoire et un sceptre, ayant à ses pieds un grand aigle avec ses ailes déployées et enlevant Ganymède. La partie supérieure du corps est nue, la partie inférieure <23> ouverte[47]. Les principaux dieux de la Mythologie grecque et romaine[48] sont de pareils modèles.

D'un autre côté, Chiven, une des principales divinités de l'Indostan (je choisis ce dieu entre mille autres) nous donnera une idée des simulacres indiens par la figure qui le caractérise seul comme dieu vengeur[49]. Président aux grandes révolutions de la nature et juge sévère de tous les forfaits, il est regardé comme le plus terrible des dieux : on le voit dans quelques temples avec huit bras ; dans les mains des bras les plus élevés, il a un sabre et un bouclier ; dans celles des suivans est un marteau et une torche. Le troisième couple de bras et de mains lui sert à porter, du côté droit, une tête de mort qu'il saisit par le cou, et du côté gauche une autre tête qu'il enlève par la chevelure. Sa tête est hérissée de piques, son regard féroce, sa bouche, d'un aspect affreux, semble avide de dévorer des victimes. Une hideuse bandoulière de têtes de morts, qui descend de son cou jusqu'à ses pieds, touche celle d'un malheureux qu'il écrase ; il est au milieu des flammes. Le Bouddisme, quoique plus sévère et plus décidé pour la simplicité des formes, donne quelquefois dans ces écarts d'une imagination extravagante. La religion japonaise primitive aussi folle de ses erreurs, conserve seule dans la haute Asie de la répugnance pour de telles représentations[50].<24>

---

[47] DU TRESSAN, *ibid.* t. I, p. 120.

[48] *Ibid.*, 160, 186, 206, 238.

[49] Le lingam ou partie sexuelle de l'homme, un des symboles de ce dieu, y est plus ordinaire.

[50] *Voyez* l'Atlas du Voyage aux Indes orientales, de SONNERAT ; le Voyage et l'Atlas du père PAULIN SAINT-BARTHÉLEMI.

On one side we have Jupiter who is ordinarily depicted as a majestic person of complete nobility. Sitting on a throne, he holds in his right hand a bolt of lightning and in his left a laurel wreath and a scepter. At his feet there is a giant eagle with spread wings that is taking away Ganymede. The upper part of his body is naked and the lower part <23> exposed.[47] The principal gods of Greek and Roman[48] mythology are similar models.

On the other side we have Shiva, one of India's principal deities (I select this god from a thousand others), whose appearance as avenging god will give us an idea of Indian figurative representations.[49] Presiding over the great revolutions of nature and as severe judge of all evil-doing, Shiva is regarded as the most terrible of the gods. In some temples one sees him equipped with eight arms. The topmost pair holds a sword and a shield, the next a hammer and a torch. The third pair of arms and hands holds on the right side a dead person's head by the neck and on the left another head by the hair. Shiva's head is full of spikes, his gaze fierce, and his awful mouth seems eager to devour victims. A hideous necklace of skulls hangs from his neck to his feet where it touches the head of an unfortunate person whom he crushes; he is engulfed by flames. Buddhism, though more severe and more determined to maintain simplicity of forms, sometimes also swerves into such lapses of extravagant imagination. In High Asia, the primitive Japanese religion stands—notwithstanding its mad errors—alone in feeling repugnance for images of this kind.[50] <24>

---

[47] DU TRESSAN, *Mythologie comparée à l'histoire*, vol. I, p. 120.

[48] DU TRESSAN, *op. cit.*, vol. I, 160, 186, 206, 238.

[49] The *lingam* or the male sexual organ, one of the symbols of this deity, is more frequently met with.

[50] See *Atlas du Voyage aux Indes orientales* by SONNERAT; and the Voyage and Atlas of Father PAULINUS A SANCTO BARTHOLOMAEO.

Culte et métamorphose des animaux, conséquences de celui de l'homme.

Le culte de l'homme anoblit pour ainsi dire les animaux en les plaçant avec lui dans le sanctuaire ; ils n'y paraissent que par une extension de ses métamorphoses : c'est un fait constant d'après la fable des Égyptiens. Osiris voulant sauver les autres dieux vaincus par Jupiter, apparut à son épouse sous la forme d'un taureau (d'Apis) ayant le front blanc, une forme d'escargot sous la langue, le corps noir, une tache blanche sur le dos, et le poil de la queue double. Anubis, autre divinité égyptienne, était adorée sous la forme d'un homme avec une tête de chien, tenant un sistre d'une main et un caducée de l'autre : fils d'Osiris ou Mercure, c'est toujours l'homme divinisé[51].

Ces traits caractérisent un genre de superstition qui se trouve chez les Grecs et les Romains. Pour me borner dans un sujet propre aux plus grands développemens, je me contenterai de remarquer que Jupiter, dieu de l'Olympe ou région supérieure de l'air, et conquérant terrestre, se changea en satyre, moitié homme, moitié cheval, afin de surprendre Antiope; se transforma en taureau, voulant ravir Europe, fille d'Agénor, en cygne pour séduire Léda, et en aigle pour enlever Ganymède.

Vichenou, homme divinisé et dieu conservateur de l'Indostan, a, dans ses transformations, une tête de lion ou de sanglier, une queue de poisson ou un corps terminé en forme de tortue. Ainsi Amida, dieu du ciel des Japonais Bouddistes, se représente avec une tête de chien sur un <25> corps d'homme, et diverses divinités de la Chine portent des cornes ou têtes d'animaux[52]. Voyons maintenant à quoi se réduit la prétention de ceux qui croient que l'homme a pu de prime-abord, ou de première conception religieuse, regarder l'animal comme divinité.

---

[51] *Voyez* tous les Mythologistes.

[52] Ambassad. mémor. vers l'emp. du Japon, *ibid.* ; DE GUIGNES, *ibid.*, t. II, p. 366.

General Considerations

CULT AND METAMORPHOSIS OF ANIMALS, CONSEQUENCES OF THAT OF MAN

The cult of man ennobles, as it were, the animals by placing them together with him in sanctuaries; they appear there only by virtue of an extension of human metamorphoses. In the fable of the Egyptians this is a constant occurrence. Wanting to save the other gods that were vanquished by Jupiter, Osiris appeared to his wife in the form of a bull (Apis) with a white forehead, a snail-like shape underneath its tongue, a black body with a white spot on its back, and double tail hair. Another Egyptian deity, Anubis, was worshiped in form of a man with a dog's head holding a sistrum in one hand and a caduceus in the other: as son of Osiris or Mercury, he also is a deified human being.[51]

These traits characterize a kind of superstition that is also found with the Greeks and Romans. To limit my discussion of a subject that deserves broader treatment, I will here merely note that Jupiter—the god of the Olympus or superior stratum of the air and also conqueror of the earth—transformed himself into a satyr, half human and half horse, in order to surprise Antiope. In order to enchant Europa, the daughter of Agenor, he also transformed himself into a bull; to seduce Leda into a swan; and to abduct Ganymede into an eagle.

Vishnu, the deified man and preserver deity of India, sports in his transformations a lion's or boar's head, a fish tail, or a body that ends in the shape of a tortoise. Amida, the god of heaven of the Japanese Buddhists, is represented by a dog's head on a <25> human body, and various Chinese deities have horns or animal heads.[52] Let us now see what the claims are reduced to of those who believe that man from the outset, in his earliest religious conception, regarded animals as deities.

---

[51] *See* all mythologists.
[52] MONTANUS, *Ambassades mémorables ... vers les empereurs du Japon*, *ibid.*; DE GUIGNES, *Voyages à Peking*, vol. II, p. 366.

On reproche communément aux Égyptiens d'avoir adoré plusieurs des quadrupèdes, oiseaux et poissons que la nature avait multipliés sur leur sol, ou dans les eaux dont il est arrosé. Cependant les prêtres de Diospolis et de la haute Egypte, sommés de contribuer à l'entretien du bœuf Apis et des autres animaux sacrés, repondirent, selon Plutarque : *c'est à ceux qui reconnaissent des dieux qui boivent et qui mangent à nourrir les dieux qu'ils adorent; pour nous,* ajoutèrent-ils, *nous n'adorons que le dieu suprême, le dieu Cneph*[53]. Des prêtres dirent aussi à Hérodote *que les dieux qui existaient réellement ne ressemblaient point à cet assemblage monstrueux de divers membres d'animaux joints à un corps humain*[54]. Je trouve donc que, malgré leur divergence d'opinions, ils regardaient tous comme une superstition les idées du peuple et ses croyances. Ce n'est pas qu'ils n'aient cru aux métamorphoses de l'homme, cela est évident; mais si, en consacrant aux dieux-hommes des animaux, plusieurs passaient de la vénération du symbole à l'adoration des types, ce n'était qu'une erreur populaire. Quoique l'histoire d'Egypte marquât une consécration très-ancienne des types animés, <26> on distinguait encore du temps d'Hérodote entre l'animal sacré et la divinité à laquelle il était voué[55]. La cause des consécrations se tire de l'utilité des animaux dont voici les noms : le bœuf, la vache, le chien, le chat, le vautour, l'ibis et la cigogne[56].

Sous l'empire de la religion des Grecs et des Romains, les animaux ne s'étayèrent point de l'opinion superstitieuse des peuples pour s'élever du piédestal sur l'autel du dieu. Je ne puis voir en eux qu'une consécration symbolique, analogue au caractère de chaque dieu. L'aigle était consacré à Jupiter, le loup et le cheval à Mars, le thon à Neptune, le corbeau à Apollon, le lion à Vulcain,

---

[53] FRÉRET, in-12, 1793 ; Chronolog. de Newton, t. x, p. 62.

[54] *Ibid.,* t. ix, p. 259.

[55] *Ibid,* p. 168.

[56] PAW, Recherches philosophiques sur les Egyptiens et les Chinois, t. III, p. 138, 150.

General Considerations

One commonly accuses the Egyptians of having worshiped several kinds of quadrupeds, birds, and fish that nature had multiplied on their land and in their bodies of water. However, according to Plutarch, the priests of Diospolis and Upper Egypt responded as follows when asked to participate in the discussion about the bull Apis and the other sacred animals: *It is up to those who accept that gods eat and drink to feed the gods they worship*; but they added, *As for us, we worship only the supreme god, the god Kneph.*[53] Herodotus was also told by priests *that the gods that really exist show no resemblance at all to this monstrous collection of various animal parts joined with a human body.*[54] I thus think [that these Egyptian priests,] in spite of their diverging opinions, all regarded popular ideas and beliefs as superstition. Evidently this does not mean that they did not believe in metamorphoses of human beings; but if, by consecrating animals to god-men, some people progressed from the veneration of symbols to their worship, then this was an error only of common people. Though the history of Egypt shows that consecration of living symbols existed in very ancient times, <26> in the era of Herodotus the sacred animal was still distinguished from its associated deity.[55] The cause of the consecrations lies in the usefulness of such animals as the bull, the cow, the dog, the cat, the vulture, the ibis, and the stork.[56]

In the religions of the Greeks and Romans, animals were not propelled by the superstitious opinion of the people from their pedestal to the altars of the gods. I detect in them only a symbolic consecration that is analogous to the character of each deity. The eagle was consecrated to Jupiter, the wolf and horse to Mars, the

---

[53] Fréret, in-12, 1793; *Chronologie de Newton*, vol. X, p. 62.

[54] *Ibid.*, vol. IX, p. 259.

[55] *Ibid*, p. 168.

[56] Pauw, *Recherches philosophiques sur les Egyptiens et les Chinois*, vol. III, p. 138, 150.

la pie à Bacchus, le cerf à Hercule, la biche à Diane, le cochon à Cérès, le paon et l'agneau à Junon, la chouette à Minerve, et la colombe à Vénus.

Je regarderai encore comme des symboles les animaux mythologiques qui abondent en Orient : on ne leur rend aucun culte. Dans l'Indostan en particulier, Pollear, dieu du mariage, est monté sur un rat ; Manmadin, dieu de l'amour, sur un perroquet; Vaurevert sur un chien, et Sopramanier sur un paon, sans que l'on présente à ces derniers des hommages[57] ; le bélier, le crocodile, la gazelle, le cheval blanc, qui servent aussi de monture aux dieux du feu, de la mer, du vent, et enfin des richesses[58], sont pour les Indoux autant d'animaux mystérieux et non divins. Le bouddisme, plus réservé en ce genre, tire aussi quelquefois d'eux des symboles[59]. <27>

La vertu, représentée dans ce pays[60] par un bœuf (Darmadévé), prouve qu'aux yeux des peuples l'animal ne peut prendre de lui-même un caractère divin. Le bœuf n'eût pas été le signe d'une qualité morale de l'homme, si celui-ci, dont elle est la plus noble expression, n'avait été intronisé dans le sanctuaire.

Enfin une erreur particulière en ce genre à la Guinée est sans contredit le culte qu'elle rend au serpent ; fondée sur la croyance inverse à la métempsycose propagée par Buddou, elle est encore une dérivation du culte de l'homme, et tend à établir que les âmes des hommes qui ont bien vécu entrent dans le corps des serpens, et se divinisent sous cette vile enveloppe. Plusieurs nations nègres ont une pensée aussi originale que leur constitution physique est extraordinaire. Voilà le fond du système religieux des habitans de

---

[57] SONNERAT, *ibid.*, t. I, p. 312, 314.
[58] *Ibid.*, p. 319.
[59] Voyez plus bas *Mythologie de Buddou*.
[60] SONNERAT, *ibid.* Voyez les planches de son Atlas.

General Considerations

tuna fish to Neptune, the raven to Apollo, the lion to Vulcan, the magpie to Bacchus, the stag to Hercules, the doe to Diana, the pig to Ceres, the peacock and lamb to Juno, the owl to Minerva, and the pigeon to Venus.

I also regard the mythological animals that are abundant in the Orient as symbols; no cult whatsoever is offered to them. In India, in particular, the god of marriage Pollear [Ganesha] rides on a rat, the god of love Manmadin [Kamadeva] on a parrot, Vaurevert [Bhairava] on a dog, and Sopramanier [Sarasvati] on a peacock; but these animals are not worshiped.[57] The ram, crocodile, gazelle, and white horse which serve as mounts for the gods of fire, sea, wind, and prosperity[58] are for the Indians mysterious but not divine animals. Buddhism, though more reserved in this respect, also sometimes adopts symbols derived from animals.[59] <27>

Virtue, which in India[60] is represented by an ox (Darmadeva), proves that in the eyes of the people an animal cannot by itself adopt a divine character. The ox could not have symbolized a human moral quality unless man, of whom it is the noblest expression, had first been enthroned in the sanctuary.

Lastly, a particular error of this kind is unquestionably the cult offered in Guinea to the snake. Based on a belief that is the inverse of the metempsychosis propagated by Buddha, it is also derived from the cult of human beings as it tries to establish that the souls of men who have led a good life enter into the bodies of snakes and are deified in this vile form. Several black nations hold views that are as original as their physical constitution is extraordinary. Exactly this forms the basis of the religious system of the inhabit-

---

[57] SONNERAT, *Voyage aux Indes orientales*, vol. I, p. 312, 314.
[58] *Ibid.*, p. 319.
[59] See our section *Mythology of Buddha* below.
[60] SONNERAT, *ibid.* See the illustrations of his Atlas.

toute la côte d'Or, des royaumes de Fida, de Dartre, de Juda et de Dahomé[61].

Au milieu des diverses espèces de serpens, il en existe une qui se caractérise par une nature amie de l'homme ; elle semble se prononcer uniquement pour son avantage contre celles qui lui sont nuisibles ; sa présence et sa morsure leur inspirent une grande agitation et un vif effroi ; le dieu serpent tient à cette espèce ; on le reconnaît à certains signes extérieurs. Véritable providence, il anime de son esprit tout le corps de cette petite milice qui veille et combat pour la sûreté des humains ; <27> divinité tutélaire du canton, tous les biens dont on peut jouir découlent de sa bienveillance pour eux. C'est pourquoi il est magnifiquement logé, nourri de mets exquis, honoré par de riches présens, de l'or, de l'argent, et les plus belles étoffes. Un mot sur la morale religieuse.

La moralité des actions humaines établie par le sentiment et la conscience, et reconnue par les sectateurs de tous les cultes, souffre quelque atteinte de celui de l'homme.

L'immoralité des hommes divinisés n'est pas moins étonnante que leurs métamorphoses ; elle offre une corruption aussi triste des idées premières sur la sagesse de Dieu. La distinction du bien et du mal était vivement sentie : la vertu récompensée de l'estime publique, le crime puni par les lois, la pudeur, la chasteté conjugale, la piété filiale et la bonne foi en honneur. Il n'y avait aucun lieu sur la terre où ce fût un crime d'être clément, bienfaisant, généreux ; où l'homme de bien fût regardé comme méprisable et le perfide digne d'envie. Toutes les erreurs du polythéisme n'étaient point en opposition avec ce sens intime et cette voix de

---

[61] Bosman, cité par l'auteur du Dict. des Cultes religieux, in-8°, 1770, t. III, p.148 ; Smith, Voy. en Guinée, t. II, p. 138, 140 ; Isert, Voy. à la côte de Guinée, p. 150, 151 ; Description de la Nigritie, 1789, p. 195 ; D'Ouris, Voyage au royaume de Dahomé, p. 118.

ants of the entire Gold Coast and the kingdoms of Fida, Dartre, Juda, and Dahomey.[61]

Among different species of snakes there is one known for its friendliness toward man; it seems to work exclusively for his benefit and against other species that cause him harm. A snake's presence and bite cause great agitation and strong fear. The serpent god is associated with this particular species that is recognized by certain exterior characteristics. In a feat of true providence, his spirit animates the entire small army that watches over and fights for the safety of humans. <27> The benevolence of this region's tutelary deity is the source of all the good that the people are able to enjoy. This is the reason why it is magnificently housed, fed exquisite dishes, and honored with rich offerings of gold, silver, and the most beautiful fabrics. Now a word on religious morality.

THE MORALITY OF HUMAN ACTIONS, ESTABLISHED BY FEELING AND CONSCIENCE AND RECOGNIZED BY THE ADHERENTS OF ALL CULTS, IS DAMAGED BY THE CULT OF HUMAN BEINGS.

The immorality of deified men is not less surprising than their metamorphoses, and it constitutes a corruption that is as sad as that of the earliest ideas about God's wisdom. The distinction between good and evil was keenly felt: virtue was recompensed by public esteem, crime punished by laws, and decency, conjugal chastity, filial piety, and good faith were honored. There was no place on earth where it was considered a crime to be lenient, kind, and generous, or where a good man was regarded as despicable and a deceitful one as enviable. All the errors of polytheism were not at all opposed to this intimate feeling and to this voice of con-

---

[61] BOSMAN, cited by the author of the *Dictionnaire des Cultes religieux*, in-8°, 1770, vol. III, p.148; SMITH, *Voyage en Guinée*, vol. II, p. 138, 140; ISERT, *Voyage à la côte de Guinée*, p. 150, 151; *Description de la Nigritie*, 1789, p. 195; D'OURIS, *Voyage au royaume de Dahomé*, p. 118.

la conscience ; cependant le mortel divinisé foula aux pieds les principes et chacune des convenances morales.

De ceux qu'on avait élevés à l'apothéose dans le premier jet de l'enthousiasme, aucun n'offrait un type parfait; ils ne présentaient tous à l'imagination qu'un côté brillant. Une nation était exposée à un péril extrême ; son chef, doué d'une grande fermeté d'âme et d'un courage inébranlable, ne désespéra pas du salut commun : il fut vainqueur. Un autre avait montré de la dextérité dans les affaires ; il avait remué habilement les ressorts de <29> l'intrigue : on le distingua. Un génie industrieux s'éleva quelquefois à côté du guerrier et du politique.

En Egypte, en Grèce, en Italie, le guerrier fut préconisé avec une espèce d'ivresse, quoique tracassier, violent, effréné, libidineux. C'est le caractère de Jupiter ; chacun lui pardonna des faiblesses, des vices prononcés, des crimes ; il ne fut pas moins le dieu qui d'un coup d'œil faisait trembler l'Olympe, et qui aurait dû par un seul signe, ou au moins par des préceptes, rappeler les hommes à la vertu. Les autres dieux de la mythologie grecque se permirent aussi des actions qui auraient été punies par les lois, s'ils n'eussent pas existé dans un monde imaginaire. Pluton, c'est tout dire, quoique ravisseur de Proserpine, fut dépositaire de la justice divine, le maître de l'Elysée et du Tartare.

Certaines divinités du nord de l'Europe n'offraient pas plus de moralité que celles du midi. Le caractère d'Odin, dieu suprême des nations scythiques, est prononcé ; les élémens qui le composent sont un grand courage, une volonté très-entreprenante, une cruauté réfléchie, une âme avide du sang de ses ennemis et de tous ceux qui s'opposent à ses desseins, souvent injustes. Frigga ou Fréa, la terre, mère de tous les dieux, inspire la volupté, l'amour, la débauche. Thor, le vengeur, ne rappelle que l'idée d'une force aveugle et brutale. L'Edda ou le livre sacré, prescrit de l'adorer dévotement, de peur qu'il ne fasse du mal. Une déesse d'un pouvoir

science. But the deified mortal crushed these principles and every moral accord under his feet.

None of those who were elevated to divine status in the first gush of enthusiasm offered a type of perfection; they only dazzled man's imagination. A nation was exposed to extreme danger and its chief, endowed with great firmness of soul and unwavering courage, did not abandon hope for the common good: he was declared victor. Another had proved his skill in business and had distinguished himself in using the means of intrigue: he was honored. Sometimes an industrious genius rose to the same level as the warrior and politician.

In Egypt, Greece, and Italy the warrior—however petty, violent, reckless, and lustful he may have been—was hailed with a kind of rapture. This was the case with Jupiter. All absolved him of his weaknesses, obvious vices, and crimes, and he was considered a god who with a wink of an eye could shake the Olympus and could call men back to virtue by a single sign or at least by some precepts. The other gods of Greek mythology also permitted themselves actions that would have to have been punished by law had they not existed in an imaginary world. It says it all that Pluto, the abductor of Proserpina, was in charge of divine justice and the master of the heaven of Elysium as well as the hell of Tartary.

Certain deities of Northern Europe displayed no more morality than their Southern counterparts. The character of Odin, the supreme god of the nations of Scythia, is a case in point. It consists of great courage, a very enterprising will, carefully deliberated cruelty, and a soul that is thirsty for the blood of his enemies and all opponents of his often unjust plans. Frigga or Freia, the earth and the mother of all gods, inspires voluptuous pleasure, love, and debauchery. Thor, the avenger, only reminds us of blind and brutal force. Out of fear that he might cause harm, the Edda or sacred book ordains his devoted worship. A goddess of lesser

subordonné excitait même les plus légères faiblesses, et augmentait le sentiment de la vanité en prenant soin de la parure[62]. <30> Dans l'Asie, l'homme devenu dieu est rarement d'une probité sévère. La fable siamoise oppose constamment à Sommonacodon (Buddou), juste et bon, Thévetat, génie fourbe, traître et cruel[63]. La vie du Bourkan, perturbateur, est, chez les Kalmouks, un tissu d'actions moralement répréhensibles[64]. Les Brama, les Chiven et les Vichenou de l'Indostan ont chacun une physionomie morale qui fait pitié et horreur. Si celle du dernier est plus prononcée pour la justice et l'humanité, il n'est pas moins d'une irascibilité excessive. Vous ne le verrez triompher de géants rebelles que pour leur déchirer le ventre, les jeter dans la mer ou boire leur sang[65]. Les deux autres sont querelleurs, et cruels pour le plaisir de l'être, orgueilleux et lubriques à l'excès. Un trait de ce dernier genre de propensions divines les caractérisera tous les trois.

Chiven était irrité contre les pénitens, les deux autres voulurent l'apaiser et recoururent à un singulier stratagème. Brama prit la figure d'un piédestal, et Vichenou celle des parties naturelles de la femme, qui reçurent celles de Chiven. Celui-ci ayant satisfait sa passion, renonça au dessein qu'il avait d'embraser toute la nature, à condition toutefois qu'il n'y aurait aucun homme qui n'adorât ces parties détachées de son corps. Vichenou rougit de sa faiblesse et proscrivit à jamais le lingam[66]. Cependant il était d'une constitution aussi lubrique que Manmadin son fils, dieu de l'amour, puisqu'il avait <31> un autre fils de sa métamorphose en femme sous le nom de *Mogeni*[67].

---

[62] Du TRESSAN, *ibid.*, t. II, p. 225, 228, 231.
[63] LALOUBÈRE, *ibid.*, t. II, p. 4 et suiv.
[64] PALLAS, Voyage en Russie, 1793, in-4°, t. I, p. 155.
[65] SONNERAT, *ibid.*, t. I, p. 281, 282.
[66] *Ibid.*, 304, 308, 309.
[67] *Ibid.*, p. 266, 274, 275, 301 et suiv.

General Considerations

power incited people even to minor weaknesses and promoted vanity by taking care of finery.[62] <30>

In Asia, deified men rarely have much integrity. The Siamese fable constantly opposes the just and good Sommonacodon (Buddha) to Thevetat [Devadatta] who is a treacherous, cruel and deceitful spirit.[63] With the Kalmyks, the life of troublemaker Burkan forms a web of morally reprehensible actions.[64] Brahma, Shiva and Vishnu of India each have a moral character that inspires pity and horror. If the character of Vishnu tends more toward justice and humaneness, it is no less excessive in its irascibility. His triumph over rebelling giants only has him rip open their bellies, throw them into the sea, or drink their blood.[65] The other two [Brahma and Shiva] are quarrelsome, cruel for the sake of being so, prideful, and lecherous to a fault. A facet of the last-mentioned of these divine propensities characterizes all three of them.

When Shiva got irritated with penitents, the other two wanted to appease him and resorted to a singular stratagem. Brahma adopted the form of a pedestal and Vishnu that of the female sexual organ that received the male counterpart of Shiva. When Shiva had satisfied his passion, he abandoned his plan to set ablaze the entirety of nature provided that all humans worship these detached parts of his body. Ashamed of his weakness, Vishnu blushed and prohibited the lingam forever.[66] However, he was as lecherous as his son Manmadin [Kamadeva], the god of love, since he had <31> another son who was born from his metamorphosis into a woman called *Mogeni* [Mohini].[67]

---

[62] Du TRESSAN, *Mythologie comparée à l'histoire,* vol. II, p. 225, 228, 231.

[63] LALOUBÈRE, *Voyage dans le royaume de Siam,* vol. II, p. 4 ff.

[64] PALLAS, *Voyage en Russie,* 1793, in quarto, vol. I, p. 155.

[65] SONNERAT, *Voyage aux Indes orientales,* vol. I, p. 281, 282.

[66] *Ibid.,* 304, 308, 309.

[67] *Ibid.,* p. 266, 274, 275, 301 ff.

D'autres nations indiennes ont recueilli sur leurs divinités des faits aussi révoltans, sans que ce soit matière à scandale. Je ne citerai que les Japonais ; leur histoire est pleine d'aventures de dieux, de leurs prouesses, de défaites de géans, de dragons et d'autres monstres qui désolaient le pays et remplissaient de terreur les habitans. Le récit en est ridicule, quand il n'est pas horrible[68].

Il ne faut point confondre Buddou divinisé avec tous ces dieux produits de l'immoralité. Il n'y a pas même de rapport à établir entre lui et le Vichenou de l'Indostan, qui est le même personnage sous un masque différent et avec une charge qui le rend presque méconnaissable. Dans la fable de Buddou, il y a quelque chose de son histoire; s'il est sévère et implacable contre le vice et le crime, il est humain, compatissant, généreux, et semble n'avoir de penchant que pour la vertu.

LE DOGME DE LA VIE FUTURE, ÉTRANGER À LA MORALE SOUS LES PREMIERS CULTES DU POLYTHÉISME, NE LUI EST PAS TOUJOURS CONFORME SOUS CELUI DE L'HOMME DIVINISÉ.

Enfin l'idée de l'immortalité de l'âme n'a jamais abandonné les faibles mortels, lors même que toutes leurs opinions religieuses ne furent qu'erreur; mais dans la pensée des polythéistes, le principe immatériel qui nous anime, existant par sa propre nature, était coéternel aux dieux, quoique dépendant et soumis à leurs volontés. On le conçut comme une ombre, comme une légère vapeur <32> qui conserve après la mort la forme du corps avec les traits du visage, et se livre dans l'autre monde à ses penchans, y retrouve les mêmes plaisirs et les même peines.

L'ordre futur des choses ne fut pas d'abord exclusivement fondé sur la répression du vice et des crimes, et sur la récompense de la vertu. Dans le nord de l'Europe, servir les dieux et être brave donnaient des titres à la vie bienheureuse. La demeure préparée dans

---

[68] KAEMPFER, *ibid,* t. II, p. 6, 7.

Other Indian nations collected facts about their divinities that are just as revolting, and they did not find this scandalous. I will only mention the Japanese whose history is full of adventures and feats of the gods, such as victories over giants or dragons and other monsters, that laid their country to waste and spread terror among its inhabitants. When the account is not horrible it is ridiculous.[68]

One must not confound the deified Buddha with all these gods born of immorality. One does not even have to establish a link between him and the Vishnu of India who is the same person with a different mask, portrayed in a manner that makes him almost unrecognizable. In the fable of Buddha we find traces of his history; he is severe and implacable against vice and crime yet human, compassionate and generous, and he seems to have a propensity only for virtue.

THE DOGMA OF A FUTURE STATE, NOT CONFORM TO MORALITY WITH THE FIRST CULTS OF POLYTHEISM, IS NOT ALWAYS CONFORM TO MORALITY WITH THAT OF DEIFIED MEN.

Finally, the idea of an immortal soul has never left the feeble mortals even when the entirety of their religious opinions consisted of nothing but error. But in the thought of the polytheists the immaterial principle that animates us was seen as existing on its own and as coeval with the gods, even though it depends on them and is subject to their wills. It was conceived as a shadow or light vapor <32> that after death preserves its bodily shape and facial features, and that in the yonder indulges in its old propensities and finds the same pleasures and the same pains.

The future order of things was initially not exclusively based on the curbing of vice and crime and on the reward for virtue. In Northern Europe, serving the gods and being courageous guaran-

---

[68] KAEMPFER, *Histoire du Japon*, vol. II, p. 6, 7.

le palais d'Odin semblait destinée à récompenser le courage plutôt que les actions vertueuses. Les guerriers morts dans le combat avaient seuls droit au bonheur de l'autre vie. Tout autre homme qui mourait de maladie ou de vieillesse entrait dans le palais de la mort ; en y trouvant une nouvelle existence, il la passait dans la maigreur, l'angoisse et l'effroi[69].

La croyance des Druides de la Grande-Bretagne et des Gaules était à-peu-près semblable ; elle exigeait du héros un plus beau caractère : la bonté et la franchise devaient s'allier en lui avec un grand courage. Ceux des guerriers qui avaient été méchans et gens de mauvaise foi, ne pouvaient prétendre à une heureuse immortalité, à une nouvelle vie dans le séjour de la gloire. On croyait, relativement à ceux-ci et aux autres, que la mort ne changerait point leur position, qu'ils auraient les mêmes rapports d'affaires dans l'autre vie, que l'argent prêté leur serait rendu, et que ceux qui jetaient des lettres sur le bûcher qui consumait tel cadavre, devaient espérer qu'elles seraient fidèlement remises à leurs adresses par ce nouvel habitant de l'autre monde[70]. <33>

Les Grecs et les Romains admettaient dans leur Elysée des hommes distingués par leur valeur, les guerriers heureux ou malheureux, les âmes éprises d'un généreux amour, celle de Didon, connue par son vif et tendre attachement pour Enée. Leur Tartare n'était que pour les fautes les plus graves[71]. Ainsi l'avait ordonné Pluton ; ainsi le voulaient le sage Minos, le sévère Eaque et le terrible Radamanthe.

Au-delà de l'Indus, le bouddisme se fit remarquer par sa constitution morale sur l'état futur des âmes. On fut avec et par lui plus prononcé pour la punition du vice; il eut ses peines à craindre aussi-bien que le crime, et la vertu seule porta ses espérances au-delà du trépas. Le sort de l'homme esclave de ses pas-

---

[69] DU TRESSAN, *ibid.*, p. 242, 243, 244.

[70] CAESAR, de *Bel. Gallico, l. vi, c. vi.*

[71] DU TRESSAN, *ibid.*, p. 280, 286, 287.

teed a happy life. Dwelling in the palace of Odin seemed destined to recompense courage rather than virtuous conduct. Only warriors who died in combat had the right to happiness in the yonder. All others who died of illness or old age entered the palace of death, and the new existence they found there was characterized by want, anxiety, and dread.[69]

The beliefs of the Druids in Great Britain and Gaul were more or less similar. The hero was required to have a better character in which goodness and candor had to be allied with great courage. Vicious and dishonest warriors could not expect a happy immortality and no new life in the realm of glory. With respect to such warriors and ordinary people it was believed that death brings no change to their position, and that they would have the same relationships in the next life. They held that borrowed money will be returned and that letters thrown into the funeral pyre with a dead body would be faithfully transmitted to their addressees by this new inhabitant of the other world.[70] <33>

The Greeks and Romans admitted to their Elysium people distinguished by their valor, lucky or unlucky warriors, and souls smitten with abundant love such as Dido who is known for her keen and tender attachment to Aeneas. Their Tartarus was reserved for the gravest transgressions.[71] This was decreed by Pluto and desired by the sage Minos, the severe Aeacus, and the terrible Radamanthus.

East of the Indus, Buddhism distinguished itself by its moral view of the future state of souls. With and through Buddhism the punishment of vice was more strongly emphasized; there was fear not only of crime but also of its punishment, and virtue alone could bring hope for the yonder. The fate of a slave of his passions

---

[69] DU TRESSAN, *Mythologie comparée à l'histoire*, vol. II, p. 242-244.
[70] CAESAR, *De Bello Gallico*, book vi, ch. vi.
[71] DU TRESSAN, *ibid.*, p. 280, 286, 287.

sions avait d'abord été d'expier ses imperfections plus ou moins grandes par la privation temporaire des jouissances et des plaisirs réservés au sage qui avait mis un frein à des désirs déréglés. Buddou a bien exigé une autre réparation par sa métempsycose. Si la conception des longues et laborieuses épreuves qu'elle demande a quelque chose d'absurde ; s'il est ridicule de croire que la divinité abaisse l'homme, sa plus belle image, jusqu'à le rendre passif des goûts du plus vil animal ; si l'on ne pense à cette transmigration sans un sentiment d'horreur, au moins l'homme est rappelé par elle à lui-même pour sonder son cœur et juger tout ce qu'il a d'impur. Qu'il y a loin de là au repentir et au consolant espoir de l'âme chrétienne, devenue riche pour l'éternité du fonds des vertus qu'elle est fermement résolue d'acquérir ! <34>

Résumé.

Je ne prétends pas pousser plus loin ces observations préliminaires; elles suffisent pour faire ressortir les traits particuliers de la religion de Buddou, traits qu'on ne saisirait point sans un coup-d'œil sur les autres croyances et cultes superstitieux. L'Asie orientale, en se méprenant sur le plus digne objet de ses hommages, l'être infiniment parfait, n'a pas suivi dans tous ses détours le sentier de l'erreur si battu par des peuples fameux qui ne sont plus. L'homme divinisé l'est pour lui-même ; il s'élève au-dessus des dieux qui animent le soleil et les autres parties de la nature sans s'identifier avec eux. Parvenu à l'apothéose, c'est presque toujours à cause de ses talens et de ses vertus. Les trophées de la valeur lui assurent le premier rang dans la société, mais rarement il leur doit des autels.

had at first been to be able to expiate his more or less great imperfections through temporary privation of the joys and pleasures that are reserved for the sage who had reined in his dissolute desires. Indeed, Buddha demanded a different kind of atonement through his metempsychosis. Even if the idea of the long and toilsome ordeals that it requires seems a bit absurd, and even if it is ridiculous to believe that the deity debases man—its most beautiful image—by making him subject to the desires of the vilest animal: if man thinks of such transmigration only with a feeling of horror, it at least incites him to reflect on himself, examine his heart, and judge all his impurities. But how far is that removed from the repentance and consoling hope of the Christian soul that has grown rich for eternity from the fund of virtues that it is firmly and resolutely striving for! <34>

Summary

I do not wish to push these preliminary observations any further; they suffice to highlight the particular traits of the religion of Buddha—traits that could not be grasped without a glance at other beliefs and superstitious cults. Though holding a mistaken view of the most worthy object of its worship—the infinitely perfect being—Eastern Asia did not follow all the deviations on the path of error adopted by so many well-known peoples of the past. Deified man is so in his own interest; without identifying himself with the gods animating the sun and other parts of nature, he rises above them. If he achieves apotheosis, it is almost always due to his talents and virtues. His trophies of valor guarantee the first rank in society but rarely warrant erecting altars.

RECHERCHES SUR BUDDOU.

L'OPINION est la reine du monde : c'est un adage reçu : au nombre des moyens qu'elle emploie pour consolider son empire, il faut compter quelquefois un merveilleux outré. L'esprit des peuples, de ceux même dont la civilisation est très-avancée, se montre souvent avide de prodiges. L'Orient, étranger à tout esprit de critique et d'analyse, adopte encore aujourd'hui et avec une extrême facilité les fables les plus extravagantes ; c'est pourquoi la doctrine, et principalement l'histoire de Buddou, subirent en peu de temps une altération qu'elles n'eussent pas éprouvée en Europe d'une manière si sensible. Les hommes à imagination ardente firent recevoir leurs visions et leurs rêves pour des vérités, et le fruit de leur délire extatique pour des croyances raisonnables. C'est ainsi que se forma une nouvelle mythologie : le philosophe se trouvait porté sur l'autel à côté des dieux qu'il instituait. Voyons ce que l'on peut dire de plus intéressant sur ce grand homme.

NOMS DIVERS DE BUDDOU.

Son culte s'étend depuis l'Indus jusqu'au Japon. A Ceylan on l'appelle *Buddou, Boudha, Baout, Boudh, Bouddou*[72]; <36> dans l'Indostan, *Vichnou, Boudh, Boudha*[73] ; au Thibet, *Mahamounie*, et au Boutan, *d'Herna-Raja*[74]. Les Kalmouks le désignent sous les

---

[72] ROBERT KNOX, Relation de l'Ile de Ceylan, in-12, t. I, p. 146, 147; RIBEIRO, Histoire de Ceylan, in-12, p. 113 ; KAEMPFER, Histoire du Japon, in-12, t. I, p. 46 ; THUNBERG, Voyage au Japon, in-8°, t. iv, p. 224; Lord VALENTIA, Voyage dans l'Indostan, etc., in-8°, t. II, p. 337.

[73] SONNERAT, Voyage aux Indes orientales, in-8°, t. I, p. 263 ; TURNER, ambass. angl. au Thibet et au Boutan, in-8°, t. II, p. 80 ; SYMES, ambass. angl. dans l'empire des Birmans, t. I, p. 164 ; Lord VALENTIA, *ibid*.

[74] Recherches sur les nations sibériennes, 1791, in-8°, p. 90, 91 ; PALLAS, Voyage en Russie, in-4° t. I, p. 536.

STUDIES ON BUDDHA

OPINION is the queen of the world, says the adage; and among the number of means that opinion employs to consolidate its reign, one must sometimes include fantastic exaggeration. The spirit of peoples, even those of a very advanced civilization, often appears hungry for marvels. Even today the Orient, which lacks all spirit of critique and analysis, adopts with extreme ease the most extravagant fables. This is why the doctrine, and especially the history, of Buddha have in a short time undergone an alteration of a kind that could not have taken place in Europe in this manner. Men equipped with fiery imagination had their visions and dreams accepted as truth and the fruit of their ecstatic delirium as reasonable beliefs. In this manner a new mythology was formed: the philosopher found himself heaved onto the altar where he joined the gods he had himself instituted. Let us see what is of most interest about this great man.

Diverse Names of Buddha

His cult reigns from the Indus to Japan. In Ceylon he is called *Buddou, Boudha, Baout, Boudh, Bouddou;*[72] <36> in India *Vishnu, Boudh, Boudha;*[73] in Tibet *Mahamuni,* and in Bhutan *d'Herna-Raja.*[74] The Kalmyks refer to him by the names of *Chaka-Chi-*

---

[72] Robert Knox, *Relation de l'Ile de Ceylan,* in-12, vol. I, p. 146, 147; Ribeiro, *Histoire de Ceylan,* in-12, p. 113; Kaempfer, *Histoire du Japon,* in-12, vol. I, p. 46; Thunberg, *Voyage au Japon,* in-8°, vol. IV, p. 224; Lord Valentia, *Voyage dans l'Indostan* etc., in-8°, vol. II, p. 337.

[73] Sonnerat, *Voyage aux Indes orientales,* in-8°, vol. I, p. 263; Turner, *Ambassade anglaise au Thibet et au Boutan,* in-8°, vol. II, p. 80; Symes, *Ambassade anglaise dans l'empire des Birmans,* vol. I, p. 164; Lord Valentia, *Voyage dans l'Indostan,* p. 337.

[74] *Recherches sur les nations sibériennes,* 1791, in-8°, p. 90, 91; Pallas, *Voyage en Russie,* in-4°, vol. I, p. 536.

noms de *Chaka-Chimouna, Chaka-Mouni, Schji-Mouni* et *Sakji-Mouni* ; et les Mogols sous celui de *Chichi-Mouni*[75]. Dans l'empire des Birmans (Ava, Pégu, Aracan et partie de Siam) son nom est *Gaudma, Gouton*[76] ; à Siam, *Sommonacodon*[77] ; au Tonquin, *Bout*[78] ; à la Chine, *Fo, Foë, Fohi*[79] ; au Japon, *Xaca, Chaca, Scaka, Boudsdo, Boudso*[80].

Identité du personnage divin.

On ne peut élever le moindre doute sur l'identité du personnage ; il suffirait, à défaut d'autres preuves, de jeter, pour s'en convaincre, un coup d'œil sur les principales statues qu'on voit dans les temples érigés en son honneur : elles se présentent, à quelques légères différences près, sous le même aspect principal. Son attitude annonce <37> la méditation ; le corps est revêtu d'une grande robe, la tête couverte d'un bonnet, qui varie selon les localités ; les yeux fixés contre terre et immobiles, les jambes croisées, les mains jointes ou appuyées de telle ou telle manière sur les genoux[81].

La stature et les dimensions des images sculptées de Buddou diffèrent d'une région à l'autre ; celles qui le représentent à Ceylan et aux pagodes souterraines de Carly au pays des Marattes, entre

---

[75] *Ibid.*
[76] Symes, *ibid.*
[77] Laloubère, Hist. de Siam, t. I, p. 516.
[78] Richard, Hist. du Tonquin, in-12, t. II, p. 32.
[79] De Guignes, Voy. à Peking, etc. t. II:, p. 329.
[80] Ambass. holland. vers l'empereur du Japon, 1658, in-fol, t. II, p. 44,45, 201 ; Kaempfer, *ibid.* ; Thunberg *ibid.*, t. III, p. 257.
[81] Laloubère, *ibid.*, t. I, p. 517, et les planches des voyages de Thunberg, de Pallas, du Père Paulin. S.-Barthélemi et de Symes.

mouna, Chaka-Mouni, Schji-Mouni and *Sakji-Mouni*; and the Mongols by *Chichi-Mouni*.[75] In the Burmese empire (Ava, Pegu, Arakan and part of Siam) his name is *Gaudma* or *Gouton*;[76] in Siam *Sommonacodon*;[77] in Vietnam *Bout*;[78] in China *Fo, Foë, Fohi*;[79] and in Japan *Xaca, Chaca, Scaka, Boudsdo,* or *Boudso*.[80]

Identity of the divine person

There cannot be the slightest doubt about the identity of this person; in order to be convinced it would suffice, even in the absence of other proofs, to cast a glance at the principal statues seen in the temples erected in his honor: they show, though with some slight differences, the same principal form. His bearing evokes meditation; his body is dressed in a large robe, his head covered with a cap that differs according to locality, his eyes are immobile and fixed in direction of the earth, his legs crossed, and his hands joined or posed in one manner or another on his knees.[81]

The size and dimensions of the sculptures of Buddha differ depending on the region; those that represent him in Ceylon, and the Indian ones in the subterranean pagodas of Karli in the land of the Marathas between the city of Poona and the Ghat moun-

---

[75] *Recherches sur les nations sibériennes*, 1791, in-8°, p. 90, 91; Pallas, *Voyage en Russie*, in-4°, vol. I, p. 536.

[76] Symes, *Ambassade anglaise dans l'empire des Birmans*, vol. I, p. 164.

[77] Laloubère, *Histoire de Siam*, vol. I, p. 516.

[78] Richard, *Histoire du Tonquin*, in-12, vol. II, p. 32.

[79] De Guignes, *Voyages à Peking*, vol. II, p. 329.

[80] Montanus, *Ambassades hollandaises vers l'empereur du Japon*, 1658, in-fol, vol. II, p. 44, 45, 201; Kaempfer, *Histoire du Japon*, vol. I, p. 46; Thunberg, *Voyage au Japon*, vol. III, p. 257.

[81] Laloubère, *Histoire de Siam*, vol. I, p. 517; and the illustrations in the travel accounts by Thunberg, Pallas, Father Paulinus a Sancto Bartholomaeo, and Symes.

la ville de Pounah et les montagnes des Gattes (Indostan) sont les mêmes[82], et lui donnent des proportions gigantesques[83]. On a vu au Thibet des Mahamounies d'un pareil dessin[84]. Un temple péguan de Siam, situé hors la ville, offrait, dans l'avant-dernier siècle, un Sommonacodon fortement doré, assis sur un lieu élevé, et sous une forme telle qu'il aurait eu cent vingt pieds de hauteur s'il avait été droit. Le Xaca du principal temple de Miaco, résidence de l'empereur ecclésiastique du Japon, semble modelé sur le même original[85].

Si l'on doit à quelques vues mystérieuses ces énormes colosses, toutes les nations bouddistes n'ont point pénétré ce secret, car les plus grandes statues du Gaudma d'Ava n'auraient pas plus de vingt pieds debout; elles n'en ont que dix à Aracan[86]. Celles de Foë leur sont inférieures en élévation et n'offrent que la taille, le corps gros, replet, <38> et tous les traits d'un Chinois[87]. Le Schji-Mouni ou le Chichi-Mouni des peuplés nomades se réduit encore et n'a guère plus d'une coudée, de manière qu'il puisse être mis dans un étui et placé sur le dos d'un chameau[88]. Je ne parlerai pas du Vichnou de l'Indostan, qui, loin d'adopter les formes distinctives du législateur, abandonne souvent celle de l'homme.

Voilà les signes apparens du culte de Buddou ; ils sont uniformes ; mais l'identité de ce dieu se prouve encore d'une autre manière, je veux dire par le témoignage de toutes les nations qui l'adorent. Il y a plus d'un siècle que des Européens durent aux

---

[82] Lord VALENTIA, *ibid.*, t. II, p. 339
[83] *Ibid.*, t. II, p. 149.
[84] TURNER, *ibid.*, t. II, p. 232.
[85] KAEMPFER, *ibid.*, t. I, p. 46 ; Ambass. holland., *ibid.*, t. I, p. 103 ; THUNBERG, *ibid.*, t. III, p. 345, 349.
[86] SYMES, *ibid.*, t. II, p. 320; t. III, p. 3.
[87] DE GUIGNES, *ibid.*, t. II, p. 264, 265.
[88] PALLAS, *ibid.*, t. I, p. 553.

tains, look the same[82] though the Indians give them gigantic proportions.[83] In Tibet an identical design of the Mahamunis was observed.[84] A Peguan [Burmese] temple in Siam that is situated outside of the city housed in the seventeenth century a heavily gilded statue of Sommonacodon [Buddha] that was seated on an elevated platform. It reportedly would be 120 feet tall if it were standing upright. The Xaca [Buddha] of the principal temple of Miako [Kyoto], the city of the ecclesiastical emperor of Japan, appears to be modeled on the same original.[85]

If these gigantic statues are due to some mysterious views, not all the Buddhist nations have been initiated to this secret since the largest statues of Gaudma in Ava [Burma] measure no more than twenty feet upright, and in Arakan [North Burma] only ten.[86] Those of Fo [in China] are of smaller stature and have only the height, the large and fat body <38>, and all characteristics of a Chinese.[87] The Schji-Muni or Chi-Chimouni of the nomad people is even tinier and measures barely more than a cubit [45 cm] so that they can put it into a case and place it on a camel's back.[88] I will not discuss Vishnu of India who not only does not adopt the distinctive shape of the legislator but often not even that of a human being.

These are the visible signs of the cult of Buddha; they are uniform. But the identity of this god is also proved in another manner, namely, through the testimony of all nations that worship

---

[82] Lord VALENTIA, *Voyage dans l'Indostan*, vol. II, p. 339.
[83] *Ibid.*, vol. II, p. 149.
[84] TURNER, *Ambassade anglaise au Thibet et au Boutan*, vol. II, p. 232.
[85] KAEMPFER, *Histoire du Japon*, vol. I, p. 46; MONTANUS, *Ambassades hollandaises vers l'empereur du Japon*, vol. I, p. 103; THUNBERG, *Voyage au Japon*, vol. III, p. 345, 349.
[86] SYMES, *Ambassade anglaise dans l'empire des Birmans*, vol. II, p. 320; vol. III, p. 3.
[87] DE GUIGNES, *Voyages à Peking*, vol. II, p. 264, 265.
[88] PALLAS, *Voyage en Russie*, vol. I, p. 553.

voyages réitérés des grandes Indes la certitude que les peuples qui les habitaient, parvenus à la civilisation par des efforts à eux propres, avaient de grands rapports de religion.

I° SIAM ET JAPON. — Le premier qui fut frappé de l'opinion de divers peuples de l'Orient sur Buddou et sa doctrine, est un médecin allemand dont les ouvrages n'ont rien perdu avec les années de leur réputation et de leur crédit[89]. Il saisit ainsi les liens qui unissaient Siam et le Japon. Un autre voyageur, français de nation, put facilement se convaincre à Siam, vers le même temps, que Buddou (Sommonacodon) était le législateur religieux de plusieurs nations indiennes, et que la croyance des Bouddistes de ce royaume s'étendait sur plusieurs autres[90]. Les dernières années ont rendu cette vérité incontestable[91]. <39>

2°. CHINE ET EMPIRE DES BIRMANS. — En 1792, les ambassadeurs de la Chine qui se trouvaient à Ummérapoura (nouvelle capitale d'Ava et de tout l'empire des Birmans) virent, près du palais de l'Empereur, dans un temple et sur la terrasse y attenante, des statues de Gaudma. Leur premier mouvement fut de se prosterner devant l'effigie de leur divinité commune, et de l'adorer avec une grande ferveur. Les peuples de ces contrées donnent également la main d'association religieuse aux Chinois[92].

3°. EMPIRE DES BIRMANS ET CEYLAN. — L'empereur des Birmans vient de reconnaître de son côté que le Gaudma d'Ava et d'Aracan n'est pas un autre personnage que le Buddou de Ceylan, et, avec les habitants de la presqu'île au-delà du Gange, il regarde ce grand homme comme le docteur et le dieu des deux nations. Mu

---

[89] KAEMPFER, Hist. du Japon, *ibid.,* t. I, p. 46, 47. Cet auteur entra en service de la Compagnie holland. des Indes orientales en 1685.

[90] LALOUBÈRE, *ibid.,* t. I, p. 525. Celui-ci fut envoyé en ambassade à Siam par Louis XIV, en 1687.

[91] THUNBERG, Voy. au Japon, *ibid.*, t. IV, p. 223; RICHARD, Description du Tonquin, t. I, p. 188.

[92] SYMES, *ibid.*, t. II, p. 165, 167.

him. For over a century Europeans gained during repeated voyages to the great Indies the certitude that their inhabitants, who had become civilized in their own ways, have deep religious links.

1. SIAM AND JAPAN. — The first to be struck by the opinion of diverse Oriental people about Buddha and his doctrine was a German medical doctor whose works have in the course of years not lost any of their reputation and credibility.[89] He thus understood the links uniting Siam and Japan. Another traveler, a Frenchman in Siam, was around the same time easily convinced that Buddha (Sommonacodon) was the legislator of several Indian nations and that the religious beliefs of the Buddhists of this kingdom were also current in several other countries.[90] Recent years have made this truth indisputable.[91]<39>

2. CHINA AND THE BURMESE EMPIRE. — In the year 1792 the Chinese ambassadors to Amarapura (the new capital of Ava and the entire Burmese empire) saw Buddha statues on a terrace of a temple close to the imperial palace. Their first reaction was to prostrate in front of the effigy of their common deity and to worship it with great fervor. The people of these regions are also linked by religious association with the Chinese.[92]

3. THE BURMESE EMPIRE AND CEYLON. — In turn, the Burmese emperor has acknowledged that the Gaudma of Ava and Arakan is none other than the Buddha of Ceylon. Together with the inhabitants of the peninsula East of the Ganges, he regards this great man as the teacher and god of both nations. Based on

---

[89] KAEMPFER, *Histoire du Japon*, vol. I, p. 46, 47. This author entered employment of the Dutch East India Company in 1685.

[90] LA LOUBÈRE, *Histoire de Siam*, vol. I, p. 525. He was dispatched in an embassy to Siam by Louis XlV in 1687.

[91] THUNBERG, *Voyage au Japon*, vol. IV, p. 223; RICHARD, *Description du Tonquin*, vol. I, p. 188.

[92] SYMES, *Ambassade anglaise dans l'empire des Birmans*, vol. II, p. 165, 167.

par cette conviction, ce prince fit partir d'Ummérapoura en 1792, et depuis à plusieurs reprises, pour Ceylan, des savans distingués qui eussent à s'y procurer les livres les plus estimés concernant la doctrine fondamentale de leur religion. Dans une de ces occasions, le ministère birman s'adressa au gouverneur général du Bengale, pour le prier de protéger les personnes qu'il envoyait vers cette île[93].

4°. CHINE ET THIBET. — De Ceylan à la Chine nous avons une chaîne non interrompue de sectateurs du même dieu. Celle-ci se trouve en contact religieux avec le Thibet. En 1795, l'empereur de la Chine écrivit au <40> Grand-Lama qu'il voyait en lui le plus ferme appui de la religion de Foë par son exactitude à la prière[94].

5°. THIBET ET PEUPLES NOMADES. — Le Thibet, de son côté, a propagé les principes du bouddisme jusque dans les déserts des Kalmouks et des Mongols. Le monastère du Pontala, près de Lassa, résidence du Grand-Lama, est pour ces peuples le lieu le plus saint, la source d'où découle la doctrine sacrée. Ils le visitent avec une grande dévotion[95].

6°. INDOSTAN, PAYS DES KALMOUKS, ETC. — Il n'y a pas jusqu'à l'Indostan (où les Brames ont brodé sur le premier fond du bouddisme) qui ne convienne que Vichenou est le dieu adoré sous d'autres noms au Thibet et dans les diverses régions dont il est ici question. Des Indous établis à Astracan ont déclaré que les Kalmouks étaient leurs frères religieux ; le Thibet, instituteur de ces derniers, établit de son côté que de l'Indostan fut tirée sa religion[96].

---

[93] *Ibid.*, p. 174.
[94] TURNER, *ibid.*, t. II, p. 271.
[95] *Ibid.*, p. 274.
[96] PALLAS, *ibid.*, t. I, p. 517 ; BOGLE, Voyage au Thibet, in-18, p. 149, 150.

this conviction this prince dispatched in 1792, and subsequently on several additional occasions, distinguished scholars to Ceylon in order to procure the most highly esteemed books about the fundamental doctrine of their religion. On one of these occasions the Burmese minister asked the general governor of Bengal to protect the persons he sent to that island.[93]

4. CHINA AND TIBET. — From Ceylon to China we have a continuous chain of sectarians of the same god. China is in religious contact with Tibet. In 1795 the Chinese emperor wrote to <40> the Great Lama that on account of the exactness of his prayers he considered him the firmest pillar of the religion of Fo.[94]

5. TIBET AND THE NOMAD PEOPLES. — For its part, Tibet propagated the principles of Buddhism to the deserts of the Kalmyks and Mongols. The monastery of Potala, the residence of the Great Lama close to Lhasa, is for these peoples the holiest of places and the source from which the sacred doctrine stems. They visit it with great devotion.[95]

6. INDIA, THE LAND OF THE KALMYKS, ETC. — It is not just in India (where the Brahmans embroidered on the earlier layer of Buddhism) that people agree that Vishnu is the god worshiped under different names in Tibet and in the diverse regions discussed here. Indians who settled in Arakan declared that the Kalmyks are their religious brethren; and Tibet, the teacher of the Kalmyks, established for its part that its religion had originated in India.[96]

---

[93] SYMES, *Ambassade anglaise dans l'empire des Birmans*, vol. II, p. 174.
[94] TURNER, *Ambassade anglaise au Thibet et au Boutan*, vol. II, p. 271.
[95] *Ibid.*, p. 274.
[96] PALLAS, *Voyage en Russie*, vol. I, p. 517; BOGLE, *Voyage au Thibet*, in-18, p. 149, 150.

Ce personnage est un homme divinisé.

Ce dieu fut un homme. L'ambassadeur français dont nous avons parlé se permet sur cette matière un jugement bien inconsidéré ; il veut que Boudha (Sommonacodon) soit l'esprit du ciel, Mercure, le dieu des sciences et des arts[97].

Cette assertion nouvelle trouva un partisan d'autant <41> plus opiniâtre, qu'il s'étayait d'une spécieuse érudition[98]. Après avoir dit que la nature, le soleil, la lune, les astres, les élémens et autres objets sensibles, étaient les dieux des Indoux[99], ce dernier nie formellement que Boudha tienne par sa nature à l'espèce humaine, et croit entiché d'un sentiment absurde tout savant qui en ferait le fils d'un roi, le docteur de plusieurs nations[100].

L'inconséquence de ses idées se manifeste. Il convient de l'universalité et de l'ancienneté de la religion dite de *Buddou*, lui supposant même une origine aussi reculée que nous pouvons le désirer. Il parle d'une grande émigration de Gymnosophistes sarmanéens, sortis de l'Indostan l'an 40 de J.-C., pour porter à Ceylan[101], dans le Thibet, à Siam, au Pégu, à la Chine et au Japon, cette doctrine primitive proscrite par les Brames; il connaît le système ancien et moderne, si ce n'est sur la divinité, au moins sur la transmigration et l'immortalité des âmes, les jeûnes, les abstinences de la chair, les ablutions, la vie monastique, le renoncement à la propriété individuelle, le célibat, la lecture des livres saints, et les cinq préceptes[102].

---

[97] LaLoubère, *ibid.*, t. I, p. 534, 536, 537.

[98] Paulin S.-Barthélemi, Missionnaire italien envoyé par la Propagande à la côte de Malabar en 1776.

[99] Paulin S.-Barthélemi, *ibid.*, t. II, p. 123.

[100] *Ibid.*, p. 123, 494.

[101] On doit admettre la filiation inverse de Ceylon dans l'Indostan, comme on le verra.

[102] *Ibid.*, p. 123, 494.

THIS PERSON IS A DEIFIED MAN

This god used to be a man. In this matter, the French ambassador whom we mentioned above ventured a very ill-considered opinion: he wants Buddha (Sommonacodon) to be the spirit of heaven, Mercury, the god of sciences and arts.[97]

This new assertion found a supporter who appears all the more <41> opinionated as he indulged in specious erudition.[98] Having asserted that nature, the sun, the moon, the stars, the elements, and other objects of the senses were the gods of the Indians,[99] he formally denies that Buddha had a human nature and thinks that all scholars who believe him to be the son of a king and teacher of several nations are besotted with an absurd opinion.[100]

The contradictory nature of his ideas is obvious. He admits the universality and antiquity of the religion associated with Buddha and even assumes an origin that is as ancient as we would wish. He speaks of a large emigration of Gymnosophist shramanas who left India in the year 40 CE in order to propagate this primitive doctrine, prohibited by the Brahmans, to Ceylon,[101] Tibet, Siam, Pegu, China, and Japan. He is familiar with the ancient and modern system, if not with regard to the deity itself then at least regarding transmigration and the immortality of souls, fasting, abstinence from meat, ablutions, monastic life, the renouncement of private property, celibacy, the reading of sacred scriptures, and the five precepts.[102]

---

[97] LaLoubère, *Histoire de Siam*, vol. I, p. 534, 536, 537.

[98] Paulinus a Sancto-Bartholomaeo, Italian missionary sent in 1776 by the Propaganda to the Malabar coast.

[99] Paulinus a Sancto-Bartholomaeo, *Voyage aux Indes Orientales*, vol. II, p. 123.

[100] *Ibid.*, p. 123, 494.

[101] As will be seen, one must inverse the transmission to go from Ceylon to India.

[102] *Ibid.*, p. 123, 494.

Comment, lorsqu'on admet l'effet, ne pas admettre la cause. L'effet, c'est l'institut des Gymnosophistes sarmanéens ou des Bouddistes ; la cause, c'est la pensée de Buddou, dont l'existence n'a pas plus été contestée que son influence morale. <42>

Notre antiquité classique a loué et vanté cet instituteur religieux. Il est curieux de voir comment les Grecs ont acquis la connaissance de sa déification; les moyens, la fin, tout est ici intéressant. Ce serait nuire à l'éclaircissement du sujet que de ne pas se placer au point d'où la Grèce put, pour la première fois, observer une région dans laquelle il a propagé personnellement ses opinions.

L'Indostan, désigné sous le nom générique d'*Indes,* le seul de tous les pays de l'Orient sur lequel Athènes ait appris quelque chose, était entièrement inconnu aux Grecs du temps d'Homère. Ce prince des poètes n'en parle point, parce qu'il ne pouvait le faire. Après lui, ils restent plus de quatre cents ans dans la même ignorance.

Les renseignemens qu'Hérodote donna au cinquième siècle avant J.-C. sont fondés sur quelques traditions reçues des Perses, et qui souvent révoltent par un merveilleux outré [103] : ne tenons compte que de ce qui paraît vrai. Ils lui dirent que des Indiens placés au milieu des marais formés par le débordement de l'Indus, ne vivaient que de poisson cru ; que les autres, qui erraient au Levant, également sans agriculture et sans arts, n'avaient pour subsistance que le produit de leur chasse, de la venaison fraîche[104] ; qu'au contraire ceux qui occupaient les contrées méridionales fort éloignées de la Perse, remarquables par leur industrie, l'étaient aussi par leurs mœurs, et qu'ils s'abstenaient de tuer aucun animal. Ils nous montrent ainsi comme existant l'usage de la plupart des <43> fastes de nos jours, qui est de respecter la vie de tous les animaux, même des plus dégoûtans reptiles, et des insectes les plus incommodes.

---

[103] LÉVÊQUE, Etudes de l'histoire ancienne, t. I, p. 38, 39, 59.
[104] HÉRODOTE, l. III, c. xciv, cvi.

How can one, while admitting the effect, not admit the cause? The effect is the institution of Gymnosophist shramanas or Buddhists, and the cause is the thought of Buddha whose existence had been as little contested as his moral influence. <42>

Our classical antiquity sang the praises of this religious teacher. It is curious to see how the Greeks acquired knowledge of his deification; the means, the end, everything here is of interest. The elucidation of this subject would suffer were I to omit discussion of the point in time when Greece was first able to observe the region in which Buddha personally propagated his opinions.

India, which is referred to by its generic appellation *Indies*, was the sole Oriental country about which Athens obtained some information. In Homer's time it was totally unknown, and this prince of poets does not mention it at all for the good reason that he could not. After Homer, the Greeks remained similarly ignorant about it for more than four centuries.

The information furnished in the fifth century BCE by Herodotus is based on some traditions obtained from the Persians that often strike us as marvelously excessive.[103] Let us just take into consideration what has some semblance of truth. They told him that the Indians living in swamps formed by the overflowing Indus ate only raw fish; that other Indians roaming the East also know neither agriculture nor arts and subsist exclusively from fresh venison obtained by hunting;[104] that inhabitants of the Southern regions that are far away from Persia are, by contrast, noted both for their industriousness and morality and their eschewal of killing any kind of animal. They thus show us that the majority of customs <43> that we know of today were then already in existence: the respect of all animals including the most disgusting reptiles and the most bothersome insects.

---

[103] Pierre-Charles LEVESQUE, *Études de l'histoire ancienne*, vol. I, p. 38, 39, 59.
[104] HERODOTUS, book III, ch. xcxiv, cvi.

Les Perses lui dirent encore que ceux-ci ne se nourrissaient que d'herbes, de légumes et d'une espèce de grain (apparemment le riz) qu'ils faisaient bouillir avec la cosse[105] ; qu'ils fabriquaient leurs vêtemens avec le fruit d'un arbre sauvage qui croissait dans le pays et donnait une sorte de laine plus belle que celle des brebis[106] : c'est le coton, dont Hérodote paraît n'avoir eu qu'une idée confuse. Jusqu'ici rien pour l'histoire, peu sur les mœurs et les usages. L'expédition du roi de Macédoine donna quelques lumières. Quoique la géographie continuât à être bien imparfaitement connue, parce que les Grecs ne s'avancèrent pas au-delà des rivières qui se jettent dans l'Indus, et du pays que celles-ci arrosent; quoique les compagnons d'Alexandre *aient mieux aimé raconter des merveilles que des vérités*[107], ils surent cependant, et transmirent bien des choses sur les institutions religieuses.

En général, il est vrai qu'on ne peut se former avec eux à des connaissances bien étendues. Plusieurs refusent aux Indoux (ce que d'autres ne leur contestent pas) l'intelligence de l'écriture alphabétique : les premiers, trompés par le petit nombre de ceux qui, hors la caste des prêtres, savaient lire, et par la facilité de cacher les livres écrits avec un poinçon sur des feuilles d'arbres[108]. Ils paraissent <44> avoir ignoré leur littérature, leur histoire, leur poésie[109] ; ils ne nous indiquent aucun de ces monumens solides qui sont, dans l'Inde, en grand nombre[110], bravent les efforts du temps, et annoncent à la postérité la grandeur passée d'un peuple; le tumulte des armes les empêcha de s'approcher de lieux plus civilisés et plus féconds en souvenirs.

---

[105] *Ibid.*, l. III, c. xcix.

[106] *Ibid.* ; LÉVÊQUE, *ibid.*, p. 38, 39.

[107] C'est l'expression de Strabon, l. xv ; LÉVÊQUE, *ibid.*, p. 401.

[108] STRABON, *ibid.* ; AELIAN. VAR., Hist., l. IV, c. i ; LÉVÊQUE, *ibid.*, p. 57.

[109] *Ibid.*, p. 65.

[110] *Ibid.*, p. 60.

Founder Buddha

The Persians also said that these [Southern] Indians only ate herbs, vegetables, and a kind of cereal (apparently rice) that they boiled with its hull;[105] and that they manufactured their clothes from the fruit of a wild tree indigenous to their land that furnished a kind of wool that is superior to that of sheep,[106] which refers to cotton about which Herodotus seems to have only had a confused idea. Up to this point there was no historical information and little about mores and customs. The expedition of the Macedonian king [Alexander the Great] produced some information. Though the geography continued to be imperfectly known because the Greeks did not advance beyond the rivers feeding the Indus and the adjacent regions, and though Alexander's companions "preferred telling about marvels to communicating truths,"[107] they nevertheless knew and transmitted much information about religious institutions.

In general it is true that based on their information one cannot gain very extensive knowledge. Several authors claim (and others do not dispute) that the Indians were ignorant of alphabetic writing. These authors were deceived by the small number of Indians outside the priestly caste who knew how to read, and by the ease with which books written with an awl on tree leaves can be hidden.[108] They seem <44> to have been unaware of Indian literature, its history, and its poetry;[109] and they fail to point out any of the well-built monuments that abound in India[110] and that withstand the ravages of time while revealing to posterity the past greatness of a people. The turmoil of war prevented these authors from approaching more civilised places that are richer in remains.

---

[105] HERODOTUS, book III, ch. xcix.
[106] Ibid.; LEVESQUE, Études de l'histoire ancienne, vol. I, p. 38, 39.
[107] These are words of STRABON, book XV; LEVESQUE, ibid., p. 401.
[108] STRABON, ibid.; AELIANUS, Varia Historia, book IV, ch. I; LEVESQUE, Études de l'histoire ancienne, vol. I, p. 57.
[109] LEVESQUE, Études de l'histoire ancienne, vol. I, p. 65.
[110] LEVESQUE, Études de l'histoire ancienne, vol. I, p. 60.

Cependant ils ne furent point étrangers à la religion, comme moins concentrée que les arts. On tenait des Perses que chez les Indoux méridionaux existait l'usage de s'abstenir de toute nourriture animale, et qu'ils s'occupaient à conserver avec un soin particulier la vie à tous les êtres, même aux plus vils. Voici un plus ample récit de ce qui tient à la religion, fait par les Grecs du quatrième siècle avant J.-C., contemporains d'Alexandre.

Après la mort de l'époux, les femmes se disputaient l'honneur d'être brûlées avec lui, et celle qui obtenait de mourir dans cet affreux supplice rendait grâce à la faveur du sort[111]..... Les Indiens n'ont qu'une épouse; peut-être des concubines du décédé se sont envié ce triste bonheur ; au moins peut-il résulter des passages de l'histoire ancienne que la femme indienne se brûlait sur le corps de son mari, comme nous le savons.

Des Brachmanes se tenaient exposés tout le jour à l'ardeur d'un soleil et d'un sable brûlans, le corps porté sur un pied; ils ne cessaient de rester dans cette pénible position que lorsque la force leur manquait pour reprendre avec l'autre pied un second exercice aussi cuisant et aussi <45> douloureux. D'autres affectaient d'avoir les yeux immobiles en fixant l'astre du jour, depuis son lever jusqu'à son coucher[112]. On reconnaît à ces traits les pénitens, classe distincte des Brames, et que les modernes appellent *faquirs*.

Les habitans de l'Indostan étaient divisés en cinq ou sept tribus[113] connues de nos jours sous le nom de *castes* . . . Ces témoins oculaires n'en multiplièrent le nombre que parce qu'ils ont pris des subdivisions pour des castes particulières.

---

[111] AELIAN VAR., Hist.., l. VII, c. xxviii.

[112] *Ibid.*, l. V, c. vi; STRABON, l. XV; ARRIAN, *de Expediti Alexand.*, l. VI; PLIN., l. VI, c. xix, s. xxii.

[113] *Ibid.*

However, they were not ignorant of religion, as it is less bound to specific places than arts and crafts. The Persians had reported that the Southern Indians had the custom of abstaining from all animal flesh and made a particular effort to protect the life of all beings including the most vile ones. The following is a more extensive report concerning religion from the hand of Greek contemporaries of Alexander in the fourth century before Christ.

After the death of their husband the wives quarreled about the honor of being cremated with him, and the one who succeeded in dying through such horrible torture was grateful for her good luck.[111] ..... The Indians have only one wife, and the concubines of the deceased possibly envied this sad fate. At any rate, from such passages in the ancient histories we can gather what we know, namely, that Indian women immolated themselves on the body of their husband.

Some Brahmans exposed themselves all day long to the heat of the sun and to burning sand while standing on one foot, maintaining this tiresome position until no strength was left and they had to continue this stinging and painful exercise on the other foot. <45> Others pretended to fixate the sun with wide open eyes from sunrise to sunset.[112] Such practices are typical of penitents, a class that is different from the Brahmans and that in modern times is called *fakirs*.

The inhabitants of India were divided into five or seven tribes[113] that today are known as *castes*... These eyewitnesses simply multiplied their number because they regarded such subdivisions as separate castes.

---

[111] AELIANUS, *Varia Historia*, book VII, ch. XXVIII.

[112] *Ibid.*, book V, ch. VI; STRABON, book XV; ARRIAN, *De Expeditione Alexandri*, book VI; PLINIUS, book VI, ch. XIX, p. xxii.

[113] *Ibid.*

La première de ces tribus, celle des sages, ne reconnaissait point de supérieurs, dédaignait de s'abaisser à aucun ouvrage manuel, refusait de partager les charges publiques. Leurs seules fonctions étaient de prier pour le salut commun, de présider aux sacrifices, aux cérémonies privées et domestiques, ainsi qu'aux funérailles, puis d'indiquer par leurs prédictions les jours heureux ou malheureux, les pluies ou le beau temps, la sécheresse et les temps favorables aux récoltes, les maladies et la bonne santé[114] .... dernier trait en tout conforme aux institutions présentes. De ces sages ou Gymnosophistes, divisés en deux classes[115], celle des Brachmanes et des Sarmanéens, descendent les Brames de nos jours, et les prêtres de Boudha.

Les Grecs font ainsi l'histoire de la religion indouse, et nous parlent enfin de Bout, Boudh (ou Buddou, dénomination plus commune). Loin de mettre en doute son existence comme homme, ils l'ont au contraire regardé, <46> il y a vingt-deux siècles, comme un de ceux qui ont le plus honoré l'espèce humaine par leurs vertus, et ils nous assurent qu'à raison de ses éminentes qualités, les peuples de la Péninsule en avait fait un dieu[116].

Nous parvenons ainsi à l'an 190 de l'ère chrétienne[117]; deux cents ans après, le célèbre traducteur de la Bible, l'auteur de la Vulgate, homme d'une immense érudition et d'une riche littérature[118], nous a conservé cette tradition, transmise plus tard par les auteurs de la Géographie moderne de l'Inde[119]. Enfin cette vérité

---

[114] *Ibid.*

[115] CLEM. ALEXAN., *Strom.*, l. I, *versio lat.* Parisiis, 1566, p. 351.

[116] Voici le texte latin des Stromates, traduction du grec de Clément d'Alexandrie : *Sunt ex Indis qui* BUTTAE *parent praeceptis, quem, propter insignem virtutem, ut Deum honorarunt* (*ibid.*, p. 351.)

[117] CLÉMENT, prêtre, fut alors préposé à l'école d'Alexandrie.

[118] S.-JÉROME.

[119] CHAMBERS, à la suite de Symes, ambassadeur dans le royaume d'Ava, t. III, p. 269.

Founder Buddha

The first of these tribes, that of the sages, did not recognize any superiors, despised any kind of manual labor, and refused to be involved in any official duties. Their sole functions consisted in praying for the common good, presiding over sacrifices and private as well as domestic ceremonies and funerals, and indicating through their predictions lucky or unlucky days, rainy or good weather, drought and good weather for harvests, and illnesses and good health[114] .... which is a last trait that entirely matches the institutions of our days. From these sages or Gymnosophists that were divided into two classes,[115] the Brachmans and the Sarmaneans [shramanas], originate the present-day Brahmans as well as the priests of Buddha.

In this manner the Greeks portrayed the history of Indian religion, and at last they tell us about Bout, Boudh (or Buddha, his most common appellation). Far from doubting his existence as a man, they <46> already twenty-two centuries ago regarded him on the contrary as one of the men who most honored the human race through his virtues, and they maintain that the peoples of the peninsula deified him because of his eminent qualities.[116]

This brings us to the year 190 of the Christian era.[117] Two hundred years later, the famous translator of the Bible and author of the Vulgate—a man of immense erudition and rich literary output[118]—preserved for us this tradition that was subsequently transmitted by the authors of the modern Geography of India.[119]

---

[114] *Ibid.*

[115] CLEMENS ALEXANDRINUS, *Stromateis*, book I, Latin version, Paris 1566, p. 351.

[116] This are the words of the *Stromateis*, translated from the Greek by Clemens of Alexandria: *Sunt ex Indis qui* BUTTAE *parent praeceptis, quem, propter insignem virtutem, ut Deum honorarunt* (*ibid.*, p. 351.)

[117] CLEMENS, priest, was at the time directing the school of Alexandria.

[118] SAINT HIERONYMUS (JEROME).

[119] CHAMBERS, after SYMES, *Ambassade anglaise dans l'empire des Birmans*, vol. III, p. 269.

est si universellement reconnue, que tous les modernes ont fait une mention toute particulière de cet homme divinisé, loin de le confondre dans la foule des sophistes et des philosophes vulgaires[120]. Je dois à présent m'occuper de la naissance de Buddou.

Sa naissance à Ceylan, vers l'an 1029 avant Jésus-Christ.

On n'est pas d'accord sur la patrie de notre instituteur. Personne n'adopte l'opinion d'un Portugais qui, sur sa <47> célébrité à Ceylan et dans l'Indostan, pense qu'il *peut être* le même que S.-Thomas, l' *apôtre des Indes*[121]. Si Boudha et S.-Thomas ne diffèrent en rien, comment professe-t-on sous leurs noms des religions dont les croyances et les rites sont si différens ? Ces doctrines et pratiques opposées déposent à jamais de l'esprit particulier de l'un et l'autre fondateur. Les Chrétiens malabares et les Bouddistes ont donc conservé, à travers l'immensité des siècles, le double dépôt qu'ils tenaient de leurs ancêtres.

Celle d'un Français, qui le fait naître à Siam, n'est pas plus sûre[122]; car il a confondu avec le fondateur, comme nous le verrons, un philosophe désigné par une dénomination générique, et ardent propagateur de sa doctrine à Siam[123]. Le pays de Cachemire ne peut le réclamer à juste titre, quoi qu'en disent les Chinois sur les recherches qu'ils firent dans l'Indostan[124]. Des monumens

---

[120] On peut voir à ce sujet HUET, Démonstration évangélique ; BAILLY, Histoire de l'astronomie ancienne ; FRÉRET, Chronologie de Newton ; BRUCKER, Histoire critique de la Philosophie ; CUDWORTH, Système intellectuel ; MOSHEIM, Notes sur Cudworth ; LANGLÈS, Notes sur le voyage de Thunberg au Japon; ANQUETIL DU PERRON, Notes sur le voyage du Père Paulin S.-Barthélemi aux Indes orientales.

[121] RIBEIRO, *ibid.*, p. 113.

[122] SONNERAT, *ibid.*, t. I, p. 284.

[123] SYMES, *ibid.*, p. 164, 165.

[124] Mémoires asiatiques, ou Recherches de la Société établie à Calcutta dans le Bengale, t. II, p. 179, 180.

At last, this truth has come to be so universally acknowledged that all modern authors made special mention of this deified man without confounding him with the mass of sophists and vulgar philosophers.[120] This brings me to the discussion of the birth of Buddha.

His birth in Ceylon around the year 1029 before Jesus Christ

There is no consensus about the country of origin of our teacher. Noone accepts the opinion of a Portuguese author who thinks, based <47> on the saint's fame in Ceylon and India, that Buddha *might* be identical with St. Thomas, the *apostle of the Indies*.[121] If Buddha and St. Thomas are identical, how come their names are associated with religions whose beliefs and rites are at such variance? Such conflicting doctrines and practices always go back to the particular thought of the respective founder. The Malabar Christians and the Buddhists have thus over many centuries preserved the different traditions entrusted to them by their ancestors.

As we will see, the opinion of a Frenchman who thinks Buddha was born in Siam is no more trustworthy[122] because we will see that he confused the founder, a philosopher known by a generic name, with an ardent propagator of his doctrine in Siam.[123] The country of Kashmir cannot rightfully claim him, regardless of what the Chinese say about the research that they conducted in India.[124] Extant sources prove only one thing, namely, that he

---

[120] See HUËT, *Démonstration évangélique*; BAILLY, *Histoire de l'astronomie ancienne*; FRÉRET, *Chronologie de Newton*; BRUCKER, *Histoire critique de la Philosophie*; CUDWORTH, *Système intellectuel*; MOSHEIM, Notes on Cudworth; Louis-Mathieu LANGLÈS, Notes on the voyage of Thunberg to Japan; ANQUETIL-DUPERRON, Notes on the voyage of Father Paulinus a Sancto Bartholomaeo to the East Indies.

[121] RIBEIRO, *Histoire de Ceylan*, p. 113.

[122] SONNERAT, *Voyage aux Indes orientales*, vol. I, p. 284.

[123] SYMES, *Ambassade anglaise dans l'empire des Birmans*, vol. I, p. 164, 165.

[124] *Mémoires asiatiques* (French translation of articles from *Asiatick Researches*), vol. II, p. 179, 180.

encore existans ne prouvent qu'une chose, c'est qu'il a résidé à Gaza au Bengale[125]. Ainsi l'on opposera avec succès à la tradition chinoise une autre tradition plus imposante, parce qu'elle est celle de plusieurs nations qui ne parlent pas la même langue, n'ont pas les mêmes usages ni les mêmes fondemens de civilisation ; et plus sûre, devant être regardée comme la source de la vérité, puisque tant de canaux y aboutissent.

Dans la pensée de tous les peuples de la presqu'île <48> au-delà du Gange, Buddou avait ses parens à Ceylan, y reçut la vie et sa première éducation. L'Ecriture sainte des Siamois, les livres Balis, portent que le père de Sommonacodon (Buddou) était roi de Leve-Lanca, c'est-à-dire, selon l'observation d'un auteur presque toujours exact et judicieux, de la célèbre Ceylan[126]. Les royaumes voisins de Siam reconnaissent aussi tenir leur religion de cette île. Elle fut d'abord, c'est l'idée des Rhahaans, apportée de ce pays dans le royaume d'Aracan, puis dans celui d'Ava, et de là elle s'étendit sur le reste de la Péninsule[127].

Le Japon termine cette chaîne. Il naquit, d'après les annales japonaises, dans le pays de Magattakokf ou province de Magatta, royaume de Tensif. Au sens littéral, Tensif signifie, dit un voyageur déjà cité, région céleste ou région des cieux; mais, suivant une acception figurée, les savans et les personnes distinguées n'entendent que Ceylan[128].

L'époque de la naissance du législateur offre aussi ses difficultés. L'historien de Ceylan, en confondant mal-à-propos Buddou avec S.-Thomas, fixe, et toujours *sur un peut-être,* le commencement de sa vie à l'an quarante de l'ère chrétienne, année présumée de l'apostolat de S.-Thomas. Je ne sais ce qui a pu l'induire

---

[125] CHAMBERS, à la suite de Symes, ambassadeur anglais vers l'empereur des Birmans, t. III, p. 357, 358.
[126] LALOUBÈRE, *ibid.,* t. I, p. 31, 32, 525 ; CHAMBERS, *ibid.*
[127] SYMES, *ibid.,* t. II, p. 165.
[128] KAEMPFER, *ibid.,* t. II, p. 60.

Founder Buddha

resided in Gaya of Bengal.[125] It is apt to confront the Chinese tradition with another more imposing one, one that is shared by several nations that neither speak the same language nor share the same customs and civilization background. Since so many channels of information agree, it is more reliable and must be regarded as the source of truth.

According to all inhabitants of the peninsula <48> east of the Ganges, Buddha's parents were living in Ceylon where he was born and brought up. The sacred scripture of the Siamese, the Pali books, report that the father of Sommonacodon (Buddha) was the king of Leve-Lanka which corresponds, according to an almost consistently exact and judicious author, to the famous Ceylon.[126] Siam's neighboring kingdoms also acknowledge having received their religion from that island. According to the Rhahaans [clerics of Burma] it was first brought from Ceylon to the kingdom of Arakan, then to that of Ava, and from there to the rest of the peninsula.[127]

Japan stands at the end of this chain of transmission. According to Japanese annals Buddha was born in the land of Magattakokf [Magadha-koku] or province of Magatta [Magadha] in the kingdom of Tensif [Tenjiku]. An already cited traveler says that Tensif literally means celestial land or region of the heavens, which scholars and distinguished persons understand to be Ceylon.[128]

The era of the legislator's birth is also difficult to establish. The historian of Ceylon who inappropriately confounded Buddha with St. Thomas thinks, once more with a *maybe*, that Buddha was born in the year 40 CE when St. Thomas presumably

---

[125] CHAMBERS following SYMES, *Ambassade anglaise dans l'empire des Birmans*, vol. III, p. 357, 358.

[126] LALOUBÈRE, *Voyage dans le royaume de Siam*, vol. I, p. 31, 32, 525; CHAMBERS, *ibid*.

[127] SYMES, *Ambassade anglaise dans l'empire des Birmans*, vol. II, p. 165.

[128] KAEMPFER, *Histoire du Japon*, vol. II, p. 60.

en erreur ; car le bouddisme devint alors la religion dominante de cette île, et ses sectateurs proscrivirent le culte des autres divinités. Quant aux Chrétiens de S.-Thomas, ils sont venus dans l'Inde, de la Perse et de la Chaldée, quelques siècles après. Rites, <49> langue syro-chaldaïque, livres, tout porte chez eux une origine chaldéenne et perse[129].

Il existe une ère dite de *Buddou* dans l'île de Ceylan, le pays de Siam et autres régions au-delà du Gange : elle ne nous servira pas à établir ce point important d'histoire. Je me fonde d'abord sur l'analogie, et ensuite sur les faits. L'analogie nous instruira en considérant la marche ordinaire de l'esprit humain. J'apprends d'elle que tous les peuples qui ont une histoire plus ou moins certaine de leur religion, posent pour fondement de leur chronologie le fait qui n'est pas pour eux de premier intérêt. Les Chrétiens adoptèrent pour base de leur calcul l'ère dite des *martyrs* ou de *Dioclétien,* qui date de l'an 284 de l'incarnation, avant de prendre pour mesure des temps la naissance de Jésus-Christ[130].

Quant aux faits, je l'ai déjà dit, ces partisans de l'instituteur ont rapporté tous les évènemens à un de ses plus fervens apôtres. La confusion des idées vient d'un rapprochement bien simple à faire, et qui n'avait pas été fait. Les mots *Buddou* ou *Mouni* veulent dire *sage* ; ainsi, toutes ces nations bouddistes ne désignent point le <50> fondateur et l'apôtre par des noms propres ; mais, pour

---

[129] PAULIN S.-BARTHÉLEMI, *ibid,* t. II, p. 358, 359. Comparez cet auteur avec Renaudot (anciennes Relations des Indes et de la Chine, 229, 231.

[130] Denis-le-Petit, mort a Rome en 540, eut le premier l'idée de compter de l'incarnation vers 514. Les actes du concile de Trifort en Angleterre, tenu l'an de J.-C. 685, sont un des plus anciens monumens où se trouve cette date *(Casley a catalog. of the manusc. plat.* II). Carloman, fils de Charles Martel, est le premier qui, en 742, en ait fait usage en France dans la souscription d'un de ses diplômes *(act. S. Benedict., saec.* III, part. II, p. 48) ; elle n'eut lieu en Espagne qu'au 11e siècle, et en Portugal au 14e. *(Mab. de Re diplom.,* t. I, p. 177, 190).

worked as apostle. I do not know who came up with this error; in fact, Buddhism at that time had become the dominant religion of Ceylon and its adherents had proscribed the cult of other gods. The Thomas-Christians, on the other hand, came to India several centuries later from Persia and Chaldea. Both their rites <49> and Syro-chaldaean language and books are of Chaldaean and Persian origin.[129]

There is an era named after Buddha in Ceylon, Siam, and other regions east of the Ganges. But I will not use it to establish this important point in history. Rather, I base my argument first on analogy and then on the facts. In considering the ordinary trajectory of the human spirit, analogy teaches us that all peoples who have established a more or less certain history of their religion have their chronology begin with a fact that is for them not of primary interest. For their calculation, the Christians adopted the era of *martyrs* or *Diocletian*, i.e. the year 284 after Christ's incarnation, before they took Christ's birth as their standard for measuring time.[130]

With regard to the facts, I have already mentioned that the followers of this teacher related everything to one of his most fervent apostles. The confusion is rooted in a rather simple connection that has been ignored. The words *Buddha* or *Muni* signify *sage*; so not all of these Buddhist nations refer to the <50> founder and his apostle by their proper names. For the Buddha

---

[129] PAULINUS A SANCTO-BARTHOLOMAEO, *Voyage aux Indes Orientales*, vol. II, p. 358, 359. Compare this author with Renaudot, *Anciennes Relations des Indes et de la Chine*, 229, 231.

[130] In 514, Denis-le-Petit (who died in Rome in 540) first had the idea to begin with the incarnation. The records of the Council of Trifort in England from the year 685 are among the oldest sources with this date (*David Casley, A Catalogue of the Manuscripts of the King's Library*, plat. II). Carloman, the son of Charles Martel, first made use of it in France in 742 as the date of one of his certificates (*act. S. Benedict., saec.* III, part. II, p. 48); in Spain it was not used until the 11th century ,and in Portugal until the 14th (Jean Mabillon, *De re diplomatica*, vol. I, p. 177, 190).

distinguer le premier, ils emploient souvent le terme de *Sacya-Mouni* (ou tel autre), ce qui est la même chose que si l'on disait Buddou ou Mouni par excellence[131]. Elles comptent de l'an 550 avant Jésus-Christ.

La date que nous cherchons remonte à l'an 1029 ou environ avant Jésus-Christ. Lorsque la religion de Buddou fut admise à la Chine vers l'an 69 de notre ère, celle-ci venait de recevoir de l'Indostan la tradition qui s'y était conservée pure ; et quoique les Brames eussent traité les sectateurs de ce dieu avec la plus grande intolérance, elle n'avait pas été obscurcie ; mille monumens, nombre de temples, comme les pagodes souterraines, de Carly au pays des Marattes, et de statues colossales, comme celles de Gaza[132], la leur rappelaient de manière à ne pas s'y méprendre. Les choses ont bien changé depuis.

On ne doutait point que sa principale résidence n'ait été au Bengale[133]. C'est dans cette conviction que les Chinois et plusieurs nations bouddistes ont eu soin de comparer les souvenirs qui s'y conservaient avec les leurs. Ils se convainquirent que l'homme divinisé était né vers le commencement du onzième siècle avant J.-C.[134] Les premiers, sur l'autorité de plusieurs historiens qui ont consulté ces annales, le font naître vers l'an 1031[135]. Les Thibétains ne s'éloignent pas beaucoup de ce calcul.

Je vois avec plaisir qu'il est, à deux ans près, celui des chroniques japonaises, chroniques qui, à raison de leur <51> exactitude reconnue, sont d'un grand poids. Leur autorité me subjugue au point que je crois devoir donner pour fondement à la véritable ère du Bouddisme l'an 1029 avant Jésus-Christ.

---

[131] SYMES, *ibid.*, t. II, p. 165 ; Recherch. asiat., *ibid.*
[132] *Ibid.*, t. I, p. 176 ; VALENTIA, *ibid*, t. II, p. 339; SYMES, *ibid.*, t. III, p. 170.
[133] *Ibid.*
[134] Recherches asiatiq., *ibid.*, t. II, p. 179.
[135] DE GUIGNES, *ibid.*, t. I, p. 186.

Founder Buddha

they often use the name Shakya-Muni (or a corresponding term), which is tantamount to saying Buddha or Muni *par excellence*.[131] They mention the year 550 before Jesus Christ.

The date we are looking for goes back further to the year 1029 BCE or thereabout. When the religion of Buddha was introduced in China around the year 69 of our era, it obtained from India the purely preserved tradition; and although the Brahmins treated the followers of this god with the greatest intolerance, this tradition had not become obscured. A thousand documents, many temples including underground pagodas from Karli in the land of the Marathas, and colossal statues such as those of Gaya[132] reminded them of it in unmistakable manner. But things have much changed since then.

It was not subject to doubt that his principal residence had been in Bengal.[133] Based on this conviction, the Chinese and several other Buddhist nations made efforts to compare remembrances of this tradition with their own. Such comparison left them convinced that the deified man was born at the beginning of the eleventh century before Christ.[134] Based on the authority of several historians who had consulted these annals, the Chinese date his birth to the year 1031.[135] The Tibetans do not diverge much from this calculation.

I am happy to note that this corresponds closely to the Japanese chronicles which differ only by two years. Due to their <51> acknowledged exactness these chronicles have much weight, and their authority leads me to believe that the true era of Buddhism began in the year 1029 before Christ.

---

[131] SYMES, *Ambassade anglaise dans l'empire des Birmans*, vol. II, p. 165; *Recherches asiatiques* (French translation of articles from *Asiatick Researches*), vol. II, p. 179, 180.

[132] *Recherches asiatiques*, vol. I, p. 176; VALENTIA, *Voyage dans l'Indostan*, vol. II, p. 339; SYMES, *ibid.*, vol. III, p. 170.

[133] *Ibid.*

[134] *Recherches asiatiques, ibid.*, vol. II, p. 179.

[135] DE GUIGNES, *Voyages à Peking*, vol. I, p. 186.

Ces tables chronologiques contiennent la généalogie des empereurs, leurs vertus, leurs vices, les actes de leur administration, la naissance des héros et des grands hommes, la fondation des temples et des fêtes, les apparitions des comètes et les tremblemens de terre, etc., etc.[136] Elles ont plus de force par le témoignage de Darma, qui a pu comparer toutes les traditions, ayant parcouru la presqu'île au-delà du Gange, la Chine et le Japon, occupé du grand objet d'établir cette nouvelle religion, et y réussit dans ce dernier empire[137].

VIE ET DOCTRINE DE BUDDOU.

La vie de Buddou fut consacrée toute entière à l'œuvre qu'il avait entreprise, et, abstraction faite des fables de mythologie qu'on s'est plu à grossir et que l'histoire ne peut réclamer, elle est très-courte. Fils d'un roi (de Ceylan, selon la tradition japonaise), il quitta le palais paternel à l'âge de dix-neuf ans, abandonna sa femme et son fils pour être disciple d'un hermite qui avait une grande réputation d'austérité. Bientôt il s'annonça comme un homme d'un enthousiasme excessif, mais philanthrope, continuellement occupé d'idées abstraites et métaphysiques, mais rêvant sans cesse au bonheur de ses semblables.

Méditant les points les plus importans de la religion, <52> il reconnut un dieu rémunérateur de la vertu, un autre vengeur du vice et du crime, la paisible demeure des bons au ciel, le sombre séjour des médians aux enfers, l'immortalité des âmes, leur transmigration, la métempsycose comme voie et moyen d'acquérir des mérites ; imbut les peuples d'une morale bonne et généreuse, mais ridicule et outrée. D'un autre côté, consacrant tous les devoirs de la reconnaissance envers la divinité, il crut devoir proscrire les sa-

---

[136] KAEMPFER, *ibid*, t. II, p. 64.
[137] *Ibid*.

These chronological tables contain the genealogy of emperors, their virtues and vices, the actions of their administrations, and the dates of birth of heroes and great men, foundations of temples and festivals, appearances of comets, earthquakes, and so on.[136] Such evidence is strengthened by the testimony of [Bodhi-]Dharma who was able to compare all the traditions because he had traversed the peninsula east of the Ganges, China, and Japan while working on his great aim of establishing this new religion—an aim that he achieved in Japan.[137]

Life and Doctrine of Buddha

The life of Buddou was entirely devoted to the work he had undertaken, and if one removes the fables of mythology which people are wont to inflate and which form no part of history, his biography is very brief. The son of a king (of Ceylon, according to Japanese tradition), he left the paternal palace at the age of 19 and abandoned his wife and son in order to become the disciple of a hermit with a great reputation for austerity. Soon enough he showed himself to be a man of excessive enthusiasm, though of the philanthropic kind, who was constantly preoccupied with abstract and metaphysical ideas yet dreamed ceaselessly of the happiness of his fellow men.

Meditating on the most important points of religion, <52> he acknowledged a god who rewards virtue and another who punishes vice and crime; the peaceful abode of the virtuous in heaven and a dark dwelling place of the evil in hell; the immortality of souls and their transmigration; and metempsychosis as the means of acquiring merits. He equipped the people with a good and generous yet ridiculous and exaggerated morality. On the other hand, while devoting all duties of gratitude to the deity,

---

[136] Kaempfer, *Histoire du Japon*, vol. II, p. 64.
[137] *Ibid.*

crifices, et se prononça avec horreur contre ceux où l'on répandait le sang de l'homme. Pour les dieux des nations orientales, il ne vit en eux que des génies préposés aux diverses parties de l'univers, en dirigeant les différentes opérations de la nature. Il vécut soixante-neuf ans, et mourut 950 avant J.-C.[138]

Mythologie dont la vie et la doctrine de Buddou fournissent le premier fond.

Les personnages divins du rêve philosophique de Buddou ne restèrent pas dans l'abstraction idéale où il les avait placés ; on leur supposa toutes les petites passions, toutes les volontés ou velléités de l'homme, en les revêtissant de la nature humaine. Avec deux divinités principales, et une foule de secondaires, que de superstitions locales durent s'établir! Il se forma cependant un nouveau domaine pour l'erreur.

Buddou lui-même, placé au nombre des premiers êtres, eut une mythologie qui lui fut propre. On vient de voir la véritable histoire du fondateur : examinons <53> les fables par lesquelles on l'a corrompue aux yeux des peuples.

Plusieurs dieux avaient été adorés successivement sur la terre, qui avait éprouvé des secousses, des commotions et d'entiers bouleversemens lorsque celui-ci naquit. Le culte du dernier fut aboli au moment de son apparition. A peine eut-il ouvert les yeux à la lumière, qu'au lieu de pleurer comme les autres enfans, il fit sept pas, leva une main vers le ciel, baissa l'autre vers la terre, et s'écria d'un ton de voix redoutable : *Je suis celui qu'on doit honorer au ciel et sur la terre.* Un jour étant assis sous un arbre nommé *tompo*, il s'éleva dans les airs sur un trône étincelant d'or et de pierreries. Les génies, frappés de tant d'éclat, quittèrent leurs demeures divines et lui rendirent leurs adorations.

---

[138] Kaempfer, *Histoire du Japon*, vol. II, p. 64.

he thought it necessary to prohibit sacrifices and denounced with horror the spilling of human blood. He regarded the local deities of eastern nations only as spirits in charge of different parts of the universe who direct various processes of nature. He lived to the age of 69 and died in the year 950 before Christ.[138]

Mythology inspired by the life and doctrine of Buddha

The divine beings of the Buddha's philosophical dream did not remain in the realm of ideal abstraction into which he had placed them. Rather, they were equipped with human nature and all of man's little passions, wishes, or desires. With two principal deities and a throng of secondary ones, a mass of local superstitions was bound to arise. But there was also room for an additional domain of error.

As Buddha himself joined the number of foremost beings, he obtained his own particular mythology. We have just mentioned the true history of the founder; now we will examine <53> the fables through which it was corrupted in the eyes of the peoples.

Several gods had been successively worshiped on earth. When Buddha was born, the earth was shaking and trembling in a great upheaval. The cult of the last god was abandoned as soon as Buddha appeared. He had hardly opened his eyes to the light when, instead of crying like other infants, he made seven steps, raised one hand toward heaven and pointed with the other to the earth, and shouted with remarkable vigor : *I am the one who must be honored in heaven and on earth.* One day, while sitting underneath a tree called *tompo*, he rose into the air on a throne glittering with gold and jewels. The spirits, astonished by so much brilliance, left their divine abodes and offered him their worship.

---

[138] KAEMPFER, *Histoire du Japon,* vol. II, p. 64.

La gloire de Buddou excita la jalousie de Thevenat, son frère, qui conjura sa perte, soutenu d'un puissant parti de dieux, mais qui fut enfin précipité dans les demeures infernales où il subit le supplice de la croix. Celui-ci ne se servit de la toute-puissance que pour faire du bien, sous les formes variées de la métempsycose. Pendant plus de cinq cents ans, il passa dans divers corps d'hommes et d'animaux.

Etant monarque puissant, il s'immola pour le salut de ses sujets; conservant encore la nature humaine, mais dans une condition plus humble, il fit présent de sa femme à un pauvre qui lui demandait l'aumône, et donna sa propre chair à des animaux pressés par la faim. Transformé en singe, il délivra une ville d'un monstre affreux qui infectait son territoire. Sous les autres formes, toujours le plus distingué de son espèce, il n'omit aucun des <54> actes de bienfaisance qui se présentaient à faire. Enfin, lorsque le temps de sa mission divine sera accompli, il jouira d'un repos éternel[139].

Telle est sa fable. Il y a cela de singulier que si le Bouddisme n'est pas étranger à de folles monstruosités, on ne peut lui reprocher de les reproduire par-tout à la vue et à la pensée mystérieuse des peuples, tout en les abandonnant à leur dévotion. Dans l'île de Ceylan et la presqu'île au-delà du Gange (ce qui anciennement avait lieu chez les Indoux), la statue de Buddou sous une forme humaine, mais décente, est souvent le seul ornement des temples ; quelquefois elle y est accompagnée de ses principaux disciples ou d'une foule des plus zélés sectateurs. On remarque en plusieurs lieux, sur la façade ou les côtés de l'édifice sacré, des figures gigantesques, moitié homme, moitié quadrupède, assises, tenant une énorme massue sur leurs épaules[140].

---

[139] TURPIN, Hist. de Siam, in-12, t. I, p. 152; PALLAS, Voy. en Russie, t. I, p. 539 ; Lettres édif. et cur. des Missions étrangères, par les PP. Jésuites, t. XXIX, p. 145, 146.

[140] LOUBÈRE, *ibid.*, t. I, p. 531 ; KNOX, Relation de l'île de Ceylan, t.

Founder Buddha

The glory of Buddha caused the jealousy of his brother Thevenat [Devadatta] who swore to destroy him and was supported by a powerful faction of the gods. But he was finally hurled into hell where he was crucified. Buddha employed his omnipotence only for good deeds as he adopted various forms in metempsychosis. During more than five hundred years he passed through a variety of human and animal bodies.

As a powerful monarch he immolated himself to save his subjects. Also in human form, though a more humble one, he gave his wife to a poor man who asked him for alms, and he offered his own flesh to hungry animals. In the form of a monkey he liberated a city from a horrible monster that ravaged his territory. In other forms, he was always the most excellent of his species and did not omit any <54> of the acts of benevolence he had the chance of performing. At last, when the time of his divine mission will be fulfilled, he will enjoy eternal rest.[139]

Such is his fable. What is singular is that, though Buddhism also has its mad monstrosities, one cannot blame it for having adapted them everywhere to the view and enigmatic thought of the people as it left them to their devotion. On the island of Ceylon and the peninsula East of the Ganges (as in ancient times with the Indians), the statue of Buddha in a human but chaste form is often the sole adornment of temples. Sometimes it is surrounded by his main disciples or a crowd of the most devoted followers. In several places one notices on the façade or sides of a sacred edifice gigantic figures, half human and half quadruped, that are seated and carry an enormous bludgeon on their shoulders.[140]

---

[139] TURPIN, *Histoire de Siam*, in-12, vol. I, p. 152; PALLAS, *Voyage en Russie*, vol. I, p. 539 ; *Lettres édifiantes et curieuses des Missions étrangères* by the Jesuit fathers, vol. XXIX, p. 145, 146.

[140] LA LOUBÈRE, *Voyage dans le royaume de Siam*, vol. I, p. 531; KNOX, *Relation de l'île de Ceylan*, vol. I, p. 146, 147 ; SYMES, *Ambassade anglaise dans l'empire des Birmans*, vol. I, p. 344; vol. II, p. 316; Lord VALENTIA,

L'Indostan semble avoir été le modèle de la profusion des signes extérieurs en usage dans les autres régions. Vichenou (le même que Buddou) y est représenté sous des traits non horribles, mais bizarres. On a vu qu'ils étaient pris de toutes les conditions de la vie humaine, depuis le Brame jusqu'au berger, et souvent mi-partis de l'homme et des animaux[141]. Le lecteur a déjà une <55> idée de ceux de Chiven et autres divinités de la même mythologie.

Celle du Bouddiste Kalmouk ou Mongol offre les mêmes résultats. Tous ses dieux secondaires portent la forme et la figure d'une femme qui se tient debout, ayant les lobes des oreilles longs et troués ; il en est qui ont des six, des dix bras ou trois rangs de têtes placées perpendiculairement les unes sur les autres. Abida, le dieu du ciel, a, comme Buddou, un air simple et modeste, les yeux fixés sur la terre, les jambes croisées, et l'attitude de la méditation. Pour celui des enfers, son aspect est affreux ; il foule aux pieds un homme nu, porte un bonnet entouré de têtes de morts, et une bandoulière garnie de ces signes de destruction, qui tombe des reins sur les genoux[142].

Une preuve sans réplique que des idées particulières ont pré-sidé à ces métamorphoses, c'est que l'esprit du ciel est représenté à la Chine sous la forme d'un homme tenant une boule en main[143]; et, au Japon, avec un corps d'homme portant une tête de chien et monté sur on cheval à sept têtes[144]. Le dieu des enfers de l'un et l'autre peuple est également repoussant dans ses gestes, son main-tien, et ses attributs, sans être produit par la même conception re-ligieuse[145]. Il serait fastidieux d'entrer dans de plus grands détails,

---

I, p. 146, 147 ; SYMES, *ibid,,* t. I, p. 344 ; t. II, p. 316 ; Lord VALENTIA, Voy. dans l'Indostan, t. II, p. 339.

[141] SONNERAT, *ibid.*, t. I, p. 273 et suiv.; *Voyez son Atlas.*

[142] PALLAS, *ibid.*, t. I, p. 536 et l'atlas.

[143] DE GUIGNES, *ibid.,* t. II, p. 364.

[144] Ambass. mémorable, *ibid,,* t. I, p. 202.

[145] *Ibid.*

Founder Buddha

India appears to have furnished the model for the profusion of external signs in other regions. There, Vishnu (the same as Buddha) is represented not with horrible but with bizarre traits. We saw that they were adopted from all conditions of human life, from the Brahmin to the shepherd, and they frequently combined human and animal parts.[141] The reader already has <55> an idea regarding Shiva and other deities of the same mythology.

The same applies to the Kalmyk and Mongol Buddhist mythology. All their secondary divinities have the form and figure of an upright woman with long pierced earlobes, and some have six or ten arms or three rows of heads, perpendicularly placed one on top of the other. Like Buddha, the god of heaven Amida has a simple and modest countenance with eyes fixated on the earth, crossed legs, and a position of meditation. By contrast, the god of hell has a horrible appearance; his feet tread on a naked man and he wears a cap surrounded by skulls and a strap falling from his hips to his knees that is decorated with the same symbols of destruction.[142]

The fact that in China the spirit of heaven is represented by a man holding a ball in his hands[143] is conclusive proof that particular ideas have guided these metamorphoses. The same is true for the representation in Japan of a dog's head on a human body mounted on a horse with seven heads.[144] In spite of its origin in different religious conceptions, the god of hell of the various peoples exhibits equally repulsive gestures, bearing, and attributes.[145] It would be tedious to discuss this in more detail and to compare

---

Voyage dans l'Indostan, vol. II, p. 339.
[141] SONNERAT, *Voyage aux Indes orientales*, vol. I, p. 273 ff.; see his Atlas.
[142] PALLAS, *Voyage en Russie*, vol. I, p. 536 and the Atlas.
[143] DE GUIGNES, *Voyages à Peking*, vol. II, p. 364.
[144] MONTANUS, *Ambassades mémorables de la Compagnie des Indes Orientales des Province Unies vers les empereurs du Japon*, vol. I, p. 202.
[145] MONTANUS, *ibid*.

et d'opposer les dieux aux dieux différens pour la forme, selon les idées et le caractère des nations. Regardons comme certain que les <56> aberrations mythologiques n'ôtent rien au fond de la doctrine de Buddou réduite à ses points fondamentaux.

Système général de croyance fondé sur la pensée et la fable de Buddou.

Les plus distingués de ses disciples avaient recueilli les maximes de leur maître, et rassemblé toutes les feuilles écrites de sa main ou par son ordre[146] ; sa doctrine paraissait plus qu'humaine. Ce fut de l'expliquer, de la commenter, de la fondre avec les fables qui circulaient sur ses métamorphoses, sa puissance et sa vertu divine. Bientôt plusieurs recueils théologiques associèrent ce nouveau dieu à la gloire de ses immortels. Ceylan, qui parait être le berceau du fondateur et le premier théâtre de son zèle, en possède encore aujourd'hui de très-précieux[147]. Dans la presqu'île au-delà du Gange, on fait le plus grand cas du livre des *Belles fleurs* ; il est la bible de toutes les nations qui l'habitent[148]. Ils contiennent seuls le système religieux des Bouddistes orthodoxes[149]. Je vais le réduire à quelques propositions capitales.

---

[146] Lettres édif. et cur., *ibid.*, t. XXIV, p. 145 ; les auteurs ci-dessous cités.

[147] Symes, *ibid.*, t. II, p. 167.

[148] Kaempfer, *ibid.*, p. 65.

[149] Je dois fixer le sens des mots : je n'appelle pas la doctrine que je vais exposer *orthodoxe* parce qu'elle est vraie en elle-même, car on ne trouve pas ici la vérité; mais parce qu'abstraction faite des variétés d'opinion, elle est dans ses points principaux la matière d'un enseignement général depuis les premiers siècles de la religion de Boudha. Par *hérésie*, j'entendrai les plus fortes aberrations de la pensée des fondateurs.

such divinities with different forms according to the ideas and character of nations. Suffice it to regard it as certain that <56> such mythological aberrations do not subtract anything from the fundamental tenets of Buddha's doctrine.

General belief system based on the thought and fable of Buddha

The most distinguished disciples of Buddha had collected his maxims and gathered all the leaves that he had written or ordered to be written;[146] his doctrine seemed more than human. So it was explained, commented upon, and fused with the fables that circulated about his metamorphoses, power, and divine virtue. Soon enough, several theological collections associated this new god with the glory of their immortals. Even today Ceylon, which appears to have furnished the cradle of the founder and the first stage for his activity, possesses several very precious collections of this kind.[147] On the peninsula East of the Ganges the book of *Beautiful Flowers* enjoys the highest esteem; it is the bible of all the nations of this region.[148] These scriptures alone contain the religious system of the orthodox Buddhists.[149] Here I will boil it down to several main propositions.

---

[146] *Lettres édifiantes et curieuses*, vol. XXIV, p. 145; and the authors cited here below.

[147] Symes, *Ambassade anglaise dans l'empire des Birmans*, vol. II, p. 167.

[148] Kaempfer, *Histoire du Japon,* vol. II, p. 65.

[149] I must define the meaning of these words: Since truth is not found here, I do not call the doctrine I am about to discuss *orthodox* because it is true in itself. It is only orthodox in the sense that, when differences of opinion are taken into account, it offers in its principal points a general doctrine stemming from the first centuries of the religion of Buddha. *Heresy* refers to the strongest deviations from the thought of founders.

Ier *Article de doctrine.* — Un premier dieu préside à l'ordre physique, comme il préside à l'ordre moral. Chef suprême des habitations célestes, il a établi son séjour au <57> plus haut des deux. Là, il récompense la vertu. Comme lés âmes diffèrent par le mérite de leurs actions passées, il y a pour elles dans la région supérieure un bonheur plus ou moins parfait. Le juste dispensateur des biens traite en père tous ceux qu'une vie vertueuse a élevés jusqu'à lui[150].

2e *Article de doctrine.* — Le dieu des enfers appelle le coupable à son tribunal sévère et impartial, et punit toutes les fautes dans ces abymes où les peines sont graduées selon leur énormité. Rien ne pourrait fléchir sa justice, si l'on n'avait recours aux prières des prêtres, et aux offrandes faites au dieu du ciel, qui, par sa puissante intercession, l'engage quelquefois à adoucir la rigueur de sa sentence, autant que cela peut s'accorder avec la répression des vices, des crimes, et la punition exemplaire de ceux qui n'ont rien fait pour en secouer le joug[151].

3e *Article de doctrine.* — La terre a aussi son dieu : c'est Buddou. Il se rend visible ou invisible, selon ses desseins ; lorsqu'il se métamorphose en homme, en quadrupède, en oiseau, c'est pour servir les vues de sa bienfaisance, c'est pour soustraire les bons aux méchans. Rien ne lui est caché, et il se souvient exactement de tout ce qui lui est arrivé depuis sa dernière transmigration. Maître et docteur des hommes, il leur enseigne la vérité, et les conduit dans les voies de la vertu.

Son règne ne doit pas durer éternellement. Des divinités l'avaient précédé sur la terre bouleversée et rétabli <58> plusieurs fois ; d'autres lui succéderont, et il y aura de nouveaux bouleversemens.

Après un certain nombre d'années, c'est-à-dire lorsque le nombre des élus qui doivent se sanctifier par ses mérites sera rem-

---

[150] KAEMPFER, *ibid.*, p. 62 ; PALLAS, *ibid.*, t. I, p. 536.
[151] KAEMPFER, *ibid.* ; PALLAS, *ibid.*

First article of doctrine. — A first god presides over the physical as well as the moral order. As supreme head of the celestial realms, he has established his dwelling <57> in the topmost heaven. There he recompenses virtue. Since the souls differ in merits due to their past actions, they enjoy in this superior region more or less perfect bliss. The just dispenser of goods treats like a father all those whose virtuous life has elevated them to him.[150]

Second article of doctrine. — The god of hell convokes the guilty to his severe and impartial court and punishes all misdeeds in these abysses where sins are classified according to their enormity. Nothing can bend his justice, unless one takes recourse to the prayers of priests and to offerings to the god of heaven who, by his powerful intercession, sometimes instigates him [the god of hell] to reduce the rigor of his sentence, provided that this does not interfere with the repression of vice and crime and with the exemplary punishment of those who have not done anything to cast off its yoke.[151]

Third article of doctrine. — The earth also has its god: it is Buddha. He renders himself visible and invisible according to his plans; when he transforms himself into a man, quadruped, or bird, it is in order to aid the perception of his benevolence and to shield the good from the evil. Nothing remains hidden to him, and he remembers exactly everything he has gone through since his last transmigration. As teacher and doctor of men, he teaches them the truth and leads them to the paths of virtue.

His reign does not last forever. Deities preceded him on earth, which was overturned and reestablished <58> several times; others will succeed him, and there will be other upheavals.

After a certain number of years—that is, when the number of the elect sanctified by merits is full—he will attain eternal rest.

---

[150] KAEMPFER, *Histoire du Japon,* vol. II, p. 62; PALLAS, *Voyage en Russie,* vol. I, p. 536.

[151] KAEMPFER, *ibid.*; PALLAS, *ibid.*

pli, il tombera dans un repos éternel. D'autres dieux régnant sur la terre hériteront de son ardeur pour le bien de l'humanité, et seront comme lui une lumière destinée à éclairer les hommes et à leur faire connaître la vraie religion[152].

4e *Article de doctrine*. — Jamais les génies préposés au gouvernement des diverses parties du monde et aux différentes opérations de la nature, ne peuvent être élevés au rang des dieux. Ils ont tous reçu une destination qui leur est propre, et habitent le soleil, la lune, les astres, les montagnes, les forêts, les fleuves. Chacun peut, selon ses besoins, les prier ou les remercier avec un cœur reconnaissant des grâces qu'il croit en avoir reçues[153].

5e *et dernier Article de doctrine*. — C'est par le sage usage des choses présentes qu'on peut se rendre digne de la félicité éternelle. Lorsque les âmes qui ont passé en enfer le temps nécessaire à l'expiation de leurs fautes, sont renvoyées au monde pour acquérir de nouveaux mérites, le dieu des sombres demeures choisit les animaux dont la nature et les propriétés conviennent le mieux à leurs mauvaises inclinations. La transmigration se fait des plus vils à d'autres d'une nature plus <59> élevée, jusqu'à ce qu'il leur soit permis d'entrer dans les corps humains.

Si tel homme ne profite pas de cette faveur pour changer de conduite, il s'expose à subir de nouveaux supplices en enfer, suivis d'une nouvelle transmigration malheureuse. La santé, l'esprit, les grâces, la noblesse, les honneurs, les richesses, la sainteté, le ciel, sont la récompense d'une bonne vie ; et au contraire l'infamie, la pauvreté, le vice, l'ignorance, la mutilation d'un membre, les maladies, la mort, l'enfer, servent de punition d'une vie coupable et criminelle[154].

---

[152] KAEMPFER, *ibid.*, p. 64 ; PALLAS, *ibid.* ; Voy. des PP. Jésuites à Siam, *Paris,* 1686, in-40, t. I, p. 379; Recherches asiat., *ibid.,* t. II, p. 166.

[153] Voyage des PP. Jésuites, *ibid.*, p. 390.

[154] *Ibid.* ; KAEMPFER, *ibid.,* t. II, p. 65.

Buddhism's General Belief System

Other gods reigning on earth will inherit his passion for the good of humanity, and like him they will be torches to enlighten men and to familiarize them with true religion.[152]

Fourth article of doctrine. — The genies in charge of governing the universe's diverse parts and the different processes of nature can never be raised to the rank of gods. They all have a purpose of their own and inhabit the sun, the moon, the stars, the mountains, the forests, and the rivers. Every person can, according to her needs, beseech or thank them with a heart that is grateful for the favors that she believes to have received from them.[153]

Fifth and last article of doctrine. — It is through the wise use of circumstances that one can become worthy of eternal bliss. When the souls in hell have passed the time necessary for the expiation of their sins and are sent back into the world to acquire new merits, the god of the netherworld chooses the animals whose nature and characteristics best match their evil inclinations. Transmigration progresses from the most base animals to <59> higher ones until they are allowed to enter human bodies.

If such a person does not take advantage of this chance to change behavior, he will be subjected to new tortures in hell, followed by another unhappy transmigration. Health, intelligence, talents, nobility, honors, wealth, holiness, and heaven are remunerations for a good life; on the contrary infamy, poverty, vice, ignorance, mutilation of a limb, illnesses, death, and hell serve as punishment for a reprehensible and criminal life.[154]

---

[152] KAEMPFER, *Histoire du Japon*, vol. II, p. 64; PALLAS, *Voyage en Russie*, vol. I, p. 536; *Voyage des PP. Jésuites à Siam*, Paris, 1686, in-4, vol. I, p. 379; *Recherches asiatiques*, ibid., vol. II, p. 166.

[153] *Voyage des PP. Jésuites à Siam*, ibid., p. 390.

[154] *Voyage des PP. Jésuites à Siam*, p. 390; KAEMPFER, *Histoire du Japon*, vol. II, p. 65.

Culte.

1°. *De la Prière ; usage du Chapelet.*
Pour le culte, il se compose de diverses observances. La prière, exercice d'une dévotion ordinaire, se fait plus particulièrement à l'aide d'un chapelet composé de grains médiocres et de gros grains. Un de ces derniers, placé en tête, porte la forme d'une callebasse. C'est en passant sur chacun d'eux ses doigts que l'on prononce les invocations: *Dieu du ciel, sauvez-nous ; Buddou, sauvez-nous.*

Sa récitation est une partie du service religieux. A Ceylan, chacun le porte non-seulement au temple, mais même lorsqu'il vaque à ses affaires[155]. Les Gylongs, prêtres du Thibet, en font usage dans leurs processions, et les Gelloungs des Kalmouks lorsqu'ils président aux cérémonies funèbres[156]. <60>

Celui de Siam est de cent grains médiocres et de huit gros, sur lesquels les Talapoints répètent, en présence du peuple et pour lui, les prières dévotes et les mots consacrés[157]. Les Rahaahans d'Ava et autres lieux de l'empire des Birmans s'en servent de même que ces prêtres siamois[158] ; il est aussi à l'usage des Bonzes de la Chine, qui, de plus, font cent génuflexions en récitant le leur[159]. Aux jours d'une infortune particulière ou d'une calamité générale, le Japonais prend avec confiance son rosaire; il est composé des mêmes grains qu'à Siam, parce que, disent les Bonzes de cet empire, il y a dans chaque pays un pareil nombre de péchés auxquels l'homme est sujet[160].

---

[155] Knox, *ibid.*, t. II, p. 197.
[156] Antermony, *ibid.*, t. I, p. 182 ; Turner, *ibid.*, t. I, p. 37 ; Pallas, *ibid.*, t. I, p. 524.
[157] Laloubère, *ibid.*, t. I, p. 443.
[158] Symes, *ibid.*, t. III, p. 362.
[159] De Guignes, *ibid.*, t. III, p. 23.
[160] Kaempfer, *ibid.*, t. III, p. 225.

Cult

1. *Prayer; use of the Rosary*

The cult consists of diverse practices. Prayer, which is the practice of ordinary devotion, is in particular performed with the aid of a rosary consisting of medium and large size beads. One of the latter is placed on top and has the form of a gourd. While passing one's fingers over each bead one utters the invocations: *God of heaven, save us*; *Buddha, save us*.

The rosary recitation forms part of the religious service. In Ceylon all believers wear the rosary not only in the temple but even when conducting business.[155] The priests of Tibet, the Gylongs, use it in their processions, and the Gelloungs of the Kalmyks when they preside over funeral ceremonies.[156] <60>

The rosary of Siam consists of one hundred medium size and eight large size beads. Using it, the Talapoins [Thai monks] repeat pious prayers and hallowed words in the presence of the people and for their benefit.[157] The Rhahaans [clerics] of Ava and other locations in the Burmese empire use it in the same manner as the Siamese priests,[158] and it is also employed by the Bonzes of China who in addition accompany their recitation by a hundred genuflexions.[159] On days of a particular misfortune or a general calamity, the Japanese trustingly grasp their rosary which has the same number of beads as in Siam because, according to the Japanese Bonzes, the people of all lands are subject to the same number of sins.[160]

---

[155] Knox, *Relation de l'île de Ceylan*, vol. II, p.197.

[156] Antermony, *Voyage de St.-Petersbourg à Pékin,* vol. I, p. 182; Turner, *Ambassade anglaise au Thibet et au Boutan*, vol. I, p. 37; Pallas, *Voyage en Russie,* vol. I, p. 524.

[157] Laloubère, *Voyage dans le royaume de Siam*, vol. I, p. 443.

[158] Symes, *Ambassade anglaise dans l'empire des Birmans*, vol. III, p. 362.

[159] De Guignes, *Voyages à Peking,* vol. III, p. 23.

[160] Kaempfer, *Histoire du Japon,* vol. III, p. 225.

2°. *Offrandes.*
Pour les offrandes (car cette religion n'a pas de sacrifices, comme il a été dit), elles se font au dieu du ciel et à Buddou. Les Chingalais présentent à ce dernier du riz bouilli[161]. Les Indoux lui offrent du riz, du blé, du beurre, du camphre, des cocos, des fruits et des pièces d'étoffes[162]. De la part des Thibétains semblables oblations, qui consistent en fleurs, fruits, diverses espèces de graines et en huile[163]. Dans le pays des Kalmouks, l'autel des Bourkans, ou dieux principaux, est une table couverte par les prêtres de petites coupes remplies de viande sèche, de fromage, de lait, de gruau, et autres végétaux comestibles. Au bas, il y a de grands bassins qui, <61> par le zèle du peuple, se trouvent toujours remplis de pareils présens[164].

On a déjà vu que les Nomades ajoutent de la viande sèche à leurs présens ; ceux des peuples d'Ava se composent de poisson sec, de riz et de légumes[165]. Ces offrandes du règne animal sont aussi admises par la nation siamoise, qui croit, avec les Chinois, que le complément de tout hommage envers la divinité est de lui offrir par les mains des prêtres certains animaux, auxquels ceux-ci doivent donner la liberté et assurer une nourriture journalière.[166] Ceux-ci pensent d'ailleurs qu'elle n'a d'agréable qu'un don composé de fruits et de plantes céréales. Enfin les Japonais n'apportent au temple et sur son autel que des végétaux, de l'argent et des étoffes[167].

---

[161] KNOX, *ibid.,* t.II, p. 158, 159.
[162] SONNERAT, *ibid.,* t. I, p. 348.
[163] TURNER, *ibid,* t. II., p. 13.
[164] PALLAS, *ibid.,* t. I, p. 554.
[165] SYMES, *ibid.,* t. I, p. 352.
[166] LALOUBÈRE, *ibid.,* t. I, p. 446 ; DE GUIGNES , *ibid,* t. II, p. 355, 361.
[167] THUNBERG, *ibid,,* t. III, p. 253.

2. Offerings

Offerings (since this religion does not have sacrifices, as explained above) are made to the god of heaven and to Buddha. The Ceylonese offer cooked rice to Buddha.[161] The Indians offer him rice, wheat, butter, camphor, coconuts, fruit, and strips of fabric.[162] The Tibetans make similar oblations using flowers, fruit, diverse kinds of cereals, and oil.[163] In the land of the Kalmyks the altar of the Burkans [Buddhas], their principal deities, consists of a table covered by the priests with small cups filled with dried meat, cheese, milk, hulled grain, and other edible plants. Underneath the altar there are large basins that are always filled with similar offerings by the zealous faithful.[164]

We have already seen that the nomads add dried meat to their offerings. Those of the peoples of Ava consist of dried fish, rice, and vegetables.[165] Such offerings from the animal kingdom are also permitted in the Siamese nation which believes, as do the Chinese, that any tribute to a deity should entail an offering by the hands of the priests of certain animals that priests release into liberty and provide with daily food.[166] They furthermore hold that the deity only appreciates offerings of fruit and of cereals. Finally, the Japanese bring to their temple and its altar only vegetables, money, and fabrics.[167]

---

[161] KNOX, *Relation de l'île de Ceylan*, vol. II, p. 158, 159.

[162] SONNERAT, *Voyage aux Indes orientales*, vol. I, p. 348.

[163] TURNER, *Ambassade anglaise au Thibet et au Boutan*, vol. II, p. 13.

[164] PALLAS, *Voyage en Russie*, vol. I, p. 554.

[165] SYMES, *Ambassade anglaise dans l'empire des Birmans*, vol. I, p. 352.

[166] LALOUBÈRE, *Voyage dans le royaume de Siam*, vol. I, p. 446; DE GUIGNES, *Voyages à Peking*, vol. II, p. 355, 361.

[167] THUNBERG, *Voyage au Japon*, vol. III, p. 253.

3°. *Liturgie.*

Avec le temps, il s'est formé pour la plupart des nations une espèce de liturgie qui est composée d'hymnes, de chants ou de récits extraits des livres saints. Rien ne prouve que tel rite soit d'institution première. Ce n'est pas dans l'Indostan que l'on trouvera ces exercices religieux ; il a épuisé toute sa ferveur en établissant des cérémonies particulières qu'exige chaque jour le culte rendu aux diverses divinités, et qui sont des bains, des onctions, des ablutions faites à leurs statues, usages connus sous les noms de *Poutché*, de *Sandinavé*, de *Darpenon* et autres[168]. <62>

Mais il n'y a rien de si pompeux que la liturgie thibétaine. Les Gylongs s'assemblent en grand nombre dans les lieux consacrés, et chantent leurs hymnes alternativement et en cœur. L'accompagnement se fait avec beaucoup de trompettes, de tambours, de cymbales, de hautbois, de flûtes, et le tibia ou os de jambe d'homme, remplacé quelquefois par un gros coquillage[169].

L'office se célèbre avec appareil chez les Kalmouks ; le prêtre ou Gelloung est assis à une place distinguée, la tête et la poitrine découvertes, une écharpe rouge sur l'épaule et un chapelet à la main. Le Guedsoud ou maitre, et les écoliers qui composent le chœur, se trouvent non loin de lui, ayant également la tête découverte et l'épaule ornée de l'écharpe rouge. Ils ont des cantiques écrits sur des feuillets placés devant eux. Pendant que les uns exécutent le chant avec des instrumens, les autres le font avec les inflexions variées de leur voix. Le concert est interrompu par des prières que le prêtre fait à voix basse, ayant les bras ouverts, les jeux fermés, et le corps incliné[170].

Les livres Balis ou l'Écriture sainte fournissent dans les temples siamois la matière du récitatif et du chant. Les chapitres du jour sont écrits par les prêtres sur des feuilles d'arbres un peu longues,

---

[168] SONNERAT, *ibid.*, t. II, p. 40.
[169] TURNER, *ibid.*, t. I, p. 133, 134; t. II, p. 81.
[170] PALLAS, *ibid.*, t. I, p. 554.

3. Liturgy

In the course of time, the majority of peoples developed some kind of liturgy consisting of hymns, chants, or the recitation of parts of their sacred scriptures. Nothing proves that this kind of rite was originally instituted. In India this kind of religious practice is not found; exhausted all of its fervor by establishing particular ceremonies required by the daily cult of diverse deities such as bathing, unctions, and ablutions of their statues which are known as *Poutché, Sandinavé, Darpenon*, etc.[168] <62>

But no liturgy is as pompous as that of the Tibetans. The Gylongs gather in great number in the sacred places and chant their hymns in alternation and in choir. They are accompanied by a great number of trumpets, drummers, cymbals, oboes, flutes, and shinbones from human legs that are sometimes replaced by a large seashell.[169]

The service is celebrated with much pomp by the Kalmyks. The priest or Gelloung is seated at a distinguished place, his head and chest uncovered, with a red sash over his shoulder and a rosary in his hand. The Guedsoud or master and the students making up the choir are not far from him and also have their pates uncovered and their shoulders adorned with a red sash. In front of them they have canticles written on leaves. While one group plays a tune with their instruments, the other chants it with varied inflections of their voices. The concert is interrupted by prayers that the priest utters in a low voice and with spread arms, closed eyes, and an inclined posture.[170]

In Siamese temples, the Pali books or Sacred Scripture furnish the material for recitation and chants. The priests write the chapters for the particular day on oblong tree leaves held together at

---

[168] Sonnerat, *Voyage aux Indes orientales*, vol. II, p. 40.

[169] Turner, *Ambassade anglaise au Thibet et au Boutan*, vol. I, p. 133, 134; vol. II, p. 81.

[170] Pallas, *Voyage en Russie*, vol. I, p. 554.

et attachées par les deux bouts. Le peuple n'a aucun livre de prière. La contenance des Talapoints est de se tenir assis, les jambes croisées, et d'agiter leur talapat ou éventail en forme d'écran, prononçant toutes les paroles à temps égaux et sur le même ton[171]. <63>

Les Rahaahans des possessions birmanes convoquent le peuple régulièrement une fois par semaine et aux jours des fêtes solennelles. L'office des temples de Gaudma se compose aussi de morceaux d'harmonie ou de simple lecture ; le tout extrait des livres doctrinaux[172]. Les Bonzes de la Chine renchérissent encore de zèle ; ils serendent à la pagode deux heures avant le lever du soleil, dans la matinée et dans la soirée. Le récit de leurs annales religieuses excite en eux les plus augustes souvenirs et les plus dévots sentimens. Leur usage est de se prosterner par intervalle et de répéter souvent : *Foë, sauvez-nous*[173]. Le Japon honore de même Amida et Xaca (le dieu du ciel et Buddou)[174].

4°. *Instruction morale.*
Enfin, cette religion fait à ses sectateurs un devoir des bonnes mœurs ; et les prêtres, convaincus de l'importance d'une morale religieuse, en rappellent souvent les maximes aux peuples. Les pagodes de l'Indostan n'offrent que des rites où le cérémonial absorbe toutes les fonctions du sacerdoce ; l'instruction est comme étrangère aux temples. Un Brame, Gourou ou maître spirituel, enseigne dans ses entretiens particuliers la religion à ceux qui s'adressent à lui[175]. L'influence de ces guides dans les voies sacrées varie selon la confiance qu'ils inspirent aux dévots.

---

[171] LALOUBÈRE, *ibid.*, p. 449.
[172] SYMES, *ibid.*, t. II, p. 78.
[173] DE GUIGNES, *ibid.*, t. II, p. 367.
[174] Ambass. holland., *ibid.*, t. I, p. 211. 212.
[175] SONNERAT, *ibid.*, t. I, p. 67, 89, 90.

both ends. The faithful have no prayer books. Talapoins are in a seated position with their legs crossed, and they move their talapat or screen-shaped fan while uttering the words in the same rhythm and in unison.[171] <63>

The Rhahaans [clerics] of the Burmese empire regularly summon the people once a week and on days of solemn festivals. The service in the temples of Gaudma [Gautama Buddha] also consists of harmonious chants or simple readings that are both extracted from their doctrinal books.[172] The Bonzes of China display even more zeal; they walk around the pagoda two hours prior to sunrise, again in the morning, and once more in the evening. The recitation of their religious annals evokes in them the most noble memories and devoutest feelings. It is their custom to regularly prostrate and to often repeat: *Fo* [Buddha], *save us*.[173] Japan honors in the same manner Amida and Xaca (the god of heaven and Buddha).[174]

4. *Moral instruction*
Finally, this religion obliges its followers to have good moral conduct; and the priests, convinced of the importance of religious morality, often remind the populace of its maxims. The pagodas of India offer only rites as the priestly function entirely consists of ceremonial; instruction is almost foreign to these temples. A Brahmin, Guru, or spiritual master teaches in private conversations religion to persons requesting instruction.[175] The influence of these guides in spiritual matters varies according to the level of trust that they inspire in their followers.

---

[171] LALOUBÈRE, *Voyage dans le royaume de Siam*, vol. I, p. 449.
[172] SYMES, *Ambassade anglaise dans l'empire des Birmans*, vol. II, p. 78.
[173] DE GUIGNES, *Voyages à Peking*, vol. II, p. 367.
[174] MONTANUS, *Ambassades hollandaises vers l'empereur du Japon*, vol. I, p. 211. 212.
[175] SONNERAT, *Voyage aux Indes orientales*, vol. I, p. 67, 89, 90.

Celles de Foë à la Chine ne retentissent point de la voix des Bonzes pour inculquer à leurs sectateurs et leur inspirer le sentiment de la vertu par la considération des <64> biens célestes[176]. Les Talapoints de Siam, au contraire, expliquent publiquement la doctrine sacrée selon les livres Balis; ils prêchent le lendemain des nouvelles lunes, jour auquel les laïcs ne manquent pas d'assister au temple. Lorsque la rivière déborde, même zèle de la part des prêtres, même concours du peuple, qui tire de ses idées religieuses des moyens de consolation et d'espérance[177].

Mais il n'y a pas de pays où les prêtres s'adonnent avec plus de zèle à ce ministère sacré que ceux de Xaca au Japon. Passer plus de quinze jours sans expliquer au peuple quelque point de la loi, ce serait peu édifiant de la part d'un Bonze; mais si trois mois s'écoulaient avant qu'il ne s'acquittât de ce devoir, chacun s'en scandaliserait. Les discours sacrés roulent sur la vertu, le vice, le supplices de l'enfer, la transmigration des âmes, le bonheur des demeures célestes et la mort. Leur ferveur est extrême[178]. L'ordre des choses nous conduit naturellement à la discipline sacerdotale.

Discipline sacerdotale.

1°. *Vie cénobitique.*

Les prêtres mènent une vie retirée au sein des monastères, où ils sont uniquement adonnés à la contemplation. Tout travail manuel semblerait les en distraire. Nul d'entre eux n'y prépare les aliments nécessaires à la conservation de ses jours. Dans tel pays les étrangers apportent <65> à chaque communauté du riz et d'autres végétaux cuits, qu'on mange froids ou chauds, tels qu'ils ont été

---

[176] Voyage de l'ambass. holland. vers l'emp. de la Chine, 1794 et 1795, t. II, p. 232, 247.
[177] Symes, *ibid.*, t. III, p. 262 ; Laloubère, *ibid.*, p. 440.
[178] Ambass. holland., 1656, *ibid.*, t. I, p. 211, 212.

The temples of Fo in China do not ring at all with the voices of Bonzes who instill the feeling of virtue in their followers by having them consider <64> celestial rewards.[176] By contrast, the Talapoins of Siam publicly explain the sacred doctrine according to the Pali texts; they preach on the day after the new moon when the laypeople unfailingly visit the temple. When a river overflows, the priests display the same zeal and the faithful assemble in the same way; they derive their religious ideas through consolation and hope.[177]

But no country exists where priests devote themselves with more zeal to this sacred ministry than Japan with its priests of Xaca. It would be considered a lack of edification if a Bonze were to spend more than a fortnight without explaining some point of religious law to people; and if three months were to pass before he fulfils this duty, everybody would consider this scandalous. The sacred discourses treat of virtue, vice, the torments of hell, the transmigration of souls, the happiness of celestial abodes, and of death. Their fervor is extreme.[178] The order of things leads us naturally to the discussion of priestly discipline.

CLERICAL PRACTICE

1. *Monastic life*

The priests lead a secluded life in monasteries where they exclusively devote themselves to contemplation. Any kind of manual work would seem to distract them from that. Nobody among them prepares the food necessary for survival. In some countries, strangers supply <65> each monastic community with rice and

---

[176] *Voyage de l'ambassade hollandaise vers l'empéreur de la Chine*, 1794 and 1795, vol. II, p. 232, 247.

[177] SYMES, *Ambassade anglaise dans l'empire des Birmans*, vol. III, p. 262; LALOUBÈRE, *Voyage dans le royaume de Siam*, vol. I, p. 440.

[178] MONTANUS, *Ambassades hollandaises vers l'empereur du Japon*, 1656, vol. I, p. 211, 212.

reçus. Dans un autre, les cénobites parcourent la ville pour recueillir tout ce que chacun consacre avec piété à leur subsistance[179] ; ils semblent par-tout se faire un devoir d'enseigner aux enfans la morale et la religion[180].

Les monastères sont, à Ceylan, des demeures vastes et spacieuses, dotés de grandes propriétés territoriales[181]. Le Pouta-La, près de Lassa, palais du grand Lama du Thibet, est en même temps un cloître où vivent des milliers de Gylongs ; celui de Deb-Raja au Boutan offre une autre maison claustrale où se trouvent rassemblés quinze cents de ces prêtres-moines[182]. Dans les royaumes d'Ava, de Pégu et d'Aracan (possessions birmanes), dans les empires de la Chine et du Japon, les bonzeries réunissent de somptueuses habitations à de beaux domaines[183].

On a moins fait pour les Talapoints de Siam. L'enceinte carrée de leur demeure est close avec du bois de bambou, et leurs cellules ou petites maisons isolées sont construites avec les mêmes matériaux sur une ligne droite, le long des quatre côtés de l'espace. Les rangs en sont quelquefois doubles ou triples. Le temple n'est pas bâti plus solidement, et se trouve au milieu de l'enclos[184]. <66>

---

[179] Auteurs ci-dessus cités.
[180] TURNER, *ibid,* t. I, p. 92; t. II, p. 80; SYMES, *ibid.,* t. II, p. 5, 7, 8; LALOUBÈRE, *ibid.,* p. 400, 433 ; DE GUIGNES, *ibid.,* p. 267, 269 ; Ambass. holland., 1656, *ibid.* ; SONNERAT, *ibid.,* t. I, p. 67.
[181] KNOX, *ibid.,* t. I, p. 154.
[182] TURNER, *ibid.,* t. I, p. 133, 146 ; BOGLE, Voyage au Thibet, p. 117.
[183] SYMES, *ibid.,* t. II, p. 305, 306, 314, 319; DE GUIGNES, *ibid.,* t. II, p. 267 ; Ambass. holland. au Japon, *ibid,,* p. 104, 105.
[184] LALOUBÈRE, *ibid.,* t. I, p. 433.

Clerical Practice

other cooked vegetables that are eaten as they were donated, cold or hot. In other countries, the monks roam through town collecting anything that people might piously donate for their subsistence;[179] they seem everywhere to feel a duty to instruct children in morality and religion.[180]

In Ceylon the monasteries are vast and spacious, and they are endowed with large land holdings.[181] The Potala near Lhasa, the palace of the great Lama of Tibet, is also a cloister where thousands of Gylongs live. The palace of the Deva-Raja in Bhutan also houses a cloister where fifteen hundred of these priest-monks live.[182] In the Burmese kingdoms of Ava, Pegu, and Arakan and also in China and Japan, monasteries of Bonzes comprise sumptuous dwellings and large estates.[183]

The Talapoins of Siam are less well cared for. The square precinct of their dwellings is enclosed by bamboo forests, and their cells or small detached houses are made of the same material and built in straight rows, often double and triple, along the four precinct walls. The temple itself is not more solidly constructed and is situated at the center of the enclosure.[184] <66>

---

[179] See the authors cited above.

[180] TURNER, *Ambassade anglaise au Thibet et au Boutan*, vol. I, p. 92; vol. II, p. 80; SYMES, *Ambassade anglaise dans l'empire des Birmans*, vol. II, p. 5, 7, 8 ; LALOUBÈRE, *Voyage dans le royaume de Siam*, vol. I, p. 400, 433 ; DE GUIGNES, *Voyages à Peking*, vol. II, p. 267, 269; MONTANUS, *Ambassades hollandaises vers l'empereur du Japon*, vol. I, p. 211, 212; SONNERAT, *Voyage aux Indes orientales*, vol. I, p. 67.

[181] KNOX, *Relation de l'île de Ceylan*, vol. I, p. 154.

[182] TURNER, *Ambassade anglaise au Thibet et au Boutan*, vol. I, p. 133, 146 ; BOGLE, *Voyage au Thibet*, p. 117.

[183] SYMES, *Ambassade anglaise dans l'empire des Birmans*, vol. II, p. 305, 306, 314, 319; DE GUIGNES, *Voyages à Peking*, vol. II, p. 267; MONTANUS, *Ambassades hollandaises vers l'empereur du Japon*, vol. I, p. 104, 105.

[184] LALOUBÈRE, *Voyage dans le royaume de Siam*, vol. I, p. 433.

L'état des nomades ne permet pas aux Kalmouks et autres nations errantes d'avoir des monastères. La même tente est le sanctuaire des dieux et la simple retraité des prêtres. Elle est un peu séparée des autres lors des campemens, faite de feutre blanc, franche d'impôts pour celui qui l'habite, et rappelle au peuple qu'il doit au Gelloung des présens pour lui tenir lieu de tout produit ou revenu fixe[185].

Les Brames de l'Indostan sont, comme on sait, éxclusifs dans leurs institutions, et leur prééminence sur les autres castes est incontestée dans l'ordre social. Ces honneurs et ces distinctions ne sont cependant pour une partie d'entre eux qu'un encouragement à une vie plus retirée dans les monastères, plus humbles au-dehors, où ils vont mendier leurs subsistances. Les autres se refusent à vivre en commun, rejettent un célibat qui n'eût pas rendu leur emploi entièrement héréditaire, et vivent au milieu de leurs familles. Ils desservent les pagodes, offrent les sacrifices, célèbrent toutes les cérémonies privées, ne reconnaissent d'autres gardiens et interprètes de la loi qu'eux, et enseignent particulièrement la religion à tous ceux dont ils sont les gouroux ou instituteurs religieux[186].

2°. *Hiérarchie.*

Il est rare qu'on ne regarde pas l'ordre sacerdotal comme devant être fondé sur une hiérarchie. Elle est plus ou moins prononcée dans tous les lieux où le culte de Buddou est reçu. Le supérieur de chaque monastère de Siam, <67> d'Ava et de tout l'empire de la Chine, se qualifie de seigneur, de maître, de grand-prêtre ou de grand-bonze ; mais sa juridiction ne s'étend pas au-delà de l'enceinte qu'il habite[187].

Ailleurs les pouvoirs sont plus centralisés, et le sacerdoce possède une hiérarchie parfaite. Le grand-prêtre de l'ile de Ceylan administre; il décide et juge de tout ce qui concerne la religion.

---

[185] PALLAS, *ibid.*, t. I, p. 550, 553.

[186] SONNERAT, *ibid.*, t. I, p. 82, 85, 90, 100.

[187] LALOUBÈRE, *ibid.*, p.435 ; SYMES, *ibid.*, t. II, p. 9; DUHALDE, Hist. de la Chine, in-fol., t. III, p. 22.

With the Kalmyks and other nomad nations, their lifestyle does not permit having monasteries. The same tent serves as sanctuary of the gods and simple dwelling of the priests. It is made of white felt and located a bit apart from the others in encampments. Its inhabitants are exempt from taxes, which reminds people of their duty to offer gifts to the Gelloung in order to make up for the lack of possessions or fixed income.[185]

It is well known that the institution of Brahmins of India has an exclusive character and that their predominance over the other castes in the social order is not contested. However, for some of them these honors and distinctions are only an encouragement for a more secluded life in lowly-looking monasteries where they beg for their means of subsistence. Others refuse to live in such communities, reject celibacy, and live with their families. They manage the pagodas, perform sacrifices, celebrate all non-public ceremonies, do not recognize other guardians and interpreters of the law, and offer private religious instruction to all those who choose them as their gurus or religious teachers.[186]

2. *Hierarchy*

One usually holds that the priestly order must be based on a hierarchy. It is more or less pronounced in all places where the cult of Buddha was adopted. The superior of every monastery in Siam, <67> Ava, and in the entire Chinese empire is called lord, master, high priest, or great bonze; but his jurisdiction does not extend beyond the precinct in which he lives.[187]

In other places, power is more centralized and the clergy is organized in a perfect hierarchy. The high priest of the island of Ceylon administers, and he decides and judges everything con-

---

[185] PALLAS, *Voyage en Russie*, vol. I, p. 550, 553.

[186] SONNERAT, *Voyage aux Indes orientales*, vol. I, p. 82, 85, 90, 100.

[187] LALOUBÈRE, *Voyage dans le royaume de Siam*, vol. I, p.435 ; SYMES, *Ambassade anglaise dans l'empire des Birmans*, vol. II, p. 9; DU HALDE, *Description ... de la Chine et de la Tartarie chinoise*, vol. III, p. 22.

Les pontifes des diocèses reconnaissent sa suprématie, qu'ils font respecter dans chaque canton. Mais son autorité est contenue dans de justes limites par la puissance royale, qui veille depuis des siècles à ce qu'il prenne pour base constante de sa conduite la doctrine reçue et le maintien des usages établis[188]. Au Japon, chaque chef des monastères de Xaca relève de son général siégeant à Miaco auprès de l'empereur ecclésiastique, et comme lui soumis à l'empereur séculier[189]. Au contraire, je vois les Lamas du Thibet et du Boutan tenir d'une main les offrandes des dieux, et de l'autre présenter le sceptre aux peuples. L'histoire ne reproche point à ces monarques-pontifes d'avoir appesanti sur les peuples le joug de la tyrannie; elle proclame au contraire l'extrême douceur de leur gouvernement[190].

Chez les nations nomades leurs voisines, l'ordre religieux a un autre fondement; c'est la libre acceptation et la protection franche et loyale des princes séculiers, législateurs et hommes de guerre. Les Lamas obéissent aux chefs de leurs tribus, ayant les mêmes attributions <68> spirituelles que ceux du Thibet et du Boutan, leurs instituteurs[191].

Enfin le lecteur sera étonné des singularités qu'offre en ce genre le sacerdoce indoux. La force d'opinion ne se concentre que pour agir sur elle-même. Si, d'un côté, toute la classe des Brames s'enorgueillit d'être le premier ordre de l'Etat, de l'autre elle apporte un soin infini à ne rien laisser au trop grand empire de ces chefs. Placés au-dessus des rois, ils ont presque mis les pontifes au-dessous d'eux par le dévouement absolu qu'ils en exigent. Chaque pagode a le sien établi par droit héréditaire ; il ne doit ni se marier ni sortir de la pagode, se fait aider dans ses fonctions par tous les Brames qu'il peut se donner pour assistans, et qu'il entretient à

---

[188] KNOX, *ibid.*, t. II, p. 153.
[189] KAEMPFER, *ibid.*, t. II, p. 154.
[190] TURNER, *ibid.*, t. II, p. 86.
[191] PALLAS, *ibid.*, t. I, p. 549, 550.

cerning religion. The pontiffs of dioceses recognize his supremacy and have it respected in every district. But the high priest's authority is kept within just limits through royal power. The kings have for centuries been vigilant that the high priest use the doctrine as standard of conduct and that he respect established customs.[188] In Japan, each superior of the monasteries of Xaca reports to his general who lives in Miako [Kyoto] with the ecclesiastical emperor and who is equally subordinated to the secular emperor.[189] By contrast, I see that the Lamas of Tibet and Bhutan hold in one hand offerings to the gods while their other hand presents the scepter to the people. History does not reproach these monarch-pontiffs for having put people under the yoke of tyranny; on the contrary, it hails the extreme gentleness of their government.[190]

In the neighboring nomad nations the religious order has a different basis, namely, the free acceptance and frank and loyal protection of secular princes, legislators, and warriors. The Lamas obey the chiefs of their tribes while fulfilling the same spiritual obligations <68> as their teachers, the Lamas of Tibet and Bhutan.[191]

Lastly, the reader will be surprised by the Indian clergy's peculiarities in this respect. The power of opinion focuses only on reinforcing itself. If on one hand the entire Brahmin class prides itself on forming the top level of the state, it is on the other hand extremely preoccupied with limiting excessive powers of these chiefs. Ranked above the kings, the Brahmins have almost relegated the pontiffs to lower rank through the absolute devotion they demand of them. Each pagoda has its own Brahmin instituted by hereditary law; he must neither marry nor leave the pagoda, and he is helped in his functions by all the Brahmins he can

---

[188] KNOX, *Relation de l'île de Ceylan*, vol. II, p. 153.
[189] KAEMPFER, *Histoire du Japon*, vol. II, p. 154.
[190] TURNER, *Ambassade anglaise au Thibet et au Boutan*, vol. II, p. 86.
[191] PALLAS, *Voyage en Russie*, vol. I, p. 549, 550.

ses frais. Victime destinée au salut de tous, les Indoux le rendent en certains lieux responsable de tous les fléaux qui les affligent. Lorsque les jeûnes ou les prières ne font pas cesser les calamités publiques, il est obligé de se précipiter la tête la première du haut de la pagode, afin d'apaiser les dieux par ce sacrifice[192].

3°. *Promotion au Sacerdoce; Castes.*
L'esprit général du Bouddisme n'est pas que le sacerdoce soit exercé par une caste héréditaire. Le roi de Ceylan désigne lui-même les prêtres parmi les personnes distinguées par leur rang ou leur savoir[193]. Le zèle des Thibétains ne les voue pas seul à cet état. La loi oblige toutes les familles qui ont plus de quatre garçons d'en <69> consacrer un à la vie monaco-cléricale ; il y a même des lieux où elle prend, selon la coutume, tous les enfans mâles[194]. Chez les nations errantes vouées à la doctrine de Buddou, la consécration religieuse n'est refusée à aucun de ceux qui ont reçu des prêtres l'instruction convenable, quelle que soit leur famille[195].

Des sujets de l'âge le plus tendre, offerts librement au chef des Talapoints par les pères de famille, sont, à Siam, la pépinière du sacerdoce[196]. A Ava, Pégu et autres lieux, ils ne sont admis qu'à l'âge de discrétion, sur la demande faite par le récipiendaire au chef des Rhaahans, et sur l'affirmative exigée de lui qu'il ne cache aucune difformité de corps, qu'il est de race libre, qu'il peut présenter le consentement de ses parens et un certificat de bonnes moeurs[197]. A la Chine, le fohisme ne tire sa durée que des enfans de diverses conditions offerts par leurs parens, ou choisis, et même achetés par des Bonzes[198]. Enfin, au Japon, il y a liberté de vocation ou de

---

[192] SONNERAT, *ibid.*, t. I, p. 369, 370.
[193] KNOX ; *ibid.*, t. II, p. 154.
[194] TURNER, *ibid.*, t. I, p. 256.
[195] PALLAS, *ibid.*, t. I, p. 550, 561.
[196] LALOUBÈRE, *ibid.*, t. I, p. 439.
[197] SYMES, *ibid.*, t. III, p. 136.
[198] DE GUIGNES, *ibid.*, t. II, p. 369.

find as assistants and whose subsistence he can afford. They are hostages to the common good, and Indians in certain places hold them responsible for all scourges afflicting them. When fasting or prayers fail to put an end to public calamities, the Brahmin is obliged to throw himself head first from the top of the pagoda in order to appease the gods by this sacrifice.[192]

3. *Promotion to Priesthood; Castes*

The general spirit of Buddhism does not allow priesthood to be limited to a hereditary caste. The king of Ceylon chooses the priests himself from persons distinguished by their rank or knowledge.[193] With the Tibetans it is not only zeal that destines someone for priesthood. Law obliges all families with more than four sons to <69> offer one of them to monastic-clerical life; but there are even places where custom obliges all boys to join the clergy.[194] With nomad nations devoted to the Buddha's doctrine, religious ordination is not refused to anyone, regardless of family, who has received suitable instruction from priests.[195]

In Siam, children of the most tender age who are freely offered by their fathers to the chief of the Talapoins are the breeding ground of priesthood.[196] In Ava, Pegu, and other places they are not admitted before coming of age and on request by the applicant to the chief of the Rhaahans. The applicant is obliged to reveal any physical deformity and affirm that he is not enslaved, has the consent of his parents, and owns a certificate of good behavior.[197] In China, Foism [Buddhism] is only sustained in the long term by children offered by their parents or chosen and even

---

[192] SONNERAT, *Voyage aux Indes orientales*, vol. I, p. 369, 370.

[193] KNOX, *Relation de l'île de Ceylan*, vol. II, p. 154.

[194] TURNER, *Ambassade anglaise au Thibet et au Boutan*, vol. I, p. 256.

[195] PALLAS, *Voyage en Russie*, vol. I, p. 550, 561.

[196] LALOUBÈRE, *Voyage dans le royaume de Siam*, vol. I, p. 439.

[197] SYMES, *Ambassade anglaise dans l'empire des Birmans*, vol. III, p. 136.

choix. Tous les citoyens concourent à faire des moines-prêtres une classe permanente ; usage si général, que dans une secte du Bouddisme, qui admet seule leur mariage, la consécration religieuse des fils qui veulent se vouer à l'état de leurs pères n'empêche pas d'en recevoir d'autres[199].

La constitution du Bramisme est donc une chose contraire à celle de ce sacerdoce. L'hérédité des fonctions religieuses n'a pu s'établir dans l'Indostan, et l'usurpation <70> sur les droits de tous de consommer que par la force d'un préjugé qui, aux yeux des peuples, rend les Brames exclusivement dignes d'être les ministres et les organes de la divinité. C'est à l'âge de douze ans qu'on les initie; ils reçoivent alors le nom de *Brame* et le pouvoir qui y est attaché, pouvoir purement idéal, et qui ne devient réel que par le mariage qu'ils contractent peu après. Pendant l'intervalle de l'une et l'autre cérémonie, ils se forment à la connaissance de la théogonie indoue[200].

4°. *Célibat.*

Adonné à la vie cénobitique, le clergé de Buddou doit se faire un devoir religieux du célibat. Il est de rigueur par-tout, si ce n'est dans l'Indostan quant à la partie la plus distinguée de ses Brames, et dans le Japon pour une secte particulière. Je le vois proscrit si rigoureusement à Ceylan, que ses prêtres ne s'approcheraient pas, sans crime, d'une femme[201]. Se vouer à cet état chez les Thibétains, c'est rompre toute fréquentation avec les personnes du sexe ; les peines sont très-sévères pour les infracteurs de la chasteté [202]. Le Gelloung Kalmouk fait de sa tente un cloître où il couche seul avec le maître de son école et ses élèves[203]. Il est admis très-jeune à

---

[199] KAEMPFER, *ibid.*, t. II, p. 155 ; Ambass. holland., 1656, *ibid.*, t. I, p. 211.

[200] SONNERAT, *ibid.*, p. 91, 93.

[201] Knox, *ibid.*, t. I, p. 154.

[202] TURNER, *ibid.*, t. I, p. 133.

[203] PALLAS, *ibid.*, t. I, p. 553.

purchased by the Bonzes.¹⁹⁸ Finally, in Japan there exists liberty of vocation or choice. All citizens contribute to creating a permanent class of monk-priests. This custom is so general that, in Japan's only sect of Buddhism that allows marriage, the ordination of priests' sons who wish to join priesthood does not preclude the ordination of others.¹⁹⁹

The constitution of Brahmanism thus appears contrary to this kind of priesthood. The hereditary nature of religious functions and the encroachment on the rights of all to priesthood could only be established in India based on a prejudice that, in the eyes of the people, makes solely the Brahmins worthy of being ministers and functionaries of the deity. They are initiated at age twelve when they receive the name of *Brahmin* and the power attached to it—a purely theoretical power that only becomes actual through the marriage that they enter soon afterwards. Between the initiation and marriage ceremonies they receive instruction in Indian theogony.²⁰⁰

4. *Celibacy*

Devoted to monastic life, celibacy is for the clergy of Buddha a religious duty. It is obligatory everywhere except in India for the most distinguished Brahmins, and in Japan for a particular sect. I note that it is required so strictly in Ceylon that its priests cannot without offense approach a woman.²⁰¹ With the Tibetans, the vow of celibacy signifies avoiding any contact with persons of the other sex; punishments for infractions of chastity are extremely severe.²⁰² The Gelloung of the Kalmyks makes a cloister of his tent and sleeps there alone with the master of his school and his disci-

---

[198] DE GUIGNES, *Voyages à Peking,* vol. II, p. 369.

[199] KAEMPFER, *Histoire du Japon,* vol. II, p. 155; MONTANUS, *Ambassades hollandaises vers l'empereur du Japon* 1656, vol. I, p. 211.

[200] SONNERAT, *Voyage aux Indes orientales,* vol. I, p. 91, 93.

[201] Knox, *Relation de l'Ile de Ceylan,* vol. I, p. 154.

[202] TURNER, *Ambassade anglaise au Thibet et au Boutan,* vol. I, p. 133.

cet état ; autrement, pour y être reçu, il doit abandonner sa femme et ses enfans[204].

Les Talapoints du royaume de Siam observent ce précepte avec d'autant plus d'exactitude, qu'on a souvent vu les lois civiles punir les infracteurs. Il fut un temps où <71> le roi faisait justice du coupable par la peine du feu[205]. La privation des plaisirs sensuels est aussi recommandée aux Rhaahans d'Ava. Celui d'entre eux qui se permet la moindre incontinence est expulsé du monastère ; mais préalablement on lui barbouille le visage de noir et de blanc ; puis de le faire monter sur un âne pour être promené au milieu des rues au son du tambour[206]. Cependant il est libre ici, ainsi que dans les autres états de la presqu'île au-delà du Gange, à tous les ministres de la religion de reprendre l'état séculier, quand bon leur semble, pour contracter un mariage légitime.

Les Bonzes chinois et japonais rougiraient d'une telle facilité. C'est pour eux un point de discipline de conserver toujours la continence. Les premiers sont maintenus dans cette rigidité par une émulation de secte, et une opposition bien prononcée à d'autres Bonzes, ceux de Laotse, qui peuvent renoncer au sacerdoce pour embrasser l'état conjugal[207]. L'austérité des seconds n'autorise pour personne l'ouverture des cloîtres. L'engagement est éternel, et le plus innocent commerce avec les femmes leur est interdit à jamais[208]. Il en est de même des Brames indoux qui se sont voués au célibat[209].

---

[204] *Ibid.*, p. 561.
[205] LALOUBÈRE, *ibid.*, t. I, p. 438, 439.
[206] SYMES, *ibid.*, t. II p. 7.
[207] DE GUIGNES, *ibid.*, t. II, p. 367.
[208] Ambass. holland. au Japon, 1656, t. I, p. 211, 212.
[209] SONNERAT, *ibid.*, t. I, p. 83, 100.

ples.²⁰³ He is admitted at a very young age to priesthood; if not, his admission requires leaving wife and children.²⁰⁴

The Talapoins of the kingdom of Siam observe this precept with all the more rigor since infractions have often been punished based on civil laws. There was a time when <71> the king punished the culprit by immolation.²⁰⁵ Abstinence from sensual pleasures is also recommended to the Rhaahans of Ava. If one of them commits the least infraction he is expulsed from the monastery; but before expulsion his face is painted black and white, and he is paraded on a donkey through the streets accompanied by the sounds of a drummer.²⁰⁶ However, in Ava and also in the other states of the peninsula East of the Ganges, all clerics are free to return to lay status whenever they please in order to get legitimately married.

The Chinese and Japanese Bonzes would be embarrassed by such laxity. For them it is a tenet of discipline to always remain abstinent. The Chinese are rigidly kept in line by sectarian competition and a pronounced opposition to other Bonzes—those of Laozi—who are allowed to leave [Daoist] priesthood in order to enter marital status.²⁰⁷ The austerity of Japanese clerics is such that nobody is allowed to leave the cloisters. The commitment is for life, and the most innocent contact with women is forever prohibited.²⁰⁸ The same is true for Indian Brahmins who have committed themselves to celibacy.²⁰⁹

---

²⁰³ PALLAS, *Voyage en Russie*, vol. I, p. 553.
²⁰⁴ *Ibid.*, p. 561.
²⁰⁵ LALOUBÈRE, *Voyage dans le royaume de Siam*, vol. I, p. 438, 439.
²⁰⁶ SYMES, *Ambassade anglaise dans l'empire des Birmans*, vol. II, p. 7.
²⁰⁷ DE GUIGNES, *Voyages à Peking*, vol. II, p. 367.
²⁰⁸ MONTANUS, *Ambassades hollandaises vers l'empereur du Japon*, vol. I, p. 211, 212.
²⁰⁹ SONNERAT, *Voyage aux Indes orientales*, vol. I, p. 83, 100.

5°. *Abstinence, Jeûne.*

Les ministres de la religion de Buddou exercent encore d'autres rigueurs sur eux-mêmes. Par-tout leur vie n'est qu'une privation continuelle; ils en passent une partie <72> dans le jeune ; alors ils ne mangent qu'une fois, à midi. Pour les jours ordinaires, ils se contentent de fruits vers le soir [210], s'assujettissent aussi, et cela plusieurs fois par an, à une abstinence de vingt-quatre heures[211]; ils ont des jeûnes de treize jours[212].

Nulle part ils ne frapperaient à mort un quadrupède, un oiseau et même un insecte : ce serait un crime. On mange la chair des animaux tués en certains pays sans que dans d'autres on croye devoir se le permettre. L'usage des prêtres chingalais est d'user, avec tout le peuple, de viande et de poisson[213]. C'est aussi celui des Gelloungs Kalmouks, à l'imitation et sur le précepte des Gylongs du Thibet[214]. Le Talapoint de Siam reçoit sur sa table les animaux qu'on offre au temple : du mouton, de la volaille, du poisson, pourvu que les bêtes aient été présentées au pourvoyeur dans un état de mort[215]. Toutes les castes de l'Indostan, à l'exception des nobles ou Rajapouts, imitent celle des Brames, qui n'ont pour alimens que le riz, les fruits, les légumes et le laitage[216]. Le Bonze chinois rejette, de plus, le lait, le beurre et l'oignon pour assaisonner ses mets, composés d'insipides végétaux ; tandis que le Rahaahan birman et le Bonze japonais admettent ces adoucissemens, et ajoutent à de telles nourritures le poisson sec[217]. <73>

---

[210] LALOUBÈRE, *ibid.*, t. I, p. 440; SYMES, *ibid.*, t. II, p. 8.
[211] SONNERAT, *ibid.*, t. II, p. 8.
[212] HOLWEL, *ibid*, part. II, p.151, 164.
[213] KNOX, *ibid*, t. I, p. 155.
[214] PALLAS, *ibid.*, t. I, p. 555; TURNER, *ibid.*, t. II, p. 72, 73.
[215] LALOUBÈRE, *ibid.*, t. I, p. 129, 440.
[216] SONNERAT, *ibid.*, t. II, p. 46.
[217] DE GUIGNES, *ibid.*, t. II, p. 268; SYMES, *ibid*, t. II, p. 8; Ambass. holland. au Japon, 1656, t. I, p. 211.

5. Food restrictions, Fasting

The ministers of the religion of Buddha impose additional rigors on themselves. Everywhere, their life is but a continual privation. They pass part of it <72> in fasting; then they eat only once a day at noon. On ordinary days they only have some fruit for dinner,[210] and several times per year they also fast for twenty-four hours.[211] They also have fasts lasting thirteen days.[212]

Nowhere would they beat to death a quadruped, a bird or even an insect: this would be a crime. In certain countries the flesh of killed animals is consumed, but in others this is not believed to be permitted. The Ceylonese priests have, like the common people, the custom of consuming meat and fish.[213] The same is true for the Gelloungs of the Kalmyks who follow the model and precepts of the Tibetan Gylongs.[214] The Talapoin of Siam gets on his table such animals as were donated to the temple—sheep, poultry, fish—provided that these animals were brought when already dead.[215] With the exception of the nobles or Rajaputs, all the castes of India imitate the Brahmin caste that consumes nothing but rice, fruit, vegetables, and milk products.[216] The Chinese Bonze rejects in addition milk, butter, and onions as condiments of his meals consisting of bland vegetables. But the Burmese Rhahaan and the Japanese Bonze allow these foods and also add dried fish[217]. <73>

---

[210] LALOUBÈRE, *ibid.*, vol. I, p. 440; SYMES, *ibid.*, vol. II, p. 8.

[211] SONNERAT, *Voyage aux Indes orientales*, vol. II, p. 8.

[212] HOLWELL, *Mythologie des Gentoux*, vol. II, p.151, 164.

[213] KNOX, *Relation de l'Ile de Ceylan*, vol. I, p. 155.

[214] PALLAS, *Voyage en Russie*, vol. I, p. 555; TURNER, *Ambassade anglaise au Thibet et au Boutan*, vol. II, p. 72, 73.

[215] LALOUBÈRE, *Voyage dans le royaume de Siam*, vol. I, p. 129, 440.

[216] SONNERAT, *Voyage aux Indes orientales*, vol. II, p. 46.

[217] DE GUIGNES, *Voyages à Peking*, vol. II, p. 268; SYMES, *Ambassade anglaise dans l'empire des Birmans*, vol. II, p. 8; MONTANUS, *Ambassades*

6°. *Ablutions.*

Voilà bien des austérités. Il paraît, en outre, que ces Asiatiques ont beaucoup de confiance aux ablutions : au moins la chose est certaine quant à ceux de Siam, du Thibet et de l'Indostan. Dans les monastères siamois, c'est un devoir religieux pour les inférieurs de laver le corps de leur seigneur ou maître[218]. Les Gylongs du Thibet vont une fois par semaine remplir, à la rivière, le devoir de la purification. Ils sont conduits à cette cérémonie par un vieillard de leur ordre, vêtus uniformément, la tête, les jambes et les pieds nus[219]. Les bains sacrés du Gange offrent pour les Brames une pratique d'autant plus essentielle de religion, que les simples Indoux s'en font un devoir strict et rigoureux[220].

7°. *Le jaune, couleur distincte de l'habit sacerdotal.*

Enfin les prêtres se distinguent du peuple par la couleur jaune de l'habit sacerdotal. Ils semblent avoir adopté par convention, peut-être sur l'exemple du fondateur, qu'on représente dans plusieurs endroits couvert d'une robe jaune, ces vêtemens symboliques. Il faut pourtant excepter de ce mystérieux usage les Chinois et les Japonais, dont les nations se sont converties plus tard.

La forme de ce voile qui couvre la nudité de l'homme est différent selon les lieux. Le vêtement sacerdotal des Chingalais est une casaque jaune, plissée autour des reins avec une ceinture de fil[221]. C'est, à Siam, tout simplement <74> le pagne des séculiers, qui sert à envelopper les reins et les cuisses, laissant le reste du corps à découvert, le prêtre n'ayant d'ailleurs ni chemise ni veste, et marchant les pieds et la tête nus[222]. Dans l'empire des Birmans, il se présente avec la tête rasée et découverte, revêtu d'un grand et

---

[218] LALOUBÈRE, *ibid.*, p. 447.
[219] TURNER, *ibid.*, t. I, p. 136, 137.
[220] SONNERAT, *ibid.*, t. I, p. 350.
[221] KNOX., *ibid.*, t. II, p. 154.
[222] LALOUBÈRE, *ibid.*, t. I, p. 443.

6. Ablutions

So much about their numerous austerities. In addition, it seems that these Asiatics put much faith in performing ablutions; at least this is confirmed for the inhabitants of Siam, Tibet, and India. In Siamese monasteries it is a religious duty for inferiors to wash the body of their superior or master.[218] The Gylongs of Tibet go once a week to a river in order to fulfill their duty of purification. They are led to this ceremony by an old monk of their order and are dressed the same way with uncovered head and bare legs and feet.[219] The sacred baths in the Ganges constitute for the Brahmins an essential religious practice, all the more so because even common Indians regard this as a strict and rigorous duty.[220]

7. Yellow, the typical color of priestly robes

Finally, the priests are distinguished from ordinary people by the yellow color of their clerical attire. They appear to have adopted these symbolic garments by convention, perhaps through the example of the founder who in several places is represented with a yellow robe. However, the Chinese and Japanese nations who were converted later did not adopt this mysterious custom.

The form of this veil covering man's nudity differs according to place. The clerical robe of the Singhalese is a yellow gown draped around the hips with a cord as belt.[221] In Siam it is simply <74> the loincloth of common people that envelops hips and thighs while leaving the rest of the body uncovered. The priests wear neither shirt nor jacket and walk around barefoot and bareheaded.[222] In the Burmese empire they appear with bare shaved

---

hollandaises vers l'empereur du Japon, vol. I, p. 211.
[218] LALOUBÈRE, Voyage dans le royaume de Siam, vol. I, p. 447.
[219] TURNER, Ambassade anglaise au Thibet et au Boutan, vol. I, p. 136, 137.
[220] SONNERAT, Voyage aux Indes orientales, vol. I, p. 350.
[221] KNOX, Relation de l'Ile de Ceylan, vol. II, p. 154.
[222] LALOUBÈRE, Voyage dans le royaume de Siam, vol. I, p. 443.

vaste manteau jaune qui, seul, le met à l'abri des injures de l'air[223]. On lui voit, au Thibet et chez les nomades, une ample robe de drap jaune, accompagnée d'un bonnet de même couleur, qui est pointu, et dont les côtés descendent assez bas pour cacher les oreilles. Mais chez ces derniers le jaune est exclusivement l'attribut des Lamas ; les Gylongs et les jeunes-gens qui se vouent au sacerdoce sont habillés indifféremment de jaune ou de rouge[224].

Le Brame vichenouviste de l'Indostan n'a pas perdu la tradition générale du symbole, comme les Bonzes da la Chine et du Japon, qui ont une grande robe noire ou grise, et dont la tête est ici rasée et nue, et là couverte d'un chapeau[225]. Son pagne est plus souvent de couleur jaune. Il est rare de le trouver ainsi en harmonie avec ses coreligionnaires, sur qui, d'ailleurs, il renchérit de singularité. Son costume est peu différent de celui du peuple. On le reconnaît, non au petit toupet qu'il laisse pendre avec un nœud derrière sa tête rasée et nue, usage commun du Brame chiveniste, mais à un signe tracé au milieu du front avec une espèce de mastic. Ce signe ressemble à une fourche dont les trois dents <75> seraient tournées vers le sommet de la tête, celles des extrémités étant toujours blanches et celle du milieu jaune ou rouge, selon que la fourche s'arrondit entre les deux sourcils, ou se termine en pointe vers le nez[226].

---

[223] SYMES, *ibid.*, t. II, p. 3; t. III, p. 139.
[224] TURNER, *ibid.*, t. II, p. 90 ; ANTERMONY, t. I, p. 182 ; PALLAS, *ibid.*, t. I, p. 548, 549.
[225] DE GUIGNES, *ibid.*, p. 367; Ambass. holland. au Japon, t. I, p. 216.
[226] SONNERAT, *ibid.*, t. I, p. 91, 95.

pates and dressed in a large and loose yellow coat that serves as their only protection against the ravages of the climate.²²³ In Tibet and with the nomads one sees an ample robe of yellow cloth and a pointed cap of the same color whose flaps are long enough to cover the ears. But with them the yellow color is the exclusive attribute of the Lamas; the Gylongs and young novices are indifferently dressed in yellow or red.²²⁴

In contrast to the Bonzes of China and Japan who wear a large black or grey robe, shave their heads and sometimes wear a hat,²²⁵ the vishnuite Brahmin of India has not lost the general tradition of the creed. His loincloth is most often yellow. It is extraordinary to find him thus in harmony with his co-religionists from whom he usually seeks to distinguish himself. His dress differs little from that of common people. One recognizes him not by the small tuft of hair hanging with a knot from the back of his otherwise shaved and bare head—which is common also with shaivite Brahmins—but by a symbol painted on the center of his forehead with a kind of mastic. It looks like a fork whose three tines point to the top of the head. The lateral tines are always white and the central one yellow or red, depending on the shape of the fork that can become round between the two eyebrows or else end in a point toward the nose.²²⁶

---

²²³ SYMES, *Ambassade anglaise dans l'empire des Birmans*, vol. II, p. 3; vol. III, p. 139.
²²⁴ TURNER, *Ambassade anglaise au Thibet et au Boutan*, vol. II, p. 90; ANTERMONY, *Voyage de St.-Petersbourg à Pékin*, vol. I, p. 182 ; PALLAS, *Voyage en Russie*, vol. I, p. 548, 549.
²²⁵ DE GUIGNES, *Voyages à Peking*, vol. II, p. 367; MONTANUS, *Ambassades hollandaises vers l'empereur du Japon*, vol. I, p. 216.
²²⁶ SONNERAT, *Voyage aux Indes orientales*, vol. I, p. 91, 95.

Usages religieux du peuple.

L'abstinence et le jeûne, puis le célibat, qui mettent en honneur les membres du clergé, semblent souvent aux plus zélés d'entre le peuple des pratiques dont ils doivent s'appliquer le mérite. Plusieurs passent les bornes d'une simple émulation, et sont eux-mêmes d'étranges modèles.

Solitaires.

Résolus de n'avoir plus rien de commun avec leurs semblables, des hommes s'isolent de la société pour vivre dans une solitude profonde. Ainsi au Thibet, celui qui veut passer ses jours dans une entière retraite choisit quelque lieu éloigné, souvent même le sommet d'une montagne, pour se construire de ses propres mains une cabane où il vit pendant quelque temps des grains qu'il a apportés avec lui. Bientôt sa réputation d'une ferveur extraordinaire se répand ; la charité publique lui assure des subsistances qu'il trouve sur le seuil de sa porte, et qu'il doit à des mains inconnues. Un vêtement grossier sur lequel tombe, d'une part, une chevelure épaisse, et de l'autre, une longue barbe ; une natte, une écuelle, quelques rouleaux contenant l'Ecriture sainte ou le texte sacré en langue tangouse, caractérisent sa personne, <76> son genre d'austérité, et les pénibles privations qu'il s'impose[227].

Ce genre de vie doit être inconnu chez les peuples nomades. Comment se fixer en tel ou tel lieu lorsque la consommation des fourrages ou la sécheresse les désolent tous successivement ? L'hermite serait abandonné des hommes de sa tribu, et périrait privé des seules ressources que de nombreux troupeaux offrent à ses semblables dans une vie errante. Ce n'est donc qu'au milieu d'un peuple sédentaire qui travaille pour les parfaits et veille sur leur existence, qu'il est possible de vivre séparé de la société.

---

[227] TURNER, *ibid.*, t. I, p. 257.

Religious customs of the people

To the most zealous lay followers, the abstinence from certain foods, fasting, and celibacy that distinguish members of the clergy often seem to be meritorious practices. Some of them go beyond simple emulation and become themselves strange paragons.

Hermits

Determined to abandon all that they have in common with their fellow men, some choose to isolate themselves from society and live in profound solitude. In Tibet, those who wish to pass their days in complete isolation choose some remote place—often even a mountain peak—and build with their own hands a hut where they live for some time, nourished by cereals that they had brought with them. Soon, word of a hermit's reputation for extraordinary fervor spreads, and henceforth donations placed on his porch by unknown members of the public will ensure his subsistence. His thick hair and long beard fall on his coarse robe; one recognizes a hermit by his braided hair, by his bowl, by scrolls containing the sacred scripture or sacred text in the Tungusic language, <76> and by the kinds of austerities and severe hardships that he imposes on himself.[227]

This kind of life must be unknown to the nomad peoples. How could one settle in specific places when foraging or drought keep threatening all? The hermit would be abandoned by the people of his tribe and would perish, deprived of the resources that abundant herds provide to his fellow nomads. Life apart from society is thus only possible among sedentary people who work for the perfect ones and watch over their subsistence.

---

[227] Turner, *Ambassade anglaise au Thibet et au Boutan*, vol. I, p. 257.

C'est pourquoi cette classe de dévots est nombreuse à Siam : on les appelle *Talapoints des bois*. Leurs habitations sont les plus méprisables des chaumières ; leurs pagnes négligés tombent en lambeaux ; leurs alimens, composés en grande partie d'insipides végétaux, sont pris dans une proportion qui semble insuffisante avec les besoins du corps[228].

L'Indostan, où les subsistances sont à vil prix, où existe un peuple agricole, nombreux et fixé depuis plusieurs siècles, compte plus qu'aucun autre pays de ces pieux solitaires. Un hermite indoux ne doit avoir pour vêtement qu'un morceau de toile qui couvre sa nudité ; pour meubles, qu'un bâton et une cruche ; pour aliment journalier, que des racines et des fruits du désert, n'usant que le moins possible de farine, de riz et de lentilles. Il faut qu'il aille chercher sa nourriture chaque fois qu'il en <77> a besoin, qu'il habite une grotte, couche sur la terre, ou n'ait pour lit que l'écorce d'un arbre[229].

Enthousiastes.

Ce sont là sans doute des preuves que cette religion conduit à l'enthousiasme. Il y en a bien d'autres et de plus frappantes. Nombre de ses sectateurs pensent que la divinité exige le plus grand dévouement. Se donner la mort leur semble licite, louable même, l'âme devant acquérir par cet acte de frénésie un grand degré de vertu et une juste espérance de bonheur. On a vu dans le royaume de Siam des hommes se pendre à un arbre qu'ils appellent l'*arbre saint,* et que les Européens désignent sous le nom d'*arbre des pagodes*[230].

Les cruautés exercées par des âmes ardentes sur elles-mêmes ne sont pas rares dans l'Indostan (j'en parlerai ailleurs). A la Chine,

---

[228] LALOUBÈRE, *ibid.,* t. I, p. 438.

[229] SONNERAT, *ibid.,* t. II, p. 66.

[230] LALOUBÈRE, *ibid.,* t. I, p. 487; TURPIN, Hist. de Siam, t. I, p. 67; SYMES, *ibid.,* t. III, p. 160.

This is why this class of devotees is so large in Siam; there they are called *Forest Talapoins*. Their dwellings are the most despicable thatched cottages, their loincloths are tattered, and their food consists for the most part of bland vegetables consumed in quantities that seem insufficient for the needs of the body.[228]

In India where the means of subsistence are cheap and where there are many farmers who have been sedentary for centuries, this kind of pious hermit abounds more than in any other country. For his clothing, an Indian hermit needs only a piece of tissue to cover his nudity; for furniture a staff and a jug; and for daily nourishment some roots and fruits of the desert along with the least possible amount of flour, rice, and lentils. Whenever he needs food he must go and look for it <77>, and he is obliged to live in a cave and sleep on the ground or use tree bark as a mattress.[229]

Fanatic Enthusiasts

Such facts certainly prove that this religion leads to fanatic enthusiasm. There are many other proofs, and more striking ones. A number of these sectarians think that the deity demands the greatest devotion. To them, committing suicide seems licit or even praiseworthy since through such a frenetic act the soul must acquire a great degree of virtue and a justified hope of happiness. In the kingdom of Siam one has observed men who hang themselves from a tree which they call *sacred tree* that the Europeans know as *pagoda tree*.[230]

Cruelties inflicted on themselves by fervent souls are not rare in India (as I will discuss elsewhere). In China, where the national

---

[228] LALOUBÈRE, *Voyage dans le royaume de Siam*, vol. I, p. 438.

[229] SONNERAT, *Voyage aux Indes orientales*, vol. II, p. 66.

[230] LALOUBÈRE, *ibid.*, vol. I, p. 487; TURPIN, *Histoire de Siam*, vol. I, p. 67; SYMES, *Ambassade anglaise dans l'empire des Birmans*, vol. III, p. 160.

où la religion nationale et les institutions civiles ne semblent pas laisser un cours si grand à l'exaltation, les Bonzes y présentent en public le Spectacle de leurs pénitences volontaires, qui, selon eux, doivent servir à l'expiation des péchés des hommes. Vous les verriez traîner des chaînes grosses comme le bras et longues de trente pieds, qu'on leur attache aux jambes, se frapper la tête contre les pierres, se déchirer le corps à coups de fouet, se tenir debout dans une chaise bien fermée, et hérissée de longues pointes de clous fort pressés, et qui les réduisent à l'impossibilité de s'appuyer sans se faire de cuisantes blessures, et quelquefois se <78> jeter du haut d'une machine construite exprès dans un ruisseau très-profond, s'exposant à la fracture de leurs membres ou à la mort[231].

L'histoire du Japon rapporte des faits de ce genre. L'âme en proie à une sainte mélancolie et à une religieuse ivresse, les Bonzes de ce pays s'immolent souvent en l'honneur de Xaca. Lorsqu'ils ont pris cette résolution, ils se mettent de grosses pierres au cou, aux bras, au corps et aux jambes ; dans cet état, ils se précipitent au fond d'une rivière où ils trouvent une mort certaine. Un autre moyen dont plusieurs se sont servis pour consommer leur Sacrifice, c'est de monter une barque, et d'ôter à cette frêle machine une planche qui, laissant à l'eau son libre cours, assure leur prochaine submersion[232].

Morale.
L'exagération du zèle s'étendit aussi sur la morale. Le fondateur avait adopté pour son enseignement certaines maximes : on les a réduites à cinq points principaux. Ces commandemens, tous négatifs, sont : *Ne tuer aucun animal, ne pas dérober, ne commettre aucune impureté, ne jamais mentir, et ne boire d'aucune liqueur qui puisse enivrer*[233].

---

[231] Mémoires du P. LECOMTE, jésuite, sur la Chine, t. II, p. 170, 175; Lettres édif. et cur. des PP. Jésuites, *ibid.*, t. XXIV, p. 148.

[232] Ambass. mémorable au Japon, *ibid.*, t. I, p. 81.

[233] LALOUBÈRE, *ibid.*, t. I, p. 484 ; TURPIN, *ibid.*, p. 161 ; DE GUIGNES, *ibid,* t. II, p. 232; KAEMPFER, *ibid.*, t. II, p. 63.

religion and civil institutions do not seem to leave so much room for exaltation, the Bonzes make a public spectacle of their voluntary penances that, according to them, must serve the expiation of man's sins. One sees them dragging chains, thirty feet long and massive like arms, that are attached to their legs; hitting their heads against rocks; lacerating their bodies with whips; staying confined in a palanquin bristling with long and densely placed nails that make it impossible to lean against without being heavily wounded; and sometimes <78> throwing themselves from the top of a purpose-built contraption into a deep stream, thereby risking to break their limbs or even die.[231]

The history of Japan contains accounts of this kind. With their souls caught in sacred melancholy and religious rapture, the Bonzes of this country often immolate themselves in honor of Xaca. When they make this decision they fasten large rocks to their necks, arms, trunk, and legs, and hurl themselves in a river where certain death awaits them. Another means that has been used by several people is to board a boat and to remove a plank from this fragile structure, thus creating an opening for the water that ensures their drowning.[232]

Morality

Such exaggeration of zeal also extends to morals. For his teaching, the founder had adopted certain maxims that can be reduced to five principal points. These commandments are all in negative form: *Do not kill any animal, do not steal, do not commit any impurity, never lie, and do not drink any intoxicating liquors.*[233]

---

[231] LECOMTE, *Nouveaux mémoires sur l'état présent de la Chine*, vol. II, p. 170, 175; *Lettres édifiantes et curieuses* of the Jesuit fathers, vol. XXIV, p. 148.

[232] MONTANUS, *Ambassades mémorables de la Compagnie des Indes Orientales des Province Unies vers les empereurs du Japon*, vol. I, p. 81.

[233] LALOUBÈRE, *Voyage dans le royaume de Siam*, vol. I, p. 484; TURPIN, *Histoire de Siam*, vol. I, p. 161 ; DE GUIGNES, *Voyages à Peking*, vol. II, p. 232; KAEMPFER, *Histoire du Japon*, vol. II, p. 63.

1°. *Ne tuer aucun animal.* —C'est un beau sentiment de sensibilité que celui qui inspire cet article. Tous les êtres animés, le plus petit insecte, comme l'homme, <79> tiennent à la vie par un attrait irrésistible. Les frapper à mort, c'est faire naître en eux les plus vives convulsions, les plus déchirantes angoisses. Mais tout ce qui est séduisant dans la spéculation n'est pas toujours raisonnable dans la pratique. De là une foule d'interprétations arbitraires du précepte ; de là nombre de détours pour éluder la loi.

Tuer les ennemis de l'Etat, encore plus l'intention formelle de les priver de la vie, doivent être regardés à la guerre comme des péchés énormes. On se justifie de cette nécessité en disant que les coups ne sont pas dirigés sur telle personne en particulier. Réduire avec violence à un état de mort, ou simplement étouffer dans un bassin d'eau chaude les enfans difformes ou autres, est pour la plupart une action affreuse, une entière subversion de la tendresse paternelle, une atteinte grave à la piété religieuse. Mais les exposer sur une place publique, au milieu d'une rue, est licite, suivant l'idée de plusieurs, sous prétexte qu'on ne leur ôte pas la vie[234].

Chasser et mettre à mort les bêtes fauves, ce n'est pas vouloir les détruire, c'est se préserver de leur dent meurtrière. Se livrer au plaisir de la pêche semble une chose <80> innocente ; le poisson n'y est pas frappé; il ne reçoit pas une mort violente : il est seulement tiré de l'eau sans effusion de sang. Il n'y a aussi que le cas particulier où l'on écraserait sous ses pieds ou on tuerait avec

---

[234] L'exposition des enfans est particulière a la Chine (Lettres édif. et cur., *ibid.*, t. XIX, p. 99, 100 ; t. XX, p. 395). Aucune autre nation civilisée ne contrarie aussi formellement le vœu de la nature, qui est de nourrir et d'élever tous les enfans. Si les sectateurs de Foë étaient étrangers a cette coutume inhumaine ; s'ils condamnaient par esprit de religion un usage si barbare, on les verrait recueillir avec un empressement remarquable les enfans près à périr (car plusieurs périssent faute de secours). Mais il n'y a qu'un témoignage, parmi les missionnaires, pour attribuer exclusivement cette bonne œuvre aux Mahometans et aux Chrétiens. (Lettres édif. et cur., *ibid.* ; DE GUIGNES, *ibid.*, t. II, p. 344).

1. *Do not kill any animals.* — This commandment is inspired by a beautiful sentiment of sensibility. All living beings from the tiniest insect to man <79> have an irresistible urge to hold on to life. To kill them gives rise to the most intense convulsions and the most heartbreaking anxieties. But not everything that is seductive to reason proves to be reasonable in practice. Hence there exist many arbitrary interpretations of this precept as well as many ways to evade it.

Killing enemies of state in war, and even more so the formal intention of taking their life, must be regarded as enormous sins. One justifies this necessity by saying that the blows are not directed at a particular person. To violently kill or simply suffocate misshapen or other infants in a tub of hot water is for most people an atrocious act, a complete subversion of parental tenderness, and a grave violation of religious piety. But to abandon them in a public place, in the middle of a street, is according to several people lawful under the pretext that one does not actually take their life.[234]

Hunting and killing wild animals is justified with the argument that one does not aim at their destruction but at saving people from their murderous fangs. To indulge in the pleasure of fishing seems to be <80> an innocent undertaking: the fish is not beaten and not violently killed but only bloodlessly lifted out of the water. And only in the particular case that one has the formal and premeditated aim to crush an insect under one's foot or to

---

[234] Abandoning infants is particular to China (*Lettres édifiantes et curieuses*, vol. XIX, p. 99, 100; vol. XX, p. 395). No other civilized nation violates so categorically the will of nature that commands to nourish and educate all children. If the sectarians of Fo were not following this inhuman custom and condemned this barbarian practice based on the spirit of their religion, one would see them quickly save exposed children that are about to die (because some die since they are not helped). But there is only a single report from the missionaries that ascribes this good act exclusively to Muslims and Christians (*Lettres édifiantes et curieuses, ibid.*; DE GUIGNES, *Voyages à Peking*, vol. II, p. 344).

un instrument quelconque, de dessein formel et prémédité, un insecte, que sa mort serait pour les consciences indiennes la matière d'un reproche sévère. Le précepte s'étendant jusqu'aux végétaux, il n'est pas permis de cueillir des fruits qui sont encore verts, d'en casser les noyaux ou d'arracher des plantes dont les graines ne sont pas en état de reproduction[235].

Enfin, comme dans certains endroits on mange de la chair des animaux domestiques aussi-bien que du riz et d'autres végétaux, sous les conditions et restrictions expresses que celui qui use de cette viande n'ait pas ordonné la mise à mort, les prêtres et les parfaits rassurent, par rapport à la gravité du fait, ceux qui tuent les animaux et apprêtent pour eux les alimens, en leur disant qu'ils sont chargés des iniquités des peuples, obligés de les expier, acquérant par une vie sainte une satisfaction surabondante appliquée à la tourbe des pervers[236].

2°. *Ne pas dérober.* —Rien de si louable. C'est la justice exerçant tout son empire, la vertu usant de tous ses droits, l'humanité ne rêvant que bienfaisance. Avec cet axiome solennellement proclamé, et souvent répété, la loi religieuse captive dans les âmes flottantes entre la vertu et le vice, la cupidité aux vues perverses, et la duplicité aux <81> desseins perfides. Les scrupules sans doute peuvent naître ici dans les âmes timorées ; mais si l'on sourit de pitié à leurs saintes frayeurs, on pardonne des minuties qui naissent de l'amour du bien et de l'humanité.

3°. *Ne commettre aucune impureté.* — Le précepte qui n'eût tendu qu'à maintenir dans l'innocence les jeunes-gens et les époux dans la chasteté, devait contribuer puissamment à former les élémens de l'ordre moral. Ceux qui visaient à la perfection pensant que, pour remplir les vues du fondateur et suivre son exemple, ils étaient obligés de s'imposer la plus dure abstinence des plaisirs

---

[235] LALOUBÈRE, *ibid.*, t. I, p. 347, 484, 487; TURPIN, *ibid.*, t. I, p. 161.
[236] LALOUBÈRE, *ibid.*, t. I, p. 491; TURPIN, *ibid.*, p. 162; BOGLE, *ibid.*, p. 130.

kill it with some tool would its death for Indian consciences be severely reproachable. Since the precept extends to plants, it is not permitted to harvest unripe fruit, to crush its pits, or to uproot plants whose seeds are not in a state that allows reproduction.[235]

Finally, since in some places one eats the flesh of domestic animals as well as rice and other plants on condition and with the explicit restriction that the consumer of such meat be not the person who killed the animal, the priests and perfected ones reassure those who kill animals and furnish them to the clergy by saying that they are charged with bearing people's iniquities and obliged to expiate them, and that through their saintly life they gain overabundant merit which gets transferred to the mass of evildoers.[236]

2. *Do not steal.* — Nothing is more commendable than this. This is justice exercising its dominion, virtue employing all its rights, humanity dreaming only of benevolence. With this axiom, solemnly proclaimed and often repeated, the religious law addresses in souls that are vaccillating between virtue and vice the desire for perverse views and the duplicitous tendency <81> to deceit. In timorous souls this may give rise to misgivings; but if one smiles in pity at their holy fright, one will forgive such trifles born from the love of good and humaneness.

3. *Do not commit any impurity.* — The precept that only aims at preserving the innocence of young people and the chastity of married ones was bound to be a powerful contribution to the formation of elements of moral order. Those who aimed at perfection—thinking that in order to enact the views of the founder and to follow his example, they were obliged to impose on themselves the toughest abstinence from sensual pleasures—found that this

---

[235] LALOUBÈRE, *Voyage dans le royaume de Siam*, vol. I, p. 347, 484, 487; TURPIN, *Histoire de Siam*, vol. I, p. 161.
[236] LALOUBÈRE, *ibid.*, vol. I, p. 491; TURPIN, *ibid.*, p. 162; BOGLE, *Voyage au Thibet*, p. 130.

sensuels, il en résulta une espèce d'équilibre entre le zèle religieux et l'effervescence des passions. En autorisant l'établissement et le maintien de nombreux monastères, les lois de chaque pays tolérèrent le scandale de la prostitution, et laissèrent, si ce n'est au Thibet et au Boutan, et chez les nomades, où les mœurs sont plus simples, pulluler les courtisanes[237], au milieu desquelles on remarque les Bayadères de l'Indostan, si fameuses par leurs danses obscènes et leur vie dissolue.

4°. *Ne pas mentir.* — Il est utile, très-avantageux même de le prescrire. C'est beaucoup que de faire haïr la dissimulation, et d'inspirer à tous, comme un devoir habituel, la franchise ; car on trahit la vérité de mille manières ; les bons comme les méchans sont enclins à ce défaut. Amour-propre qui ne veut pas être offensé, ménagemens de convenances ou de justice à garder, services qu'on croit devoir rendre, orgueil qui corrompt les plus <82> belles actions, cupidité qui offre toujours de nouveaux désirs à satisfaire, vengeance plus ou moins facile à assouvir, que de motifs portent les hommes à se couvrir d'un voile trompeur ! Du mensonge officieux à la plus noire calomnie, il y a loin sans doute ; mais le législateur n'a pas confondu les imperfections avec les fautes graves. Chacun dut sonder son cœur, analyser sa pensée, et ne permettre à ses lèvres que les paroles avouées par la sagesse et la vérité.

5°. *Ne boire d'aucune liqueur qui puisse enivrer.* — L'instituteur rejette ici une morale ordinaire, quoique certainement la plus sage. Cette observance ordonnée par un réformateur sévère fut goûtée de la multitude, qui admire comme par enchantement et succombe par faiblesse. Son extrême austérité devait faire naître, sans utilité pour les bonnes moeurs, les plus poignans scrupules. Des superstitieux se croiraient coupables de sensualité pour avoir bu sans excès d'une liqueur spiritueuse, et regarderaient comme

---

[237] LALOUBÈRE, *ibid.*, p. 489 ; TURPIN, *ibid.*, p. 164 ; DE GUIGNES, *ibid.*, t. III, p. 108 ; KAEMPFER, *ibid.*, t. II, p. 87, 89, 361, 362.

resulted in a kind of equilibrium between religious zeal and the effervescence of passions. While authorizing the establishment and maintenance of numerous monasteries, the laws of each country tolerated the scandal of prostitution and let—except for Tibet, Bhutan and the nomads where the mores are simpler—the courtesans multiply.[237] Among them were the Bayaderes of India that are so famous for their obscene dances and dissolute life.

4. *Do not lie.* — It is useful and even very advantageous to prescribe this. It is appropriate to make people hate dissimulation and to inculcate frankness in all as a common duty, because one tends to betray truth in a thousand ways and because both good and evil persons are prone to this sin. Self-love that hates to be offended, social conventions or justice that have to be maintained, services that one feels obliged to render, pride that corrupts the <82> finest deeds, cupidity that wants ever new desires satisfied, vengeance that is more or less easy to wreak: many are the motives that instigate man to cover himself with a deceptive veil! There surely is quite a difference between an ordinary lie and pitch-black slander; but the legislator has not confounded imperfections with grave sins. Everyone had to examine his heart, analyze his thought, and allow his lips to utter only words that conform with wisdom and truth.

5. *Do not drink any intoxicating liquors.* — The teacher here rejects an ordinary moral rule, though certainly a most sensible one. This observance ordered by a severe reformer was appreciated by the multitude that tends to be led astray and succumbs to weakness. His extreme austerity had to give rise to the most poignant scruples, though they are useless for public decency. Superstitious people would feel culpable of sensuality because of having moderately ingested some alcoholic liquor, and they would regard as an evil in itself what becomes so only through abuse. This injunction

---

[237] LALOUBÈRE, *Voyage dans le royaume de Siam*, vol. I, p. 489; TURPIN, *Histoire de Siam*, vol. I, p. 164 ; DE GUIGNES, *Voyages à Peking*, vol. III, p. 108 ; KAEMPFER, *Histoire du Japon*, vol. II, p. 87, 89, 361, 362.

mauvais en soi ce qui ne le devient que par l'abus qu'on en fait; elle devait multiplier sans raison les infracteurs, et puis rejeter dans ce bouleversement d'idées amorales, que la vertu n'est pas exigée de tout le monde. Passons à l'état général de la religion, de ses hérésies, de son influence locale et relative à chaque région où elle a pénétré. <83>

was bound to senselessly multiply the number of sinners and to suggest through this inflation of immoral ideas that virtue is not required of everyone. Let us now turn to the general state of this religion, its heresies, and its influence in the various regions where it has spread.<83>

ÉTAT GÉNÉRAL DE LA RELIGION DE BUDDOU, SES HÉRÉSIES;
SON INFLUENCE LOCALE ET RELATIVE À CHAQUE RÉGION OÙ
ELLE A PÉNÉTRÉ.

1º. CEYLAN ET PRESQU'ÎLE AU-DELÀ DU GANGE ; *religion de Buddou dominante ; orthodoxie.*

Je la vois se propager sur deux lignes bien distinctes : celle du nord qui, du Ceylan, s'étendit sur tout l'Indostan, traversa le Boutan et le Thibet, pour se perdre dans les déserts des peuples nomades, dans ces régions qui touchent à la Russie asiatique ou en font partie ; celle de l'ouest, qui parcourut en sens divers la presqu'île au-delà du Gange, et se dirigea par succession de temps sur le Tonquin, la Cochinchine, la Chine et le Japon, pour s'arrêter aux limites du monde.

Les differens peuples de ces île et presqu'île ont une uniformité de dogmes reconnue des uns et des autres. Ils possèdent la plus ancienne doctrine. Je n'ai, par rapport à eux, qu'une chose bien importante à dire, c'est d'exposer la cause à laquelle ils doivent son espèce d'invariabilité.

L'ordre des prêtres, comme il a été dit, n'a jamais joui à Ceylan, Siam, Ava, Aracan et autres de ces lieux, d'une influence contraire à son institution ; elle a été purement morale, l'autorité des lois s'y étant maintenue. C'est toujours d'un gouvernement faible que naissent les schismes et les hérésies ; c'est pourquoi nul sectaire audacieux, nul pontife partisan et propagateur de nouvelles opinions ; tout le monde a été contenu dans le respect pour les dogmes reçus, sans s'éloigner des communes observances. <84>

GENERAL STATE OF THE RELIGION OF BUDDHA; ITS HERESIES;
ITS LOCAL INFLUENCE IN THE REGIONS WHERE IT REIGNS

1. CEYLON AND THE PENINSULA EAST OF THE GANGES
[SOUTHEAST ASIA]; *religion of Buddha dominant; orthodoxy.*

I see that Buddhism's spread took place along two distinct lines: the Northern line that extended from Ceylon to all of India, traversed Bhutan and Tibet, and petered out in the deserts of the nomads in the regions inside or adjacent to Asian Russia; and the Western line that ran in a different direction through the peninsula east of the Ganges [Southeast Asia] and led successively to Tonkin and Cochin China [Vietnam], China, and Japan to stop at the limits of the world.

The different peoples of this island [Ceylon] and peninsula [Southeast Asia] show a uniformity of dogmas that is acknowledged by all. They possess the most ancient doctrine. With regard to them I have only one important thing to say, that is, to explain the reason for their kind of uniformity.

As mentioned above, the priesthood of Ceylon, Siam, Ava, Arakan, and related places has never enjoyed an influence contrary to its original tenets; the authority of its laws having been safeguarded, it was a purely moral institution. Schisms and heresies always grow on the soil of weak government, which is why we find here no audacious sectarian, no partisan pontiff, and no propagator of new ideas. Everybody maintained the respect for the received dogmas and did not stray from the common observances.<84>

2°. INDOSTAN. *Religion de Buddou libre pour tous, professée par une grande partie de la nation; hérésie.*

D'un autre côté, je regarde la division des castes et la prééminence du sacerdoce sur les autres ordres de l'Etat, comme les premières causes des sectes qui divisent les Indoux. Lorsque Vichenou (Buddou) parut au milieu d'eux, il eut le plus grand succès ; des temples nombreux qu'il avait élevés au dieu du ciel, quelques-uns retraceraient encore combien il avait eu d'empire sur les esprits. Mais la fureur de l'hérésie ne les laissa subsister qu'au sein d'un petit nombre de cavernes ou grottes souterraines, monumens muets et éloquens du ravage des siècles[238]. Sa doctrine n'existe aujourd'hui que par sa fusion dans les systèmes généraux de religion, et particulièrement dans celui des Vichenouvistes. Tous les fondateurs ou instituteurs de ces peuples étaient appelés à être des dieux. Cette déification des grands hommes les ayant placés au-dessus des génies de la nature, qui ne furent plus que des divinités subalternes, il est essentiel de voir quel rapport il y a entre eux pour trouver un fil avec lequel nous puissions parcourir le labyrinthe des antiquités indouses. Tout ce que je vais dire n'est pas étranger à mon sujet.

Les lois et la civilisation étaient encore très-imparfaites quand Vichenou se présenta dans l'Indostan. Quoique les Indoux se louassent déjà de Brama et de Chiven, un autre personnage, qui s'annonçait par des traits de sagesse et de <85> vertu, devait aussi porter à leurs yeux un caractère divin. Brama, en proclamant à jamais l'hérédité des professions ou castes, ne fit qu'imprimer le sceau de l'inviolabilité à un usage antique qui appelait dans la société le fils au même état que son père. Auteur de la première des institutions, on lui attribua par analogie mythologique la formation de l'univers : ce fut le dieu créateur.

---

[238] Voyage du lord VALENTIA dans l'Indostan, etc., t. I, p. 379, 380 ; t. II, p. 337, 339 ; SYMES, *ibid.,* p. 164 ; t. III, p. 367.

2. INDIA. *Religion of Buddha free for all, professed by a great part of the nation; heresy.*

On the other hand, I regard the division of castes along with the pre-eminence of priesthood over other ranks of the state as the foremost reasons for the sects that divide the Indian populace. When Vishnu (Buddha) appeared in their midst he enjoyed the greatest success; some of the many temples that he had erected to the god of heaven still evoke the dominance that he once exercised over their minds. But due to the furor of heresy, such temples survived only in a small number of caves or subterranean grottoes— mute yet eloquent witnesses of the ravages of centuries.[238] Today, Buddha's doctrine here [in India] only exists in fusion with general religious systems, in particular that of the Vishnuites. All the founders or teachers of these peoples had a calling to be gods. This deification of eminent men made them superior to the genies of nature who were relegated to the status of subordinate divinities; and in order to find a guiding thread through the labyrinth of Indian antiquity, it is essential to grasp their mutual connection. All that I am going to say is thus related to my subject.

The laws and civilization were still very imperfect when Vishnu appeared in India. Though the Indians already had Brahma and Shiva, one more figure showing signs of wisdom and <85> virtue had in their eyes also to possess a divine character. When Brahma proclaimed the eternal heredity of professions or castes, he only stamped the seal of inviolability on an ancient custom that calls in society for sons to succeed to the state of their fathers. As author of the first of all institutions, Brahma was by mythological analogy awarded the formation of the universe: he was the creator god.

---

[238] Lord VALENTIA, *Voyage dans l'Indostan*, vol. I, p. 379, 380; vol. II, p. 337, 339; SYMES, *Ambassade anglaise dans l'empire des Birmans*, vol. I, p. 164 ; vol. III, p. 367.

Chiven s'était rendu recommandable à titre d'homme juste et de monarque intègre. Redoutable à tous ceux qui conservaient un esprit de brigandage et de faction, juge inexorable et vengeur des crimes, il n'avait deshonoré par aucune faiblesse une vie toute entièrement consacrée à la répression de l'anarchie. On lui devait un calme et une paix inconnus jusqu'alors, biens si précieux qu'on en attribuait la jouissance à un génie supérieur, à un génie divin. On fit du monarque un dieu, le dieu destructeur et l'homme qui avait fait disparaître l'anarchie de l'ordre social, présida dans l'ordre physique à la terrible action des élémens, opéra les grands bouleversemens de la nature, comme il avait agité l'âme de l'homme coupable par des remords et la sévérité des lois, attribution en harmonie avec la première, et de laquelle celle-ci semblait émaner.

Le Gouvernement était fondé. Chacun se croyait appelé à la condition paternelle. Le crime, réprouvé par l'opinion, et puni par les lois, était rare; la vertu, mieux connue, mieux goûtée, parce que les passions étaient moins effervescentes, avait plus d'attraits; la conscience, appréciateur sévère des bonnes et des mauvaises actions, venait de rentrer dans tous ses droits. Les castes jouissaient de l'avantage d'avoir une patrie, le pauvre Parias excepté; <86> mais la stabilité des empires a souvent des bases pétries des larmes du malheureux.

Enfin, Vichenou annonça aux peuples ses dieux du ciel et de la terre, ses génies répandus sur toute la nature et sa métempsycose ; inculqua aux Indoux que la divinité ne peut se complaire à l'effusion du sang sur les autels, et se refuse à entendre les cris et les mugissemens de l'homme et des animaux ; abolit tous ces sacrifices pour y substituer l'oblation des productions de la terre[239]. Cette doctrine le plaça au-dessus des mortels. Appelé à reculer pour plusieurs le terme inévitable de la vie, on pensa, par le même esprit de rapprochement, qu'il conservait et faisait fructifier dans les âmes les premières semences de vertu et de religion. Ce fut le

---

[239] SONNERAT, *ibid.*, t. II, p. 348.

Shiva had recommended himself by being a righteous man and a monarch of integrity. Dreaded by all those who preserved a mind-set of banditry and discord, this inflexible judge and avenger of crime had not shown any weakness in a life entirely dedicated to the repression of anarchy. People owed to him a serenity and peace unknown until then, and these were considered such precious goods that their enjoyment was attributed to a superior, divine spirit. The monarch was made into a god, the divine destroyer; and the man who had rid society of anarchy was now seen as presiding in the physical world over the redoubtable action of the elements. Just as he had moved the soul of a culprit by remorse and by the severity of the law, he now carried out the great upheavals of nature. The latter quality is in harmony with the former and appears to have emanated from it.

Government was founded, and all wanted to be seen as its parent. Rejected by public opinion and punished by the laws, crime was rare; and virtue was better known, appreciated, and enticing because passions were in less turmoil. Conscience, the severe judge of good and evil actions, was fully reinstated. With the exception of the poor Pariahs, the castes enjoyed having a homeland; <86> but the stability of empires is often built on the foundation of the petrified tears of the unfortunate.

Finally, people learned from Vishnu about the gods of heaven and earth, his genies present in all of nature, and his metempsychosis. He inculcated in the Indians that the deity cannot enjoy blood on the altars, and that it does not want to hear the cries and howls of men and animals. Vishnu abolished all such sacrifices in favor of oblations of products of the earth.[239] This doctrine elevated him above the mortals. As he was asked to prolong people's life span, people thought by analogy that he planted and preserved in man's soul the first seedlings of virtue and religion. This was the preserver god. It is thus thanks to the division of castes, wise

---

[239] SONNERAT, *Voyage aux Indes orientales*, vol. II, p. 348.

dieu conservateur. C'est donc à la division des castes, à une sage législation, à des sentimens religieux que Brama, Chiven et Vichenou durent les hommages de tout un peuple.

Jusque là point d'hiérarchie divine. On avait réparti à ces dieux les attributions du premier des êtres ; c'est pour l'établir qu'on se divisa. Les prêtres honorèrent Brama comme leur fondateur, mais regardant avec la masse de la nation comme dignes d'hommages plus distingués, Chiven et Vichenou, à raison de leurs institutions ou inspirations éminemment divines, chacun, selon ses idées ou ses rêves, donna la préférence à l'un ou à l'autre de ces derniers, et l'honora comme le dieu suprême.

Selon les Chivenistes, Chiven, en formant Brama et Vichenou, se donna des témoins de sa sagesse et de sa grandeur, et des dépositaires de sa puissance ; c'est par <87> l'un qu'il crée, c'est par l'autre qu'il conserve, réservant pour lui seul la faculté de détruire, comme le premier signe de son empire sur toute la nature.

Selon les Vichenouvistes, Brama est l'auxiliaire de la puissance productive de Vichenou, et Chiven celui de sa force annihilative. Mais il se réserve et ne confie à personne le soin de la conservation des êtres.

Voilà le principal point de la doctrine des sectes indouses[240]. Dans l'un et l'autre système, le premier des dieux préside, par droit d'hiérarchie, à l'ordre physique et religieux ; des divinités nombreuses et secondaires, établies et répandues partout, suivent l'impulsion première qui leur a été donnée pour le maintenir ; la métempsycose est la loi suprême de l'ordre moral, et le dieu des enfers n'a pas plus d'importance que celui des vents. Ainsi tout ce qui vient de Buddou (Vichenou) a subi un amalgame et son

---

[240] SONNERAT, *ibid.,* t. II, p. 347 ; le P. PAULIN S.-BARTHÉLEMI, Voyage aux Indes orient., t. II, p. 339. Il existe plusieurs autres systèmes particuliers qu'on a confondus avec ceux des sectes. Voyez HOLWEL, évènernens de l'Indostan, IIe partie, p. 43; FRÉRET, Chronologie chinoise, édition de 1793, t. III, p. 98; le P. PAULIN ci-dessus cité, t. II, p. 238, 240.

legislation, and religious feelings that Brahma, Shiva, and Vishnu came to be worshiped by the entire nation.

Up to this point there existed no hierarchy of divinities. People had apportioned to these gods the characteristics of the foremost of all beings, and divisions only arose over issues of implementation. The priests honored Brahma as their founder; but acknowledging with the mass of the nation that Shiva's and Vishnu's institutions and inspirations are eminently divine and worthy of worship, each followed his ideas or dreams in giving preference to Shiva or Vishnu and worshiping him as supreme god.

According to the Shaivites, Shiva in forming Brahma and Vishnu had generated both witnesses of his wisdom and greatness, and also agents of his power; by the first [Brahma] <87> he creates, and by the second [Vishnu] he preserves; but he reserved for himself alone the power of destruction which is the surest indicator of his domination over the whole of nature.

According to the Vishnuites, Brahma is the agent of the productive power of Vishnu, and Shiva the agent of his destroying power. But the power to preserve all beings is reserved for him and is not delegated to anybody.

This is the core of the doctrine of the Indian sects.[240] In either of these two systems, the foremost of the gods in terms of hierarchy presides over the physical and religious domain. Numerous secondary divinities that came to be established and spread everywhere follow the first impulse given to them in order to maintain order; metempsychosis is the supreme law of moral order, and the god of hells is not more important than the god of the wind. In this manner, everything that originated from Buddha (Vishnu) became an

---

[240] SONNERAT, *Voyage aux Indes orientales*, vol. II, p. 347; PAULINUS A SANCTO BARTHOLOMAEO, *Voyage aux Indes orientales*, vol. II, p. 339. There are several other particular systems that were confused with those of the sects. See HOLWELL, *Mythologie des Gentoux*, vol. II, p. 43; FRÉRET, *Chronologie chinoise*, 1793 edition, vol. III, p. 98; PAULINUS A SANCTO BARTHOLOMAEO, *ibid.*, vol. II, p. 238, 240.

caractère est dénaturé, et sa fable se rattache difficilement à celle de la mythologie vichenouviste. Les usages que les Indoux des deux croyances admettent ne sont pas moins étrangers à ce qui se pratique dans les autres parties de l'empire spirituel de notre instituteur religieux ; je ne crois pas devoir les passer sous silence.

1°. *Division des Castes.* — Chacune d'elles fait un peuple que la religion et les mœurs empêchent de se confondre. Le rapprochement est marqué par le mariage ; <88> personne ne choisit hors sa famille une épouse. Cette différence des castes est encore très-sensible dans le commerce habituel de la société ; car le Brame ne mangerait pas avec le laboureur. On voit déjà que ce peuple se traîne péniblement sous l'empire des préjugés[241]. C'est bien pis si l'on envisage la chose par rapport aux Parias.

Ils forment la dernière classe du peuple. Victimes du vice, de la faiblesse et de l'ignorance de leurs pères, ils sont à jamais condamnés à l'opprobre. Souillés, abominables, ils habitent des quartiers ou villages isolés, de peur que le vent ne communique leur influence impure[242]. Cependant, il faut l'avouer, si les usages portent au comble l'injustice envers eux, la religion guérit en partie les plaies qu'elle a faites.

Elle leur rappelle constamment qu'ils sont d'une condition inférieure pour mériter, par la résignation dans les souffrances, une transmigration plus heureuse. Les temples leur offrent des consolations, pendant qu'ils n'éprouvent ailleurs que des affronts. A Benarès, à Jagrenat, à Brampour, le Brame, le Rajapout ou noble, le laboureur et l'artisan présentent leurs offrandes avec l'infortuné Parias, et mangent avec lui, pour faire voir que toute distinction dans la société est une institution purement humaine, et qu'en présence de la divinité tous les hommes sont égaux[243].

---

[241] SONNERAT, t. I, p. 119.

[242] *Ibid.*, p. 116.

[243] Tableau relig. et polit. de l'Indostan, par CONWAY, 1803, p. 45.

amalgam; its character degenerated, and its fable can only with difficulty be connected with vishnuite mythology. The customs accepted by the Indians of both faiths are just as different from those practiced in the other parts of the spiritual empire of our religious teacher [Buddha]; and I cannot remain silent about them.

1. *Division of Castes.* — Each caste forms a people whose religion and customs prevent mixture with others. Marriage being the means of integration, <88> noone chooses a wife outside his caste. This difference of castes is still very apparent in the daily interactions of society; a Brahmin would never eat with a laborer. One already notices that this people suffers terribly under the dominion of prejudices,[241] and things get much worse when one considers the matter with regard to the Pariahs.

They form the lowest class of people. Victims of the vice, weakness or ignorance of their forefathers, they are in eternity condemned to disgrace. Unclean and abominable, they dwell in isolated sections of towns or villages because it is feared that their impure influence is spread by the wind.[242] But it must be admitted that, if customs carry the injustice toward them to extremes, religion can to some extent heal the wounds caused by it.

This injustice constantly reminds the pariahs of their state which is too base to merit a happier transmigration through resignation to suffering. While they elsewhere only suffer affronts, the temples offer them consolation. In Benares, Jagrenat and Brampur, the Brahmin, the Rajaput or noble along with laborers and artisans present their offerings and eat alongside the unfortunate Pariahs in order to show them that all societal distinctions are purely human institutions and that in the eyes of the deity all men are equal.[243]

---

[241] SONNERAT, *Voyage aux Indes orientales*, vol. I, p. 119.

[242] *Ibid.*, p. 116.

[243] CONWAY, *Tableau religieux et politique de l'Indostan*, 1803, p. 45.

Cette constitution des castes, qui a jeté des racines si profondes, n'existe pas toute entière dans certaines parties de l'Indostan. Les pays conquis par les Patanes au <89> nord, et par les Tartares-Mongols au centre, n'ont plus de nobles. Obligés de demander secours aux princes indépendans, ils ne vivent guère en corps de nation que chez les Marates[244]. Les dernières révolutions en ont jeté plusieurs au nord, où ils forment de petites sociétés[245]. D'autres, lors des dévastations d'Hiper-Aly, sultan de Mysore, se sont réunis dans un bourg du royaume de Vaïpour, où ils s'adonnent à l'agriculture, et au Maduré, habitant ses montagnes, où ils mènent une vie pastorale[246].

En cet état de choses, l'influence de la religion et des mœurs est toujours la même pour les autres castes. Sans protection, sans sûreté depuis que les Mahométans ont anéanti celle que les lois chargeaient de leur défense commune, elles supportent l'oppression sans murmure. Brames, laboureurs, artisans, Parias, tous ont vécu jusqu'à ce jour sous l'empire de l'opinion reçue de leurs pères, et, au nom de Chiven et de Vichenou, rivent eux-mêmes leurs fers pour supporter le joug des étrangers, des Européens, qui ont succédé aux Perses et aux Tartares[247].

---

[244] CONWAY, *ibid.*, p. 335.

[245] TAYLOR, Voyage dans l'Inde, t. I, p. 395.

[246] Le P. PAULIN, *ibid.*, p. 136, 158, 159.

[247] Les castes chingalaises, qui sont peut-être les modèles ou au moins les contemporaines de celles des Indoux, n'ont pas eu la même influence, étant dénuées d'un caractère religieux. Le roi a absorbe dans sa personne et sa famille tout le pouvoir des guerriers ou nobles, supprimé les castes des prêtres et des marchands. Pour les diverses classes d'artisans, asservies d'un côté par la faiblesse des moyens et la nécessité d'exister, la loi leur fit, de l'autre un devoir civil et rigoureux de ne pas quitter leur profession. (Lord VALENTIA, *ibid.*, t. I, p. 490 et suiv.)

This system of castes is extremely deep rooted, but in certain parts of India it does not exist in its entirety. The lands conquered by the Patans in <89> the North and by the Tartars-Mongols [Mughals] in central India have no nobility anymore. Obliged to seek the support of independent princes, nobility forms a special class only with the Marathas.[244] The most recent revolutions displaced some nobles to the North where they form small groups.[245] During the devastations caused by Hyper-Ali, the Sultan of Mysore, others gathered in a town of the kingdom of Vaipur where they engage in agriculture, and in Madurai where they live in the mountains and lead a pastoral life.[246]

In such circumstances, the influence of religion and customs remained unchanged for the other castes. They are without protection and safety because the Muslims destroyed the caste in charge of their common defense; but they endure oppression without grumbling. Brahmins, laborers, artisans, and Pariahs have all lived to this day dominated by opinions received from their forefathers; and they forge in the name of Shiva or Vishnu their own shackles in order to support the yoke of the foreigners from Europe who have succeeded to the Persians and the Tartars.[247]

---

[244] CONWAY, *Tableau religieux et politique de l'Indostan*, p. 335.

[245] TAYLOR, *Voyage dans l'Inde*, vol. I, p. 395.

[246] PAULINUS A SANCTO BARTHOLOMAEO, *Voyage aux Indes orientales*, vol. II, p. 136, 158, 159.

[247] The Ceylonese castes which possibly are models for, or at least contemporary with, those of India, have not enjoyed the same influence since they lacked a religious character. In his person and family, the king united all the power of warriors and noblemen and abolished the castes of priests and merchants. The diverse classes of artisans on one hand profited from the scarcity of means and the necessity of their labor, but on the other the king made it a rigorous civil duty to not leave their profession (Lord VALENTIA, *Voyage dans l'Indostan*, vol. I, p. 490 ff.)

2°. *Ablutions du Gange*. — Les autres institutions remarquables <90> des Indoux sont purement religieuses. Il n'y a certainement que la religion qui ait pu leur faire des ablutions un devoir rigoureux. Près du fort de Manghyr, situé sur un rocher du Bengale, est une partie du Gange qu'ils regardent comme sacrée. Là, les pèlerins affluent de toutes parts. Après l'ablution, ils visitent ce rocher dédié à une divinité secondaire[248]. Je vois un autre point de ce fleuve désigné par la religion indouse près du fort d'Allahabal (sic). Un grand nombre de Brames et de Fakirs y viennent avec un drapeau qu'ils plantent dans le sable, et s'y baignent dévotement. Au milieu de cette forteresse est un temple indoux dédié à Chiven, et décoré du Lingam[249].

Mais s'il y a un lieu sacré, c'est sans doute Bénarès. Plusieurs Radjahs indoux y ont des habitations, où leurs Vakyhs résident, et font, au nom de leurs maîtres, les ablutions et les sacrifices requis. Le principal objet du culte en ce sanctuaire, le plus fameux de l'Indostan, est Vichenou. Il faut quinze jours pour s'acquitter envers lui de toutes les prières et offrandes de fruits voulues par le rituel. C'est un devoir prescrit au pèlerin de ne pas laisser écouler la première journée sans se baigner dans le puits sacré de Munkernika ; pour les autres, il fait son ablution dans le Gange[250].

On ne connaîtrait pas l'étendue du zèle des Indoux si j'omettais le dernier trait que j'ai recueilli sur cette matière. Près de Calcutta le Gange présente, par le volume de ses eaux, un aspect imposant. Les bords en sont élevés, <91> mais le pays plat et couvert de forêts épaisses, retraites d'un grand nombre de tigres ; ce qui n'empêche pas les Indoux de s'y rendre en foule vers la mi-janvier, quoique souvent ils s'exposent à être dévorés par eux. Plusieurs même se sacrifient volontiers aux crocodiles, restant dans le fleuve pour y attendre que ces animaux féroces les entraînent au

---

[248] Lord VALENTIA, *ibid.*, t. I, p. 121.

[249] *Ibid.*, p. 298.

[250] *Ibid.*, p. 152, 154, 170.

2. *Ablutions in the Ganges.* — The other notable institutions <90> of the Indians are purely religious. Certainly, nothing but religion could make a strict duty of ablutions. Near the fortress of Manghyr situated on a rock in Bengal, there is a section of the Ganges that the Indians regard as sacred and where pilgrims converge from all regions. After performing their ablution they visit this rock dedicated to a secondary deity.[248] I understand that near the fort of Allahabad there is another section [of the Ganges] that is singled out by Indian religion. It is visited by a great number of Brahmins and Fakirs carrying a flag that they stick into the sand, and they bathe there devoutly. At the center of this fortress there is a temple dedicated to Shiva that is decorated with the lingam.[249]

But if there is a singular sacred place it is certainly Benares. There, several Indian rajas possess residences inhabited by their Vakyhs who perform in the name of their masters the required ablutions and sacrifices. The principal cult object in this most famous sanctuary of India is Vishnu. Fifteen days are needed to perform all the prayers and fruit offerings required by the ritual in Vishnu's honor. For the pilgrim it is a prescribed duty to not let the first day go by without bathing in the sacred well of Munkernika; for the remaining days he performs his ablution in the Ganges.[250]

One would not know the extent of the Indians' zeal if I were to omit a last example that I collected on this topic. Near Calcutta the Ganges river's vast waters offer an impressive view. The banks are elevated, <91> but the surrounding land is flat and covered with dense forests inhabited by many tigers. This does not prevent crowds of Indians from going there in mid-January, even though they often risk being devoured by the tigers. Several Indians even sacrifice themselves voluntarily to crocodiles; they stay in the water and wait to be dragged to the bottom of the water by

---

[248] Lord VALENTIA, *Voyage dans l'Indostan*, vol. I, p. 121.
[249] *Ibid.*, p. 298.
[250] *Ibid.*, p. 152, 154, 170.

fond de l'eau. En général, rien ne pourrait les éloigner de ces rives sacrées[251], tant leur dévouement est aveugle.

3°. *Pénitences excessives.* — Après cela rien ne pourra nous étonner. Les pénitences indouses offrent dans leur durée encore plus d'ivresse et de frénésie. Ceux qui sont animés de l'esprit qu'elles inspirent semblent destinés à expier tous les crimes. Les supplices les plus cruels ne leur coûtent point, ils les savourent même avec une constance que j'appellerais *héroïque,* si le but et la fin de ces maux volontaires étaient conformes au bien et à l'avantage de l'humanité.

Les uns se tiennent constamment les bras croisés au-dessus de la tête ou sur la poitrine, de sorte qu'il ne leur est plus possible de les plier, et qu'ils doivent recourir à la charité des âmes pieuses pour boire, manger et satisfaire à tous les besoins physiques ; d'autres se déchirent le corps à coups de fouet, ou se font attacher aux pieds d'un arbre avec une chaîne qui doit les fixer jusqu'à la mort. Plusieurs construisent une espèce de tombeau, et n'y respirent que par une petite ouverture, demeurant sous terre un temps si considérable qu'ils semblent devoir y étouffer. Il en est qui ont fait vœu de rester debout, ne <92> se couchent jamais, dorment appuyés contre une muraille ou contre un arbre ; et, pour s'ôter les moyens de reposer et de vivre sans cesser de souffrir, ils s'engagent le cou dans certaines machines semblables à une grille dont ils ne peuvent se débarrasser [252].

Les faits de ce genre sont trop nombreux pour que je puisse les consigner dans cet ouvrage. Je n'en ajouterai qu'un relatif aux blanchisseurs, pêcheurs, gens de basse caste et Parias, qui se montrent aussi cruels envers eux-mêmes que les Fakirs et pénitens des castes distinguées. Leur zèle religieux présente une émulation qui ferait honneur à ceux-ci.

---

[251] *Ibid.,* t. I, p. 75, 76.
[252] Lettres philos. et histor. sur l'Inde, p. 279, 348; SONNERAT, *ibid.,* t. II, p. 58 ; Tableau hist. de l'Inde; *Bouillon,* 1771, p. 252 ; LAFLOTTE, Essais hist. sur l'Inde, p. 313 ; CONWAY, *ibid.,* p. 38.

these ferocious animals. In general, their devotion is so blind that nothing could keep them away from these sacred river banks.[251]

3. *Excessive penances.* — After this, nothing will surprise us any more. As they are prolonged, Indian penances show even more drunkenness and frenzy. Indians inspired by them seem intent on atoning for all crimes. The most cruel tortures are considered a trifle; and they even savor them with an equanimity that I would call *heroic* if the aim and effect of these voluntary hardships were to contribute to humankind's welfare and benefit.

Some of them constantly keep their arms crossed above their heads or on their chests so that it becomes impossible for them to bend them. In order to drink, eat, and meet all physical needs they must have recourse to the compassionate help of pious souls. Others lacerate their body with whips or have themselves attached to a tree with a chain that will hold them there until death. Several of them construct a kind of grave and breathe only through a small opening; and they remain underground for such a long time that they seem condemned to suffocate. Others vow to stay upright <92> and never lie down. They sleep leaning against a wall or a tree; and in order to deprive themselves of the means of repose and to maintain a life of constant suffering, they insert their necks into certain contraptions that resemble a gridiron and that they cannot remove.[252]

Facts of this kind are too numerous to include in this work. I will only add an item concerning washermen and fishermen, people of low caste and Pariahs who appear to be as cruel to themselves as the Fakirs and penitents of higher castes. Their religious zeal is an emulation that would do honor even to the latter.

---

[251] Lord VALENTIA, *Voyage dans l'Indostan*, vol. I, p. 75, 76.

[252] JONES, *Lettres philosophiques et historiques à Mylord S****, p. 279, 348; SONNERAT, *Voyage aux Indes orientales*, vol. II, p. 58; *Tableau historique de l'Inde*, Boüillon, 1771, p. 252; De LAFLOTTE, *Essais historiques sur l'Inde*, p. 313; CONWAY, *Tableau religieux et politique de l'Indostan*, p. 38.

Mariatale est adorée des deux sectes comme déesse de la petite-vérole. Celui qui veut obtenir ses bienfaits fait vœu de se suspendre en l'air. Voici comment la chose s'exécute : le dévoué sectateur se fait passer deux crochets de fer sous la peau du dos, puis on l'attache au bout d'un levier suspendu au haut d'un mat élevé à une vingtaine de pieds. Dès que le patient est accroché, on pèse sur le bout opposé du levier, et il se trouve en l'air. Malgré les douleurs que cet homme souffre, il doit paraître gai et content : autrement son sacrifice ne serait pas agréable à Mariatale, et n'aurait point, aux yeux de la multitude, tout le mérite de la résignation exigée[253].

4°. *Veuves qui se brûlent sur le corps de leurs maris.* — Enfin se présentent à nos regards, et donnent matière <93> aux plus sérieuses et aux plus grandes réflexions, les veuves qui se brûlent sur le corps de leurs maris. Cette dure et impérieuse coutume ne pèse heureusement que sur les deux classes les moins nombreuses, la caste des prêtres et celle des nobles en partie détruite. D'ailleurs, la veuve semble avoir une excuse légitime lorsqu'elle a des enfans ; elle peut en tout cas résister aux insinuations des Brames. Mais hors celui-ci, il y a de la honte pour elle ; il en résulte même une défaveur générale, parce qu'elle s'est refusée au parti le plus méritoire, et qu'elle n'est pas entrée dans la voie la plus propre à conduire à la perfection. L'opinion publique lui fait donc un devoir de se brûler avec les dépouilles mortelles de son époux.

Quelques efforts qu'aient fait les Mahométans et les Chrétiens depuis des siècles pour déraciner ce cruel usage dans leurs possessions, quelques moyens de persuasion ou d'autorité qu'ils aient employés, il y a encore des veuves qui succombent à la terrible influence de la religion indouse. Plusieurs témoins oculaires ont été frappés de la contenance ferme et inébranlable qu'offrent nombre d'entre elles au dernier moment de leur existence. C'est

---

[253] CHARPENTIER-COSSIGNI, Voyage dans l'Inde, t. II, p. 96 ; SONNERAT, *ibid.*, t. II, p. 32, 33.

Mariatale is worshiped by both the Shaivite and Vishnuite sects as the goddess of smallpox. Whoever intends to obtain her benefits takes the vow to be suspended in the air. Here is how this is done: the devoted sectarian has the skin of his back pierced by two iron hooks attached to the arm of a lever positioned on a platform that is about twenty feet high. As soon as the devotee is fastened, the other end of the lever is pressed down and he is suspended in the air. In spite of the pain suffered, the devotee must appear cheerful and content because otherwise his sacrifice would not be agreeable to Mairatale and would, in the eyes of the crowd, not have the merit of the required submission.[253]

4. *Widows that immolate themselves on their husband's body.* At last we turn to a practice that arouses the most serious and great reflections: that of widows who immolate themselves on the bodies of their husbands. Fortunately this harsh and imperious custom affects only the two least numerous castes: that of the priests, and that of the nobles which is partly destroyed. Besides, the widow seems to have a legitimate excuse when she has children, and she can in any case resist the insinuations of the Brahmins. But apart from that, such refusal causes shame or even general ostracism because she has refused to perform the most meritorious action and did not take the most proper path toward perfection. Public opinion thus requires her to immolate herself with the mortal remains of her husband.

Whatever efforts were made by Muslims and Christians who in their possessions have for centuries tried to uproot this cruel custom, and whatever means of persuasion or authority they employed, there are still widows who succumb to the terrible influence of Indian religion. Several eyewitnesses were struck by the firm and steadfast countenance that some of them showed in the last moments of their life. This is why the Brahmins are accused

---

[253] David CHARPENTIER-COSSIGNI, *Voyage dans l'Inde*, vol. II, p. 96; SONNERAT, *Voyage aux Indes orientales*, vol. II, p. 32, 33.

pourquoi ils accusent les Brames de mêler de l'opium à la boisson qu'ils ont coutume de leur donner. Ce qu'il y a de certain, c'est qu'ils cherchent à les distraire de la mort par des chants où l'on préconise leur héroïsme. Ce concert homicide soutient leur courage au milieu du plus triste et du plus pénible appareil.

Le moment s'avance, la malheureuse victime va être dévorée par les flammes. Alors, d'une voix entrecoupée de sanglots, elle fait des adieux touchans à ses proches, qui <94> reçoivent d'elle ses joyaux et la félicitent, les larmes aux yeux, du bonheur qui l'attend; puis elle se précipite au fond de la fosse ardente sur le corps à demi-brûlé de son époux, ou monte sur le bûcher où il repose : elle expire. Souvent elle a prolongé sa cruelle agonie. On l'a vue faire plusieurs fois le tour de la fosse avant de s'y jeter ; on l'a vue se laisser attacher par les pieds et le corps sur le cadavre de son mari, qu'elle tient embrassé quelques instans avant de donner le signal de l'incendie. Un bruit d'instrumens couvre toujours les cris que jette cette infortunée lorsqu'elle éprouve les atteintes du feu. Les païens et autres spectateurs se retirent, après que les deux cadavres sont consumés, avec un sentiment d'admiration pour le dévouement de la veuve, qui vient de sacrifier ses jours à l'amour de son époux et à l'espérance d'arriver plus tôt au bonheur de la vie future[254].

---

[254] SONNERAT, *ibid.*, t. I, p. 161, 171, 175; LAFLOTTE, *ibid.*, p. 294, 295.

of mixing opium into the beverage that is customarily given to the widows. What is certain is that they seek to distract them from death by chants that hail their heroism. This homicidal concert supports their courage in the midst of the saddest and most painful procedure.

The moment arrives when the unfortunate victim is about to be devoured by the flames. Then she offers, in a voice intermingled with sobs, her heart-rending good-byes to her family members who <94> obtain her jewels and congratulate her with tears in their eyes for the happiness awaiting her. Then she hurls herself in the burning pit onto the half-burned body of her husband, or mounts on the funeral pyre where he lies, and dies. Often she even prolonged her cruel agony. Widows were seen to circle the pit several times before throwing themselves into it; or they let themselves be fastened to the feet or body of the cadaver and embraced it moments before giving the signal to set fire to the pyre. The noise of instruments always masks the cries of such unfortunate beings when the effect of the fire is felt. After both bodies have been consumed by the fire, the heathens and other spectators retire with a feeling of admiration for the devotion of the widow who has just sacrificed her days for the love of her husband and for the hope of arriving earlier at the happiness of a future state.[254]

---

[254] SONNERAT, *Voyage aux Indes orientales*, vol. I, p. 161, 171, 175; DE LAFLOTTE, *Essais historiques sur l'Inde,* p. 294, 295.

3°. THIBET, BOUTAN, KALMOUKIE, MONGOLIE ET AUTRES
LIEUX. *Religion de Buddou dominante ; Hérésie.*

La religion de Buddou a reçu quelque atteinte au Thibet et autres états qui la tiennent de lui. J'attribue l'hérésie thibétaine à la demi-théocratie dominante dans les lieux où l'on révère les Lamas. Quelques Bouddistes de l'Indostan qui avaient conservé la doctrine sacrée, la portèrent au sein de ces montagnes[255]. Les pontifes y ont ajouté quelques nouvelles erreurs propagées par la séduction et l'inconséquence humaine.

  Buddou est ici adoré sous d'autres noms[256] ; il a <95> presque la même mythologie, comme homme divinisé, que celle qui défigure son histoire dans la presqu'île au-delà du Gange[257]. Le dieu du ciel reçoit les premiers hommages, et celui des enfers a un rang plus distingué que toutes les divinités secondaires[258]. Mais la métempsycose n'entre pour rien dans la répression des vices et des crimes ; elle a une autre fin ; elle est le sceau de l'indéfectibilité des Lamas. Osons présenter ce nouveau système de glorification, de récompenses et de peines, en un mot du futur ordre des choses.

  Au commencement du monde les hommes vivaient plus de quatre-vingt mille ans ; leur taille était gigantesque ; ils avaient la force miraculeuse de s'élever jusqu'au ciel. La transmigration des âmes était alors générale, non comme peine, car elles suivaient scrupuleusement les lois divines et humaines, mais comme récompense pour perpétuer leur vie, selon les décrets de Dieu, dans des corps toujours renaissans.

  Mais ayant perdu leurs avantages par une désobéissance à la divinité, leur prérogative cessa, et les premiers membres du clergé eurent seuls cette faveur. Ceux-ci, parvenus à une grande per-

---

[255] BOGLE, Voyage au Thibet, p. 137, 147, 149.
[256] *Voyez* les noms divers de Buddou.
[257] PALLAS, *ibid.*, t. I, p. 539.
[258] *Ibid*, 52, 536.

3. Tibet, Bhutan, Kalmyky, Mongolia and other places. Religion of Buddha dominant; Heresy.

The religion of Buddha has been somewhat modified in Tibet and other nations influenced by it. I ascribe the Tibetan heresy to the semi-theocracy dominant in the regions where Lamas are venerated. Some Buddhists of India who had preserved the sacred doctrine carried it into these mountains.[255] The pontiffs added some new errors that spread due to seduction and human inconsistency.

Buddha is here worshiped under different names;[256] he has <95> almost the same mythology of a deified man as that which disfigures his history in the peninsula East of the Ganges.[257] The god of heaven receives the primary worship, and the god of hell has a higher rank than all secondary divinities.[258] But metempsychosis is totally unrelated to the suppression of vice and crime. It has a different role, namely, as the seal of the imperishability of the Lamas. Let us try to describe this new system of glorification and of rewards and punishment, or in short, of the future order of things.

In the beginning of the world, human beings lived for more than eighty thousand years; they were of gigantic size and had the miraculous power of rising up to heaven. In that epoch transmigration of souls was general, but it was not a punishment since everybody scrupulously obeyed the divine and human laws. Rather, it was seen as a reward serving to perpetuate their lives according to God's decrees through repeated rebirth in new bodies.

But when they had lost their benefits through disobedience to the deity, this privilege was canceled and only the superior members of the clergy enjoyed this favor. As they reached great perfec-

---
[255] BOGLE, *Voyage au Thibet*, p. 137, 147, 149.
[256] *See* the diverse names of Buddha.
[257] PALLAS, *Voyage en Russie*, vol. I, p. 539.
[258] *Ibid*, 52, 536.

fection par une sage vigilance sur eux-mêmes, furent doués de l'impeccabilité, et les corps qu'ils revêtirent successivement ne les rendaient sujets aux besoins de la nature que pour faire briller davantage leurs mérites aux yeux de la divinité. Il fut fixé un temps après lequel, quittant la terre, ils iraient habiter le ciel et vivre dans la compagnie des justes[259]. <96> L'homme vertueux ne s'éprouve et n'acquiert de mérites que par la résignation aux peines, afflictions et calamités de la vie. Il se mûrit ainsi pour l'éternité. Les supplices qu'inflige la justice divine aux coupables en enfer servent à l'expiation de leurs fautes ; chacun d'eux peut obtenir ainsi la fin de ces maux. On se fait chez ses peuples une idée bien singulière de ce lieu de peines.

Ici, dit un livre théologique de la secte, de petits diables remplissent de suie les oreilles de ceux qui veulent parler ensemble ; là, ils font rôtir les âmes des grands coupables sur un gril ou à la broche ; d'un côté, on voit une nuée d'ordures et de vidanges qui couvre les pécheurs, et leur fait respirer les odeurs les plus infectes ; d'un autre, des crochets où on les pend ; ils tombent de cascade en cascade sur des pointes de fer qui les mettent en pièces. Si la mort est la suite de ces souffrances, ils sont rappelés à la vie pour en supporter d'autres[260].

Le dieu des enfers remet dans certains corps les âmes qui en ont été séparées; mais il n'accorde cette faveur qu'à ceux qui sont les moins coupables, et doués d'assez bonnes qualités pour servir à l'instruction des hommes qui habitent la terre. Les peines des autres damnés n'étant pas éternelles, un saint Lama trépassé pénètre dans les enfers de temps à autre, et délivre, par le moyen de quelque prière en langue tangouse, une partie des âmes qui se trouvent purifiées pour les conduire au séjour des bienheureux[261].

---

[259] *Ibid.*, 530.
[260] *Ibid.*, 544.
[261] *Ibid.*, 547.

tion through wise watchfulness over themselves, they received the gift of faultlessness; and the bodies that they successively inhabited only subjected them to natural needs in order to make their merits shine more brilliantly in the eyes of the deity. A period of time was set after which, on leaving earth, they were to go to heaven where they live in company of the just.[259]. <96> A virtuous man can only prove himself and acquire merits by resignation to the troubles, afflictions, and calamities of life. In this way he becomes mature for eternity. The tortures that divine justice inflicts upon the culpable in hell has the sole aim of expiating their sins; thus everybody manage to have them stop. These peoples have a quite singular idea of this place of punishment.

A theological book of the sect explains that in hell little devils pour soot into the ears of those who wish to converse with each other, and they roast the souls of the very guilty on a grill or on a spit. On one side of hell one sees a sea of refuse and sewage covering the sinners who are forced to inhale the most revolting odors; on another side there are hooks on which they are hung, and places where they tumble in wave upon wave onto iron spikes that tear them to pieces. If they die as a result of such hardship they are resuscitated in order to suffer additional tortures.[260]

The god of hell reinserts in certain bodies the souls that have become separated; but he only accords this favor to the less guilty who have sufficient good qualities to assist in teaching the inhabitants of earth. Since the punishments of other damned persons are not eternal, a deceased holy Lama occasionally enters hell and delivers some of the souls by way of some prayer in the Tungusic language. They are thus purified and ready to be guided to the abode of the blessed.[261]

---

[259] PALLAS, *Voyage en Russie*, vol. I, p. 530.
[260] Ibid., 544.
[261] Ibid., 547.

Les principales singularités d'usage sont :

1°. *La suprématie des Lamas*. — Ces pontifes si favorisés du ciel se réduisent à un petit nombre ; le plus fameux est celui qui <97> réside au monastère de Pontala près de Lassa ; un autre demeure à Teschou-Loumbou ; un troisième à Kharta, tous dans le Thibet ; trois autres occupent divers territoires du Boutan[262]. Les hordes errantes ont aussi leurs Lamas dont les âmes saintes passent successivement d'un corps à un autre jusqu'au jour fixé par les décrets du dieu des habitations célestes.

Celui des Kalmouks russes campe souvent sur les bords du Volga, et se fixe quelquefois aux environs de l'établissement des frères Moraves[263]. Les Kalmouks ou Eleuths de Tartarie visitèrent long-temps le leur dans sa tente dressée sur les bords du lac Saissan que la rivière d'Istisz traverse non loin de sa source[264]. Les Mongols jaunes ou Kalkas rendirent pendant bien des années les hommages ordinaires au pontife de la horde en un lieu situé près des sources de la Selenga, rivière qui se jette au nord dans le Baikal, lac sur les terres des Russes[265]. Les Mongols noirs révèrent leur Lama comme une espèce de divinité. Il habitait, vers l'an 1770, un endroit appelé *Urgu*, à six journées de Selengenski, ville Russe dans la région d'Ortous au nord-est de Chensi, province chinoise[266].

Le grand Lama ne tient pas un rang plus élevé que ses co-pontifes. Toute la considération dont il jouit se tire de la sainteté du lieu qu'il habite. Le Pontala est le berceau de la religion du Thibet et des peuples nomades ; <98> plusieurs des Lamas tartares en sont sortis ; on y enseigne avec le plus grand soin la théolo-

---

[262] TURNER, *ibid.*, t. I, p. 92 ; Description de la Chine, par le P. DUHALDE, t. IV, p. 463.

[263] BOGLE, Voyage au Thibet, p. 158 ; PALLAS, *ibid.*, Carte de Russie.

[264] Géographie de LACROIX, t. II, p. 229.

[265] LACROIX, *ibid.*, p. 225 ; DUHALDE, *ibid.*, t. IV, p. 24.

[266] *Ibid.*, p. 24 ; LACROIX, *ibid.*, p. 223.

General State of Buddhism in Various Countries: Tibet and Related Regions

The principal characteristics [of Tibetan Buddhism] are:
1. *The supremacy of the Lamas.* — Pontiffs who are so privileged by heaven are very few; the most famous is the one who <97> resides in the monastery of Potala near Lhasa. Another lives in Tashi-lhumpo, and a third in Kharta, all in Tibet. Three additional Lamas live in different areas of Bhutan.[262] The nomad hordes also have their Lamas, whose holy souls pass from one body to the next until the day set by the decrees of the god of heavenly abodes.

The Lama of the Russian Kalmyks often camps on the banks of the Volga and sometimes stays in the vicinity of the seat of the Moravian brothers.[263] For a long time, the Kalmyks or Eleuths [Oirats] of Tartary visited their Lama in his tent on the shore of Lake Saissan fed by the Istisz river not far from its source.[264] For many years, Yellow Mongols or Kalkas had ordinary men pay respect to the pontiff of their tribe in a place near the source of the Selenga river that feeds the Russian Lake Baikal from the north.[265] The Black Mongols worship their Lama like a kind of deity. Around 1770 he lived in a place called *Urgu*, a six-day journey from the Russian city of Selengenski in the Ortus region to the North-East of the Chinese province of Shaanxi.[266]

The great Lama does not hold a higher rank than his fellow pontiffs. All the esteem he enjoys is due to the sacredness of the place where he lives. The Potala is the cradle of the religion of Tibet and the nomad peoples; <98> several of the Tartar Lamas have come from there, and it is the place where the theology of

---

[262] TURNER, *Ambassade anglaise au Thibet et au Boutan*, vol. I, p. 92; DUHALDE, *Description ... de la Chine et de la Tartarie chinoise*, vol. IV, p. 463.

[263] BOGLE, *Voyage au Thibet*, p. 158 ; PALLAS, map of Russia in *Voyage en Russie*.

[264] Nicolle DE LA CROIX, *Géographie moderne* (1800), vol. II, p. 229.

[265] DE LA CROIX, *ibid.*, vol. II p. 225; DUHALDE, *ibid.*, vol. IV, p. 24.

[266] DUHALDE, *ibid.*, p. 24.; DE LA CROIX, *ibid.*, p. 223.

gie de Buddou²⁶⁷. Voilà les causes de ce concours de pèlerins qui viennent de la Chine, de l'Indostan, et principalement des déserts de la Tartarie, pour visiter les tombeaux des anciens pontifes, se prosterner devant leurs cendres conservées dans de somptueux édifices, offrir au Lama régnant de riches offrandes, recevoir avec dévotion et humilité la bénédiction qu'il distribue largement à tous, et de petits grains bénis qu'il donne avec réserve et à très-peu de monde²⁶⁸.

---

²⁶⁷ DUHALDE, *ibid.* ; le P. GEORGI (*Alphabetum thibeticum. Romæ, anno 1762*), cite dans l'Abrégé de la Géographie moderne de PINKERTON et WALCHENAER, 1811, t. II, p. 95.

²⁶⁸ PALLAS, *ibid.*, t. I, p. 548. Ceux qui ont été gratifiés des boules bénites les portent toujours avec eux ; ils n'en font usage que dans les maladies où la mort est inévitable. Les Gylongs veulent que ces pilules servent à distraire l'âme des choses temporelles, et à la purifier; elles sont noires et de la grosseur d'un pois. En les examinant avec des yeux dégagés de superstition, on leur trouve une vertu purgative. (PALLAS, *ibid.*, t. I, p. 559.) Il a paru depuis quelques années une brochure attribuée à ce même auteur, et intitulée : *Description du Thibet,* où l'on prétend (p. 30) que les excrémens de ce pontife servent à former des amulettes, faire des fumigations, composer des remèdes internes; que son urine est distribuée par petites gouttes et donnée dans les maux les plus graves ... Si ce petit ouvrage, admis comme vrai par PINKERTON et WALCHENAER, était avoué (Voyez l'*Abrégé de la Géographie* ci-dessus cité, t. II, p. 93), comment accorder Pallas avec lui-même; d'autant plus que, selon l'auteur, quel qu'il soit, tous les prêtres Tangouts, Mongols et Kalmouks, s'accordent à dire la même chose, ce qui le met en opposition formelle avec le voyageur précite, qui tenait le contraire de plusieurs d'entre eux? Cette assertion, d'ailleurs, n'est pas nouvelle. Je ne connais pas le premier écrivain qui l'a avancée ; ce ne peut être qu'un homme discrédité par des fables ; car aucun géographe n'en a tenu compte jusqu'à ce jour, même pour la réfuter, quoiqu'elle ait fourni au philosophe de Fernay (Œuvres de Voltaire, Dict. philos., article *Religion*, 8e question, in-12, 1785, vol. LVIII de la collection) <99> la matière de bien des plaisanteries. Turner, connu par un excellent voyage sur le Thibet et le Boutan, ne parle pas même de ce conte accueilli par la crédulité et répété par l'inconséquence, parce que Bogle, qui l'avait précédé, venait de déclarer expressément que les plus favorisés des chefs tartares reçoivent

Buddha is taught with the greatest care.²⁶⁷ This accounts for the stream of pilgrims arriving from China, India, and particularly from the deserts of Tartary in order to visit the graves of ancient pontiffs, to prostrate themselves before their ashes stored in sumptuous edifices, to present to the reigning Lama rich offerings, to receive with devotion and humility the blessings that he generously distributes to all, and to get small blessed pellets that he chooses to present to very few people.²⁶⁸

---

²⁶⁷ DUHALDE, *Description ... de la Chine et de la Tartarie chinoise*; GIORGI (*Alphabetum tibetanum*. Rome 1762) as cited in *Abrégé de géographie moderne, rédigé sur un nouveau plan* by John PINKERTON and C. A. WALCHENAER, 1811, vol. II, p. 95.

²⁶⁸ PALLAS, *Voyage en Russie*, vol. I, p. 548. The recipients of blessed pellets always carry them with them; but they only use them when illness or death are inevitable. The Gylongs hold that these pellets serve to purify the soul and distract it from temporal concerns. They are black and of the size of a pea. When examined without superstition they are found to be purgative (PALLAS, *ibid.*, vol. I, p. 559). A few years ago a brochure ascribed to the same author was published. It is entitled *Description du Thibet* and claims on p. 30 that the excrements of this pontiff are used to produce amulets, perform fumigations, and produce medicine for ingestion. Furthermore, the Lama's urine is said to be distributed in drops and used against the gravest illnesses. ... If this small work is genuine, as PINKERTON and WALCHENAER think (see their *Abrégé de la Géographie* that was cited above, vol. II, p. 93), Pallas would contradict himself, all the more so because the author (whoever he is) asserts that all the Tangut, Mongol and Kalmyk priests agree about this. This squarely contradicts the view of the traveler [Pallas] who heard the opposite from several priests. Besides, this assertion is not new. I do not know which author first made this claim; it can only be a man discredited by his fables, because not a single geographer made mention of this until today, not even in order to refute it. However, it has furnished to the philosopher of Fernay [Voltaire] the material for many jokes (Works of Voltaire, Dictionnaire philosophique, article *Religion,* question 8, in-12, 1785, vol. LVIII of the collected works) <99>. Turner, who is known for the excellent account of his voyage to Tibet and Bhutan, does not even mention this fable born from credulity and thoughtless repetition. He knew that his predecessor Bogle had explicitly declared that the

2°. *Polyandrie.* — La polyandrie, consacrée par l'enseignement du premier pontife ou par son adhésion à un antique usage, est presque particulière au Thibet. Dans chaque région où Buddou est adoré, l'homme n'a qu'une épouse[269]. Si la loi, si le consentement du prince ou du chef de famille laissent à l'individu en certains lieux la liberté de prendre une concubine, plusieurs même, cette tolérance ne présente qu'un engagement de seconde classe ; l'épouse a les honneurs et les prérogatives d'un rang plus distingué[270].

Les mœurs du Thibet autorisent, relativement à la femme polyandre, certaines convenances : la principale, c'est que les hommes auxquels elle unit son sort soient parens ; le plus souvent même ils sont frères, quels que <100> soient leur nombre et leur âge. Le choix d'une épouse appartient à l'aîné. Un témoin oculaire a connu une femme qui avait six maris. Il en a entendu une autre se plaindre que le plus jeune des conjoints ne mettait pas dans l'union commune cette part d'amour et de bienveillance que le devoir exigeait de lui. Le premier enfant appartient au plus

---

du Lama de petites boules de farine consacrées, et non de ses excréméns, qu'ils conservent avec le plus grand respect dans des boîtes d'or pour les mêler dans l'occasion avec leurs alimens (BOGLE, *ibid.,* p. 87). Ces deux derniers ont été reçus (en 1774 et 1795) à la cour des Lamas du Thibet.

[269] C'est vrai nommément pour Ceylan (Vie et Aventures de J.-C. Wolf, premier secrétaire d'Etat à Jaffanapatam, dans l'île de Ceylan, p. 278). Cependant le P. PAULIN S.-BARTHÉLEMI (*ibid.,* t. II, p. 497, 498) dit qu'il existe une espèce d'anarchie de mœurs ; que la monogamie n'y règne pas seule, et que la polyandrie y est autorisée aussi-bien que la polygamie ; ce qui est opposé au récit de notre voyageur, témoin oculaire quant aux femmes polyandres ; et il ne reconnaît dans l'île d'autres polygames que les Mahométans peu nombreux (*ibid.,* p. 291, 292, 293). Sa préoccupation a séduit quelques savans.

[270] PALLAS, *ibid.;* Lettres phil. et hist. sur l'Inde, *ibid.,* p. 225, 226 ; LALOUBÈRE, *ibid.,* t. I, p. 198, 200 ; DE GUIGNES, *ibid.,* t. II, p. 283 ; THUNBERG, *ibid.,* t. III, p. 403.

2. *Polyandry.* — Polyandry, which was established based on the teaching of the first pontiff or on some ancient custom, is almost exclusively met with in Tibet. In every region where Buddha is worshiped a man has only a single wife.[269] If in some regions the law, a prince, or a head of family tolerate taking one or even several concubines, this constitutes only a secondary commitment since the wife enjoys the honors and privileges of her higher rank.[270]

With regard to polyandrous women, the customs of Tibet have certain accepted standards. The principal one is that the men she marries are relatives. Most frequently they are brothers, regardless <100> of their number and age. The choice of a wife is the privilege of the eldest. An eyewitness knew a wife with six husbands. He heard another woman complain that the youngest of her husbands did not invest as much love and benevolence in their union as duty required. The first child belongs to the old-

---

most favoured Tartar chiefs received from the Lama small pellets made from blessed wheat flour, not from his excrements, and that they kept them with the greatest respect in golden boxes in order to mix them, when the need arose, with their food (BOGLE, *Voyage au Thibet*, p. 87). Bogle and Turner were received at the court of the Lamas of Tibet in 1774 and 1795 respectively.

[269] This is true for Ceylon (*Life and Adventures of John Christopher Wolf*, first secretary of state in Jaffanapatam on the island of Ceylon [London: Robinson, 1784], p. 278). However, Father PAULINUS A SANCTO BARTHOLOMAEO (*Voyage aux Indes orientales*, vol. II, p. 497, 498) says that there is a kind of moral anarchy, that monogamy does not reign alone, and that polyandry as well as polygamy are accepted in Ceylon. This contradicts the account of our traveler who was an eye-witness of polyandry and notes that in Ceylon polygamy is only practiced by the Muslims who are not numerous (*ibid.*, p. 291, 292, 293). His prejudice has seduced several scholars.

[270] PALLAS, *Voyage en Russie*, *ibid.*; JONES, *Lettres philosophiques et historiques à Mylord S****, p. 225, 226; LALOUBÈRE, *Voyage dans le royaume de Siam*, vol. I, p. 198, 200; DE GUIGNES, *Voyages à Peking*, vol. II, p. 283; THUNBERG, *Voyage au Japon*, vol. III, p. 403.

vieux des époux, et ceux qui naissent successivement après lui reconnaissent pour père chacun d'eux, selon le degré de l'âge[271].

3°. *Exposition des cadavres.* — Cette coutume ne paraît pas avoir, au premier abord, rien de religieux. Cependant l'on doit croire qu'un usage si dégoûtant ne s'est maintenu depuis les avantages de la civilisation que par des idées propres aux Thibétains, et à la conviction que la prompte destruction des cadavres contribue à la satisfaction des âmes. Les charniers ne sont pas placés bien loin des habitations. Lorsqu'on se donne la peine de les clore, il reste un passage étroit toujours ouvert pour que les chiens et les autres animaux voraces puissent y pénétrer et dévorer, comme autant de proies qui leur sont destinées, tout ce qu'il y a de corruptible dans les corps humains. Le centre est absolument découvert afin que les oiseaux carnivores se jettent sur cette pâture.

Il y a près de Teschou-Loumbou un de ces lieux d'exposition assez spacieux pour tout le voisinage. Il est situé à l'extrémité d'un roc absolument perpendiculaire, et entouré de tous côtés par de grandes murailles qu'on a sans doute bâties pour épargner aux vivans le dégoût et l'horreur que pourrait faire naître la vue des objets. D'une <101> éminence qu'on remarque sur un côté du roc, s'avance une plate-forme construite afin de pouvoir les jeter dans le charnier.

On porte encore les morts sur les montagnes, où ils sont mis en pièces pour être dévorés à l'instant. Plusieurs les déposent simplement dans des lieux isolés, repaires des bêtes fauves, ou, les portant sur les bords d'une rivière ou d'un fleuve, les abandonnent au cours de l'eau[272].

Les Kalmouks ont modifié les usages du Thibet ; ils font choix d'un désert ou d'un bois, les jetant aussi à l'eau selon leur commodité. Mais lorsqu'ils craignent pour eux une trop lente destruction, lorsqu'ils peuvent être importunés de la vue hideuse ou

---

[271] TURNER, *ibid,*, t. II, p. 143, 148 ; BOGLE, *ibid.,* p. 85.
[272] TURNER, *ibid.,* t. II, p. 96, 97 ; BOGLE, *ibid.,* p. 90, 117.

est husband, and subsequent children recognize as father the next husband in the order of their age.²⁷¹

3. *Sky burial of cadavers.* — At first, this custom does not seem religious. However, one is led to believe that such a disgusting custom could only have been maintained, despite the progress of civilization, because of indigenous ideas of the Tibetans and the conviction that the speedy destruction of cadavers contributes to the satisfaction of souls. The charnel grounds are not very far from residential areas. Even when they happen to be closed off, a narrow passageway remains always open so that dogs and other carnivorous animals can enter and devour anything edible of the human cadavers, just as they do with other prey. The center is totally in the open in order to allow birds of prey to throw themselves on this source of food.

In the vicinity of Tashi-lhumpo there is one such sky burial site that is spacious enough for the entire region. Situated at the extremity of an absolutely perpendicular rock face, it is delimited on all sides by high walls that were surely built in order to spare living people the disgust and horror of such a sight. From a <101> protrusion on the side of the rock a platform juts out; it was constructed in order to throw bodies into the charnel ground.

One still carries dead bodies up on mountains where they are dismembered in order to be instantly devoured. Many simply deposit them in isolated places where wild animals live, or carry them to the banks of a stream or river in whose water they are abandoned.²⁷²

The Kalmyks modified the Tibetan customs; as it best suits them they choose a desert or forest or throw the cadavers into water. But when they fear that the disposal would take too long, or that the hideous sight and repulsive smell of decomposing

---

²⁷¹ TURNER, *Ambassade anglaise au Thibet et au Boutan*, vol. II, p. 143, 148; BOGLE, *Voyage au Thibet*, p. 85.
²⁷² TURNER, *ibid.*, vol. II, p. 96, 97; BOGLE, *ibid.*, p. 90, 117.

incommodés de l'odeur repoussante de ces corps en corruption, on les enterre[273]. Avant de terminer cet article, il faut remarquer qu'il n'a été question ici que des individus collectivement pris. Les corps des Lamas du Thibet sont embaumés et conservés dans une châsse, et ceux des pontifes Kalmouks brûlés, afin d'en transporter les cendres dans les diverses stations du désert[274].

4°. CHINE; *religion de Buddou tolérée. Orthodoxie.*

La Chine n'offre aucune de ces singularités de doctrine et d'usages. Tous les habitants de cette région, ainsi que ceux de la Cochinchine, du Tonquin, de Laos et de Camboge, sont orthodoxes. Ils reçurent le bouddisme[275] bien <102> des siècles après la mort du fondateur, et son introduction parmi eux ne date que de l'an 69 de J.-C. On attribue la cause de cet événement à la superstition du frère de l'empereur Mingti, qui espérait, par le moyen des Bonzes de Buddou (Foë), parvenir à la communication des esprits. Cette religion remplissait sans doute un grand vide dans les opinions. La multitude des partisans qu'elle se fit ne laisse aucun doute là-dessus.

Mais que de causes pour ôter à ses ministres l'espérance de la première considération ! Les principaux hommages sont pour l'Empereur ; c'est le représentant du ciel ou du seigneur du ciel sur la terre, le souverain pontife de la divinité qui réside aux plus haut des airs. C'est un père qui veille au bien de ses enfans ; les peines qu'il inflige sont plutôt les effets de sa bonté que les actes de sa justice ; il ne recommande, il ne prescrit que la vertu, et laisse à chacun d'admettre ou de rejeter un culte, pourvu que ceux

---

[273] PALLAS, *ibid.*, t. I, p. 566.

[274] TURNER, *ibid.*, t. II. p. 278 ; BOGLE, *ibid.*, p. 119, 126, 158.

[275] RICHARD, Description du Tonquin, t. I, p. 188 ; Lettres édif. et cur. des Missions étrangères, par les PP. Jésuites, t. xvi, p. 246.

bodies could bother people, they inter the corpses.²⁷³ Before ending this chapter it needs to be noted that only collective customs were discussed here. The bodies of Tibetan Lamas are embalmed and preserved in a shrine, whereas those of Kalmyk pontiffs are cremated in order to carry the ashes to different locations in the desert.²⁷⁴

4. CHINA; *religion of Buddha tolerated. Orthodoxy.*

China does not have any of these unique particularities of doctrine and custom. All inhabitants of this region and also of Cochin China [Southern Vietnam] and Tonkin [Northern Vietnam], Laos, and Cambodia are orthodox. They received Buddhism²⁷⁵ many <102> centuries after the death of its founder, and its introduction in their lands took only place in the year 69 of our era. The cause of this event is said to be the superstition of emperor Ming's brother who hoped to communicate with spirits through the help of the Bonzes of Buddha (Fo). This religion filled without any doubt a great void in people's opinions. The multitude of followers that it gained permits no doubt about this.

But how numerous were the reasons why the initial hopes of its clergymen were dashed! The principal worship is reserved for the Emperor; he is the representative of heaven or of the lord of heaven on earth: the sovereign pontiff of the deity that resides in the highest heavens. He is a father looking out for the well-being of his children; the punishments he dispenses are proof of his goodness rather than acts of justice; he recommends and prescribes only virtue; and he leaves it up to the individual to follow

---

[273] PALLAS, *Voyage en Russie*, vol. I, p. 566.

[274] TURNER, *Ambassade anglaise au Thibet et au Boutan*, vol. II. p. 278; BOGLE, *Voyage au Thibet*, p. 119, 126, 158.

[275] RICHARD, *Description du Tonquin*, vol. I, p. 188 ; *Lettres édifiantes et curieuses* of the Jesuit fathers, 1780, vol. XVI, p. 246.

qu'on recevrait ne contrariassent point les coutumes antiques et paternelles.

Ces coutumes, dont l'empire est absolu, ne sont pas des usages, une discipline, des observances religieuses ; ce sont des habitudes civiles. Toutes les actions journalières qui tendent à satisfaire des besoins physiques, toutes celles qui commandent des affections de famille, des devoirs d'état ou de subordination, sont sujettes à un cérémonial ; rencontres, visites, repas, mariages, naissances, sépultures, requêtes aux Mandarins de diverses classes et à l'Empereur, tout est matière à rites, et le tribunal qui règle ces affaires n'est pas un des moindres de l'empire.

Les maximes des anciens ne sont pas moins chères. Infatués de la philosophie et de la morale des sages <103> les lettrés chinois passent leur vie à les étudier pour en pénétrer le sens. Tel était l'état des choses lorsque Buddou parut ; tel il est encore à bien des égards depuis que sa religion a jeté de profondes racines. Un coup-d'œil sur l'ensemble de la composition morale de cette nation si fameuse ne sera point regardé comme inutile, puisqu'il tend au développement de notre sujet.

Comme les autres peuples de l'univers, celui-ci avait adoré le créateur. Le *Tien,* à qui l'Empereur sacrifie au nom de la nation depuis tant de siècles, est-il le seigneur du ciel, esprit immatériel, ou simplement le ciel matériel animé d'un esprit divin ? La première idée offrirait une croyance si pure, si conforme à la vérité, qu'on pourrait dire des Chinois qu'ils ont conservé l'ancienne tradition du genre-humain toute entière. C'est la pensée de divers membres d'une société distinguée, celle des Jésuites[276], qui, en outre, remarquèrent que les Juifs, établis à la Chine de temps immémorial, désignent le dieu de leurs pères par cette expression[277].

---

[276] *Ibid.,* édition de 1780, t. xxi, p. 409 ; t. xvi; t. xxvi, passim.
[277] *Ibid.,* t. xviii, p. 51.

General State of Buddhism in Various Countries: China

or reject a cult on condition that those that are adopted are not contrary to the ancient customs of the forefathers.

The dominance of these customs is absolute. They are not just customs, a discipline, or religious observances but rather civil conventions. All daily activities that tend to satisfy physical needs, and all actions connected with family ties and with duties of state or subordination, are subject to ceremonial. Encounters, visits, meals, marriages, births, burials, and petitions to Mandarins of diverse grades and to the Emperor: everything is material for rites, and the ministry that deals with these issues is not among the minor ministries of the empire.

The maxims of the ancients are not less valued. Infatuated with the philosophy and morals of the sages <103>, the Chinese literati spend their lives studying them in order to penetrate their meaning. Such was the state of affairs when Buddha appeared, and it remained unchanged in many regards even after his religion had become deeply rooted. Since it will serve our subject, a look at the overall moral makeup of this famous nation should not be without interest.

Like the other peoples of the world, the Chinese had worshiped the creator. Is the *Tian* [天] to which the Emperor for many centuries has offered sacrifices in the name of the nation, the lord of heaven, an immaterial spirit, or simply the material sky animated by a divine spirit? The first idea would constitute a belief of such purity and conformity to truth that one could claim that the Chinese have preserved the ancient tradition of all humankind. This is the opinion of various members of a distinguished society, the Jesuits.[276] They also noted that the Jews, who had settled in China since time immemorial, use the same term [Tian] for the god of their forefathers.[277]

---

[276] *Lettres édifiantes et curieuses*, edition of 1780, vol. XXI, p. 409; vol. XVI; vol. XXVI, passim.

[277] *Ibid.*, vol. XVIII, p. 51.

Selon d'autres missionnaires, ils n'ont pas eu tant de sagesse : et dans l'opinion des lettrés, le *Tien* est un composé du ciel matériel et de l'esprit du ciel, co-principe dont ils ont fait une providence unique qui veille sur les besoins des mortels[278]. Si ces derniers supposent les savans séduits par une fausse métaphysique, c'est qu'ils honorent le soleil, la terre, les génies qui animent les diverses parties et dirigent les opérations de la nature. Le législateur des Hébreux, en se <104> prononçant pour l'unité de dieu, proscrivit de pareils hommages.

Quoi qu'il en soit, il faut convenir que ce peuple professe (au moins la classe de ses lettrés), avec une espèce d'orgueil national, ses anciens dogmes, et la croyance au *Tien*. D'un autre côté, il adhère fermement à ce principe consacré par Confucius, d'après les premiers sages, que le sentiment de la vertu est la récompense de la vertu même, lorsqu'on se rend agréable à Dieu par la piété, l'amour filial, l'humanité et la justice[279]. De ce seul fondement de sa morale classique, on induit qu'il n'admet pas une sanction à l'ordre moral par les récompenses et les peines de l'autre vie.

Je suppose ce vide, cette lacune dans la série de ses premières conceptions métaphysiques, et je ne lui attribue d'autre croyance sur l'immortalité de l'âme, que celle qui donne à l'homme vertueux l'assurance de vivre au-delà du trépas dans la douce paix de son âme, au héros même la jouissance d'un nom qui ne périra jamais ; que celle qui abandonne le vicieux et le coupable à lui-même, à ses mauvais penchans et aux reproches plus amères de sa conscience ; nulle observance religieuse prescrite, la morale n'ayant d'autre appui que le sentiment de la reconnaissance envers la divinité, les remords et la crainte des lois.

---

[278] *Voyez* la lettre des prêtres des Missions etrang., *Paris,* 1700, in-12.
[279] DE GUIGNES, *ibid.,* t. II, p. 250, 251.

According to other missionaries, however, they did not have so much wisdom; and in the opinion of Chinese scholars *Tian* is a composite of the material sky and the spirit of heaven, an amalgamated principle that they fashioned into a unique providence watching over the needs of mortals.[278] If these other missionaries suspect that the scholars had been seduced by false metaphysics, it is because they worship the sun, the earth, and the spirits that animate diverse phenomena and steer the operations of nature. When the legislator of the Hebrews <104> spoke about the unity of God he denounced such tributes.

Be this as it may: one must admit that this people (at least the class of its scholars) professes with a kind of national pride its ancient dogmas and the belief in *Tian*. On the other hand it firmly holds on to the principle, sanctioned by Confucius in accordance with China's first sages, that the sentiment of virtue is virtue's very reward if one makes oneself agreeable to God by piety, filial love, humaneness, and justice.[279] Based exclusively on this foundation of China's classical morality, one would infer that it does not admit moral sanction through rewards and punishments in the afterlife.

I conjecture the existence of this void or gap in China's first metaphysical conceptions, and I assign to China no other belief about the soul's immortality than the kind of immortality which renders virtuous men confident of living beyond death in sweet repose of their soul, and the immortality of a hero's imperishable name. The vicious and guilty are left to themselves, to their evil propensities, and to the bitter pangs of their conscience; there is no duty of religious observance, and the ethics are based exclusively on a feeling of gratitude toward the deity, remorse, and fear of the law.

---

[278] See the *Lettre de Messieurs des missions étrangères au Pape sur les idolatries et les superstitions chinoises*. Paris, 1700, in-12.
[279] DE GUIGNES, *Voyages à Peking*, vol. II, p. 250, 251.

Laotse parut. Né vers vers l'an 600 avant J.-C. et 53 avant Confucius, il n'avait pas cherché en vain à augmenter la force des sentimens religieux. Voici sa métaphysique ; il dit : le *Tien* est l'auteur de tout ce qui existe ; <105> le monde est gouverné par des dieux qui tiennent leur existence de lui ; il a accordé à l'homme une âme immortelle, punit et récompense dans l'autre vie ; les grands hommes sont dignes de l'apothéose. D'illustres et de vertueux empereurs protègent à ce titre les faibles mortels qui les invoquent...

Laotse prit le cachet de la mysticité... Le bonheur ne consiste pas dans les plaisirs, les folles joies, l'ambition, les passions violentes, mais dans une parfaite tranquillité d'âme. Nul ne sera entièrement sage s'il ne vit avec une grande sécurité sur le présent et l'avenir. Le repos procure seul la félicité. Ce quiétisme, joint à une immortalité de l'âme qui n'était présentée que sous des rapports moraux, fut du goût de mille et mille personnes. On lui doit les premières réunions de cénobites, leur réputation de sainteté, la dotation des riches monastères de sa secte, des pratiques claustrales d'une singularité inconnue jusqu'alors[280].

Les Bonzes de Laotse durent encore aux prestiges de l'alchimie une partie de leur crédit. Ils composaient et distribuaient des breuvages de longue vie. Cette ressource de charlatans réussit au gré de leurs espérances. La divinité avait choisi les plantes et toutes les matières qui devaient donner un suc ou un extrait pour la composition de ces préservatifs contre une mort prématurée.

Des lettrés même succombaient à ces illusions. Mais les Bonzes de Buddou (Foë) devaient mettre en mouvement des agens bien plus forts, le dévouement absolu et le fanatisme. On connaît le bouddisme ; il n'avait rien de <106> trop austère pour des âmes ardentes. Sa métaphysique des premiers êtres frappa, eut beaucoup de cours par cela même qu'elle était nouvelle et plus dogmatique. Jamais religion n'avait été présentée aux peuples avec plus d'assurance.

---

[280] *Ibid.*, t. II, p. 330.

Laozi appeared. Born around the year 600 before Christ and 53 years before Confucius, his attempt to increase the power of religious feelings was not in vain. This is his metaphysics: he says that *Tian* is the author of all that exists <105> and that the world is governed by gods who owe their existence to him. He gave to man an immortal soul, and he punishes and rewards in the future state; and great men are worthy of deification. Illustrious and virtuous emperors protect the weak mortals who invoke them...

Laozi ingested the drug of mysticism... Happiness does not consist in pleasures, wild joy, ambition, or intense passion but in perfect tranquillity of the soul. Noone will be fully wise unless he lives in great security about the present and future. Only peace of mind can ensure happiness. Joined with an immortality of the soul that was merely presented in moral terms, this quietism appealed to thousands upon thousands of persons. One owes to Laozi the first monastic communities, their reputation of saintliness, the endowment of rich monasteries of his sect, and particular monastic practices that had been unknown before.[280]

The Bonzes of Laozi owed part of their reputation to the prestige of alchemy. They composed and distributed potions that prolong life. This expedient of the charlatans succeeded according to their hopes. The deity had chosen plants and all ingredients whose sap or extract was needed for the preparation of these prophylactics against premature death.

Even the scholars succumbed to these illusions. But the Bonzes of Buddha (Fo) had to employ much more potent means, namely, absolute devotion and fanaticism. It is known that in Buddhism nothing <106> can be austere enough for fervent souls. Buddha's metaphysics of the highest beings was striking and spread widely due to its newness and more dogmatic nature. Never had a religion been presented with more assurance to a populace.

---

[280] DE GUIGNES, *Voyages à Peking*, vol. II, p. 330.

Le fondateur avait rendu évidentes la différence et même les nuances du bien et du mal, non par des raisonnemens que les passions auraient fait envisager comme spécieux, mais par l'établissement d'un ordre gradué de peines et de récompenses au-delà du trépas. En admettant dans l'homme une âme qui ne se détruit point, qui existe avant le corps, qui, après avoir subi pour l'expiation de ses fautes diverses mutations plus ou moins pénibles par la métempsycose, se trouve non-seulement purifiée de ses souillures, mais encore assez riche d'un fonds de mérites pour se réunir à la divinité, on ne put douter que la jouissance de Dieu n'ait été le but et la fin de l'existence de l'homme. Ce mode de l'immortalité de l'âme, quelque absurde qu'il soit aux yeux du sage, et pesé au poids de la raison, lui donna des millions de sectateurs.

C'est ainsi que l'opinion s'est partagée ce vaste empire. Les uns se regardent comme des penseurs, et savourent avec orgueil leur fausse philosophie. Les autres s'abandonnent à l'effusion et à l'expansion des sentimens religieux. L'austérité et le zèle des Bouddistes interviennent comme un poids dans la balance pour en être les premiers régulateurs.

Les Tartares-Mantchoux conquirent, en 1644, la Chine, dont ils adoptèrent la civilisation, les moeurs et la religion nationale. Le nouvel Empereur offrit des sacrifices au *Tien,* et un prince de la maison impériale au soleil <107> et à la terre, selon l'antique usage de la nation[281]. La plupart des vainqueurs étaient cependant des Fohistes ou Bouddistes. Ce syncrétisme assura la tranquillité publique et la liberté des consciences.

---

[281] DE GUIGNES, *ibid.,* t. II, p. 352.

The founder had highlighted the difference between, and even the nuances of, good and evil. He had done so not by explanations that could have appeared specious to people enthralled by passions, but rather by the establishment of a graduated order of punishments and rewards after death. He admitted that man has an indestructible soul that exists prior to the body. After undergoing in metempsychosis a number of more or less harrowing mutations in order to expiate its sins, man's soul finds itself not only cleansed of stains but rich enough in merits to be able to reunite with the deity. There is no doubt that the enjoyment of God was seen as the goal and end of human existence. However absurd it may appear in the eyes of the sage and by the standards of reason, it is this kind of immortality of the soul that earned [Buddha] millions of followers.

Different opinions thus reign in this vast empire. Some people regard themselves as thinkers and savor their false philosophy with pride. Others abandon themselves to the outpouring and escalation of religious feelings. The austerity and zeal of the Buddhists function like a weight on a scale in regulating religious sentiments.

The Manchu Tartars conquered China in 1644 and adopted its civilization, customs, and national religion. In accordance with ancient custom the new Emperor performed sacrifices to *Tian*, and an imperial prince did the same for the sun <107> and the earth.[281] However, the majority of the conquerors were Fohists, that is to say Buddhists. This syncretism guaranteed public peace and freedom of conscience.

---

[281] DE GUIGNES, *Voyages à Peking*, vol. II, p. 352.

5°. JAPON. *Religion de Buddou tolérée; orthodoxie.*

Enfin le Japon se distinguait aussi par un genre particulier d'habitudes morales, lorsque la religion de Buddou commença à être connue vers l'an 518 de J.-C. L'observateur n'aurait alors remarqué chez les Japonais ni usages civils prescrits par un cérémonial rigide, tels que ceux de la Chine, ni usages religieux qui s'étendissent impérieusement aux choses indifférentes, comme le vêtement, la nourriture habituelle, etc.[282], ainsi que cela a lieu dans l'Indostan. L'opinion japonaise, fixée au milieu de ces extrêmes, ne s'était prononcée que pour la vive répression du crime, et même la punition trop sévère des moindres fautes[283].

Elle avait presque mis la morale hors de la religion. Voilà sans doute ce qui a fait perdre au culte national une partie de son influence populaire, et donné un grand crédit à celui de Buddou, qui concilie ces avantages avec le respect des lois civiles et religieuses. Je ne peux raconter de quelle manière s'opéra cette grande révolution, sans dire un mot du système primordial que la nation avait adopté.

Le premier, le plus grand des dieux du Japon, habite <108> au plus haut des cieux ; il est l'essence de la lumière et du soleil. Chaque planète, chaque étoile est aussi le séjour d'une divinité. Viennent ensuite, pour compléter la hiérarchie, des demi-dieux et des héros dont l'histoire choque le bon sens et la raison[284]. Les peuples n'adorent ni les uns ni les autres ; mais des divinités placées plus près d'eux qui ont tout pouvoir sur le pays. Comme celles-ci président à ses élémens, à la génération et à la conservation des animaux, en vertu de ce pouvoir immédiat, elles sont

---

[282] Tout est réglé, jusqu'à la sauce ou marinage dont chacun doit assaisonner ses mets (HOLWEL, part. II, p. 146).

[283] KAEMPFER, *ibid.*, t. II, p. 18.

[284] *Ibid.*, p. 14, 15.

5. JAPAN. *The Religion of Buddou tolerated; orthodoxy.*

Finally, Japan also had a particular kind of moral customs when the religion of Buddha came to be known around the year 518 of our era. A contemporary observer would have noted that the Japanese then had neither civil customs requiring a rigid ceremonial as in China nor, as in India, religious customs completely dominating indifferent things such as clothing and food habits.[282] Japanese opinion found itself between these two extremes, but it aimed only at strictly repressing crime in a manner that included overly harsh punishment of the slightest offenses.[283]

Morality was almost removed from the realm of religion. This is doubtlessly what caused the national [Shinto] cult to lose part of its popular influence and provided much credit to that of Buddha which combined the advantages of morality with the respect of civil and religious laws. I cannot discuss the manner in which this great revolution came about without saying a few words about the primordial system that the nation had adopted.

The first and supreme god of the Japanese pantheon dwells <108> in the uppermost heaven; he is the essence of light and of the sun. Each planet and star is also the abode of a deity. To complete the hierarchy, the Japanese then have demigods and heroes whose history is shocking to common sense and reason.[284] People do not worship either of these; but divinities associated with them totally dominate the country. Since these divinities control the elements as well as the generation and preservation of animals, they

---

[282] Everything is regulated down to the gravy or marinade that must be used for seasoning one's dishes (HOLWELL, *Mythologie des Gentoux*, vol. II, p. 146).

[283] KAEMPFER, *Histoire du Japon*, vol. II, p. 18.

[284] KAEMPFER, *ibid.*, p. 14, 15.

portées à leur faire du bien et du mal, à les rendre heureux ou malheureux en cette vie[285].

L'âme est immortelle : elle peut s'élever jusqu'au ciel et occuper sa région inférieure lorsqu'elle appartient à ceux qui ont bien vécu dans le monde. Son existence y est aussi douce et aussi agréable que sa nature peut le comporter. Il n'est pas permis à celles des impies et des méchans de tendre à ce séjour. Leur condamnation est d'être errantes aussi long-temps qu'il faut pour expier leurs crimes. La privation est toute la peine ; nul lieu de tourmens, nul supplice pour elles jusqu'au jour où commencera une nouvelle vie[286].

Point de prêtres qui aient des fonctions religieuses à remplir ; des laïcs sont chargés de l'entretien et de la propreté du temple. Les fêtes périodiques y rappellent les citoyens pour faire isolément des prières et des offrandes à la divinité. On cherche à s'y rencontrer, parce que la vue d'un ami, d'un parent, détruit l'influence des jours malheureux. Les souhaits de bonne santé, de longue vie, de prospérité faits aux personnes présentes, semblent inviter <109> les dieux à éloigner d'eux l'infortune. Les immortels se récréent même avec les hommes dans l'enceinte sacrée par des comédies et autres spectacles qu'on y donne[287].

Le pèlerinage à Isle est un rit national et annuel que tous regardent comme une obligation indispensable. Les dévots y reçoivent un ofawai ou boîte remplie de petits bâtons déliés, enveloppés d'un papier blanc. Les prêtres distribuent aux personnes présentes, pour elles et pour leurs mandataires, cet antidote sacré que celles-ci transportent jusqu'aux extrémités de l'empire. On croit que le conserver avec soin, c'est s'assurer une vie pure et vertueuse[288].

---

[285] *Ibid.*, p. 3.
[286] *Ibid.*, p. 16.
[287] *Ibid.*, p. 6, 7, 8 ; THUNBERG, t. III, p. 251, 254.
[288] KAEMPFER, *ibid.*, t. II, p. 37.

are by virtue of this practical power benefiting or harming them, thus making them happy or unhappy in this life.[285]

The soul is immortal; it can rise up to heaven and dwell in its lower region if it belongs to someone who has led a good life on earth. Its existence in the yonder is as gentle and also as pleasant as his nature warrants. The souls of impious and nasty people are not allowed to dwell there. They are condemned to stray as long as it takes for them to atone for their crimes. Their punishment consists entirely of privation; there is no place dedicated to torments, and there is no torture for them until the day when a new life begins.[286]

There are no priests for religious functions, and laypersons are charged with the maintenance and cleaning of the temples. During periodic festivals the citizens go to sanctuaries for individual prayers and offerings to the deity. They like to meet there because the sight of a friend or relative is thought to cancel the influence of unlucky days. The wishes for good health, longevity, and prosperity that the gathered people offer to one another seem to invite <109> the gods to refrain from inflicting misfortune on them. The immortals are recreated in their midst through performances of comedies and other spectacles.[287]

The pilgrimage to Ise is a national rite that takes place annually and is regarded by all as an indispensable obligation. There the faithful obtain an oharai [purification] or a box filled with small loose sticks wrapped in white paper. The priests distribute these to the persons in attendance both for their benefit and for that of the people they represent, and people then bring them to the furthest parts of the empire. They believe that preserving them with care guarantees a pure and virtuous life.[288]

---

[285] KAEMPFER, *Histoire du Japon*, vol. II, p. 3.
[286] KAEMPFER, *ibid.*, p. 16.
[287] KAEMPFER, *ibid.*, p. 6, 7, 8 ; THUNBERG, *Voyage au Japon*, vol. III, p. 251, 254.
[288] KAEMPFER, *Histoire du Japon*, vol. II, p. 37.

Ni précepte ni commandement de morale écrite. Les monarques-pontifes n'ont rédigé aucun code, pas même une loi ecclésiastique qui puisse diriger les hommes dans la pratique de leurs devoirs envers les dieux, les magistrats et les citoyens. Cependant le Japonais primitif a sondé son cœur, reconnaît la moralité des actions humaines, et croit que l'homme qui tend à la vertu doit s'abstenir de toutes les actions défendues par les lumières de la raison, l'ordre particulier et immédiat du magistrat ; mais il ne sait où s'arrêter, et pense qu'il contracterait des souillures et se rendrait impur aux yeux de la divinité en versant le sang des hommes et des animaux, en mangeant de la chair et en louchant à un cadavre[289]. Toutes les rigueurs sont pour le Jammabos ou soldat de montagne ; il ne vit que de plantes ou de racines, jeûne, se lave à l'eau froide, erre dans les bois <110> et les forêts, dans les lieux déserts et inhabités ; en un mot mène une vie pleine d'austérités, espérant jouir plus tôt de la divinité[290].

Tel est l'édifice religieux fondé au Japon sous les monarques-pontifes. Il faut convenir que la pensée en est originale et l'aspect pas trop sombre. Le bouddisme, d'un caractère différent et d'une rigidité extrême, allait trouver des âmes ferventes qui le professeraient avec une foi aveugle et une scrupuleuse exactitude. La conversion de la nation japonaise, tentée sans succès jusqu'alors, eut lieu au commencement du sixième siècle de l'ère chrétienne. Darma, homme dont le zèle n'avait point de bornes, et qui étendit sa prédication de Siam par la Chine jusqu'au Japon, opéra cette révolution. Au milieu de ses nombreux prosélytes, il comptait plusieurs courtisans. L'Empereur même, quoique pontife de la religion dominante, fut assez désintéressé pour ne pas craindre une rivalité religieuse. Ses successeurs accordèrent au bouddisme une égale protection[291].

---

[289] *Ibid.*, t. II, p. 18.
[290] *Ibid.*, t. II, p. 45, 49.
[291] *Ibid.*, p. 69, 70.

General State of Buddhism in Various Countries: Japan

They know neither precepts nor written moral commandments. The monarch-pontiffs did not redact any code, nor even an ecclesiastical law to guide people in the fulfilment of their duties to the gods, magistrates, and citizens. Nevertheless the primitive Japanese did examine their heart, recognized the morality of human actions, and believed that a virtuous person must abstain from all actions that are prohibited by the light of reason or by a particular and direct order of a magistrate. But they did not know where to stop and thought that spilling human or animal blood, eating meat, and looking at a cadaver would defile them and render them impure in the eyes of the deity.[289] The Jammabos [Yamabushi] or soldiers of the mountains undergo all possible rigors; they live exclusively from plants and roots, fast, bathe in cold water, and roam in woods, <110> forests, and deserted and uninhabited places; in short, they lead a life full of austerities in the hope of enjoying divinity more quickly.[290]

Such is the religious edifice erected under the Japanese monarch-pontiffs. One has to agree that its thought is original and its character not too somber. Buddhism with its different character and extreme rigidity was bound to find fervent souls following it with blind faith and scrupulous attention. The conversion of the Japanese nation, though previously attempted without success, took place at the beginning of the sixth century of the Christian era. This revolution was brought about by Darma [Bodhidharma], a man whose zeal knew no bounds and who extended his mission from Siam via China to Japan. Among his many converts were several courtesans. Even the emperor, in spite of his status as pontiff of the dominant religion, was so disinterested that he did not fear religious rivalry. His successors accorded equal protection to Buddhism.[291]

---

[289] KAEMPFER, *Histoire du Japon,* vol. II, p. 18.
[290] *Ibid.,* vol. II, p. 45, 49.
[291] *Ibid.,* vol. II, p. 69, 70.

Placé dans une position différente, en l'année de notre ère vulgaire 1583, par l'usurpation du généralissime de ses troupes, le pontife, qui cessait d'être monarque, n'eut pas à se plaindre que le nouveau maître de l'empire ait porté la moindre atteinte à la liberté religieuse[292]. La tolérance s'étendit sur toutes les sectes.

On a remarqué en ce pays que la religion de Buddou y possède un avantage dont aucune autre ne peut se vanter. L'intérêt ou des convenances de famille empêchent <111> qu'elle ne soit professée par nombre de personnes, quoiqu'elles la regardent comme étant la seule qui offre la vérité sur l'état futur des âmes. Il n'est pas rare de voir des hommes qui suivent la croyance primitive, se recommander aux Bonzes de ce dieu, les prier de réciter sur eux le *Namanda* ou la prière pour les morts, consistant en certains cantiques et ces mots plusieurs fois répétés : *Amida et Buddou, sauvez-nous*. Ils ordonnent également de brûler leurs corps à la manière des Bouddistes[293].

Récapitulation.

C'est un fait incontestable ; Buddou est un personnage fameux ; il n'a point été arraché à l'oubli par les soins d'un laborieux annaliste ou d'un habile antiquaire. Ce n'est ni à une inscription, ni à une médaille qu'il doit une nouvelle existence ; il est connu dans sa vie et dans ses mœurs. Descendu de l'autel où l'aveuglement et la superstition l'avaient placé, Buddou est un philosophe distingué, un sage né pour le bonheur de ses semblables et le bien de l'humanité.

Homme divinisé, il est le premier des législateurs religieux de l'Asie orientale. Sa doctrine, quoique du second jet de l'erreur, et tout en détruisant de grossières superstitions, n'en conserve pas moins le vice de son origine : elle se trouve infectée de polythéisme. Quant à la morale, l'auteur présente, mais souvent exa-

---

[292] *Ibid.*, t. III, p. 234.
[293] *Ibid*, t. II, p. 15, 16, 96; t. III, p. 25, 207, 225.

After the position of the pontiff changed in the year 1583 through the usurpation of his troops by the generalissimo, he ceased to be Japan's monarch; but he had no cause to complain about the new ruler of the empire since religious liberty was not diminished in any way.[292] Tolerance extended to all sects.

It was noted that in Japan the religion of Buddha enjoys an unrivaled advantage. Family interests or conventions prevent it from being professed by many people even if they regard it as the only religion that offers the truth about the future state of souls. It is not rare that followers of the primitive beliefs commend themselves to the Bonzes of this god [Buddha] and ask them to recite for them the *Namanda* [Namu Amida Butsu] or prayer for the dead. It consists of certain hymns and the following phrase that is repeated several times: *Amida and Buddha, save us.* They also want their bodies cremated in the Buddhist manner.[293]

Summary

It is a fact that cannot be contested: Buddha is a famous personage who has not been wrested from oblivion by an industrious annalist or an able antiquarian. He has not become known through an inscription or a medallion but rather through his life and morals. Removed from the altar on which blindness and superstition had placed him, Buddha is a distinguished philosopher, a sage born for the happiness of his fellow creatures and for the good of humanity.

A deified man, he is the foremost of religious law-givers of eastern Asia. Though his doctrine only sprang from the second gush of error, and though it destroyed gross superstitions, it has nonetheless preserved the vice of its origin: it finds itself infected by polytheism. With regard to morality, the founder presents to

---

[292] KAEMPFER, *Histoire du Japon*, vol. III, p. 234.
[293] *Ibid*, vol. II, p. 15, 16, 96; vol. III, p. 25, 207, 225.

gère à l'homme ses devoirs, séduit par le désir de les lui faire aimer davantage. <112>

Son influence n'a pas été par-tout la même. Ici le bouddisme triomphe des croyances dont on ne peut se rendre compte à soi-même, de traditions non écrites, fugitives, sur des divinités locales adorées avec la dévotion la plus vive dans la prospérité, objets du mépris et de la haine dans un moment de désespoir. Là il oppose sa fausse sagesse à des erreurs accréditées, à une lueur de philosophie, à la séduction de l'exemple, à l'empire des usages, à la force des coutumes.

man his duties—though often exaggerating them, seduced by his desire to have people love them more. <112>

His influence has not been the same everywhere. In some regions Buddhism triumphed over beliefs that one cannot even explain to oneself, over unwritten ephemeral traditions, and over local deities that are worshiped with the keenest devotion while prosperous, but despised and hated in a moment of despair. In other regions it employs its false wisdom to fight against known errors, against faint notions of philosophy, against the seduction of example, against the empire of common practice, and against the power of customs.

Coup-d'œil sur la durée du Bouddisme et des autres cultes du Polythéisme ; conséquence d'un changement de religion dans la haute Asie.

Je termine cet ouvrage par quelques réflexions. Peut-on espérer que, quant à la religion, il naisse un nouvel ordre de choses pour l'Asie orientale ?... Je n'hésite point à prononcer : quelque pente qu'aient les peuples de ces immenses contrées à ne pas élever leur pensée au-dessus d'un enseignement d'habitude, ils finiront par secouer le joug ; révolution certaine, mais ajournée. Tant qu'un heureux concours de circonstances n'aura pas amené un changement total dans l'idée des nations, tant que la pluralité des dieux et la métempsycose ne seront pas rejetées, la crédulité s'alimentera toujours de nouvelles et de grossières erreurs ; car des croyances qu'on n'a pas précisées tendent, par le vague et la latitude qu'elles prennent, à se surcharger de fables qui se combattent pour se détruire, et qui sont à peine goûtées que d'autres leur succèdent, en inspirant plus d'intérêt.

De tous les cultes nationaux dont nous avons parlé par rapport au bouddisme, quelques-uns ont des points de <113> doctrine et de morale. Il semble à leurs sectateurs que ces institutions paternelles sont appuyées sur une base solide. Fiers de ce frêle édifice construit par une vaine sagesse, on dirait qu'elles sont étrangères à tout esprit mythologique, ou ennemies de toute histoire ridicule et extravagante. La préoccupation est telle qu'on ne peut prévoir le terme de l'engouement. Mais comme ce qui est humain doit périr par les oscillations plus ou moins fortes de l'opinion, je n'en doute point, un temps est fixé, dans la série des siècles, où chaque nation asiatique, mue par un sentiment d'horreur pour d'anciennes superstitions, renversera les autels des dieux de ses pères.

Si le bouddisme doit avoir une plus longue existence, c'est qu'il jouit d'une espèce d'universalité. Cette propagation dont nous avons assigné la cause n'est pas pour lui le titre d'une éternelle du-

The Future of Buddhism

A look at the future of Buddhism and the other polytheistic cults; consequence of a change of religion in High Asia.

I will conclude this book with some reflections. Can one hope that with regard to religion a new order of things is going to be established in Eastern Asia? . . . However much resistance the peoples of this immense region might have to elevate their thinking above a doctrine that they are used to, I do not hesitate to say that they will end up shaking off the yoke: a revolution is certain, but it will be deferred. In the absence of a fortunate set of circumstances that brings about a total change in the ideas of these nations, and as long as multiple gods and metempsychosis will not be rejected, credulity will be ever fed by new and gross errors. This is so because beliefs that have not been well defined tend, due to their vagueness and broadness, to be overloaded with fables that battle against and destroy each other. As soon as one is appreciated, it is succeeded by different ones that inspire more interest.

Of all the national cults that were mentioned in connection with Buddhism, some have tenets <113> of doctrine and morality. Their followers are under the impression that these institutions of their forefathers are built on a solid foundation. They are proud of the frail edifice erected by vain wisdom, and they seem either to lack any sense of mythology or to be hostile to ridiculous and extravagant stories. Their zeal is such that one cannot foresee the end of such infatuation. But since what was created by humans must perish through more or less strong fluctuations of opinion, there will in the course of centuries definitely come a time when each Asian nation will, moved by a feeling of horror for ancient superstitions, topple the altars of the gods of their forefathers.

If Buddhism is bound to survive longer, it is because it enjoys a kind of universality. However, propagation whose cause we described does not guarantee eternal duration. For several centuries,

rée. La religion des Grecs et des Romains a possédé pendant plusieurs siècles un aussi grand avantage. Une région immense, dont la Méditerranée est le centre, était habitée par des peuples admettant les mêmes dieux, ce polythéisme, qui avait subjugué les sens et l'imagination par des fêtes riantes, des cérémonies pompeuses, et un culte plein d'images. La présence du christianisme, tout cela s'est évanoui comme une ombre, comme une vaine pensée.

On ne saurait dire comment s'opérera ce changement ; car il se présente plusieurs hypothèses sur l'état futur des choses en Asie. La première supposition est que, secouant le joug par ses propres efforts, et se passionnant pour l'unité de Dieu et le dogme vrai sur l'immortalité de l'âme, elle parviendrait à se donner une religion analogue à ces dispositions. <114> Ce n'est pas d'une profonde conception qu'on peut attendre quelque chose. Il y a des philosophes qui connaissent les premières vérités et qui peuvent en répandre la connaissance ; mais pour faire aimer leur doctrine du plus grand nombre et la placer hors de la cathégorie des opinions spéculatives, elle doit se servir de l'enthousiasme religieux, de ce sentiment qui ne semble tirer sa force que du temps.

Les nations orientales, méprisant les chimères qui semblaient former pour elles des illusions durables, jetteront encore leurs regards sur les premiers jours de leur existence civile, si féconds en grands souvenirs. Désabusées sur le nombre des dieux, leurs anciennes traditions leur seront encore chères, y trouvant des vestiges précieux de choses religieuses, et des élémens qui leur sembleront positifs et propres à une récomposition.

{*Ed.: Deuxième supposition omise; pp. 114-120; Discussion de l'islam et sa science comme moins promettants moyens de la conversion de l'Asie au monothéisme*}

{*Ed.: Troisième supposition omise; pp. 120-124; Discussion du christianisme et la science européenne comme plus promettants moyens de la conversion de l'Asie au monothéisme*} <125>

The Future of Buddhism

the religion of the Greeks and the Romans enjoyed as great an advantage. An immense region with the Mediterranean sea at its center was inhabited by peoples who believed in the same gods: a polytheism that had subjugated their senses and imagination by boisterous festivals, pompous ceremonies, and a cult with rich imagery. But with the rise of Christianity all of this vanished like a shadow, like a vain idea.

One cannot say how this change will be brought about, but several scenarios for the future state of things in Asia come to mind. The first conjecture is that Asia will cast off the yoke by its own efforts and that through its passion for the unity of God and for the true dogma of the soul's immortality it will succeed in giving itself a religion that has these characteristics. <114> But one had better not expect anything from a profound conception. There are philosophers who know the supreme truths and can spread such knowledge; but in order for their doctrine to be loved by the masses and to transcend the category of speculative opinion, it must be assisted by religious enthusiasm, this feeling that seems to gather strength only with time.

Once the Oriental nations come to despise the chimeras that to them had seemed to have so much staying power, they will look back to the first days of their civilized existence that are so rich in great memories. Disillusioned with their multiplicity of gods, their ancient traditions will still be dear to them as they contain precious vestiges of religious character and also elements that will appear to them positive and apt for a new composition.

{Ed.: Second conjecture omitted; pp. 114-120; Discussion of Islam and its science as less promising means of Asia's conversion to monotheism}

{Ed.: Third conjecture omitted: pp. 120-124; Discussion of Christianity and European science as more promising means of Asia's conversion to monotheism} <125>

APPENDICE.

PAR *plus de cent millions d'individus.* — On ne peut établir avec précision aucun calcul sur la population générale. Les gouvernement asiatiques recueilleraient seuls des résultats propres à conduire vers la connaissance de la vérité ; et si l'un d'eux était animé de l'envie d'y parvenir, les autres entreraient-ils dans ses vues ? Cependant cela servirait à éclairer l'homme d'Etat, et serait une pierre de touche pour éprouver des projets d'amélioration légale, ou une balance pour peser au poids de la sagesse les anciennes et vicieuses institutions.

Mais en Asie comme en Europe, chaque monarque est intéressé à grossir cet indice de prospérité aux yeux des étrangers. L'Angleterre et la Chine nous serviront d'exemple. Il y a plus d'un demi-siècle que des auteurs anglais ont tâché de prouver que la première contenait 2,330,400 familles. Supposant cinq personnes par famille, ils concluaient que leur pays était peuplé de 11,650,000 personnes. D'autres auteurs comptaient 1,376,141 maisons et 7,130,705 personnes[294]. Voici un autre fait : le docteur Price portait en 1780 la populations de la Grande-Bretagne à 5,000,000. D'après l'évaluation des ministres, les trois royaumes en possédaient une de 11,000,000, huit pour l'Angleterre et l'Ecosse, et trois pour l'Irlande. Dans cette opposition, le voyageur <126> distingué qui nous fournit ces détails[295] estime qu'il faut préférer l'opinion du docteur Price[296] au rapport des ministres, vu que le recensement des habitants est facile et qu'on ne l'a jamais fait.

Le voyage de lord Macartenay à la Chine doit affirmer en nous la conviction de l'exagération préméditée. Cet ambassadeur ayant

---

[294] EXPILLY, Descript. hist. et géogr. des îles Britanniques, p. 18. L'auteur croit les derniers mieux informés.

[295] FERRI DE S.-CONSTANT, Londres et les Anglais, t. IV, p. l, 6.

[296] *Ibid.*, p. 4.

APPENDIX

[Buddhism is followed] *By more than 100 million persons.* — No precise calculation of general population numbers can be established. Only Asian governments would be in a position to gather the proper data for arriving at a true assessment; and if one of them was motivated to arrive at such an assessment, would the others form part of its deliberation? At any rate, it would be of help in enlightening statesmen and could serve as a touchstone for testing projects for legal improvement or as a means of weighing ancient and vicious institutions on the scale of wisdom.

But in Asia as well as in Europe, each monarch is interested in inflating this index of prosperity in order to impress foreigners. England and China will serve as examples. More than half a century ago, English authors have attempted to prove that their country has 2,330,400 families. Counting five persons per family, they concluded that their country's population amounts to 11,650,000 persons. Other authors counted 1,376,141 households and 7,130,705 persons.[294] Here is another fact: in 1780, Dr Price estimated Great Britain's population to be 5 million. But according to the evaluation of ministers, the three kingdoms have eleven million inhabitants, eight in England and Scotland and three in Ireland. The distinguished traveler <126> who furnished these details[295] thinks that Dr Price's opinion[296] is preferable to that of the ministers because a census, though easy to make, has in fact never been carried out.

The voyage of Lord Macartney to China must strengthen our conviction of premeditated exaggeration. When this ambassador

---

[294] Jean-Joseph EXPILLY, *Description historique et géographique des îles Britanniques*, p. 18. The author thinks that the latter is better informed.
[295] J. L. FERRI DE S.-CONSTANT, *Londres et les Anglais*, vol. IV, p. 1, 6.
[296] *Ibid.*, p. 4.

demandé aux Mandarins qui l'accompagnaient de Canton à Pékin, de combien d'habitans la Chine était peuplée, ils lui répondirent : de 333 millions[297]. Il faut bien en rabattre, comme il sera dit.

Ceci posé, je crois nécessaire de fixer le nombre des sectateurs de Buddou par la population entière de chaque pays où il est adoré.

Pays où la doctrine et la fable de Buddou triomphèrent des anciennes superstitions. Population 35,000,000.

Ceylan. — Combien cette île nourrit-elle d'habitans; c'est une question non résolue. Grande[298] et fertile[299], les hommes s'y sont multipliés très-facilement. Un Anglais, qui l'a visitée l'an 1803, depuis que la Grande-Bretagne en est maîtresse, porte le nombre des nationaux convertis au protestantisme par les Hollandais, à 240 mille, donnant au catholicisme encore plus de <127> sectateurs[300]. On sait, d'un autre côté, que l'intérieur du pays, gouverné par le roi de Candi, est habité par les plus fervens, les plus orthodoxes de nos religionnaires, et que les images de Buddou se voient non-seulement dans les temples, mais encore dans toutes les maisons[301]. Le roi n'a pu réussir à faire respecter son indépendance, au moins à obtenir tous les ménagemens politiques, qu'en offrant une masse imposante de forces. L'île doit avoir un million de Bouddistes, et peut-être davantage............................ 1,000,000

---

[297] Observ. sur le voy. de BARROW à la Chine, par DE GUIGNES, in-8°, p. 43.
[298] Ceylan a 100 lieues de long sur 50 de large.
[299] SONNERAT, t. III, p. 327 ; THUNBERG, t. IV, p. 218.
[300] Lord VALENTIA, *ibid,*, t. I, p. 382.
[301] SYMES, *ibid.,* t. II, p. 174 ; THUNBERG, *ibid.,* t. IV, p. 223.

asked the mandarins accompanying him from Canton to Peking about China's number of inhabitants, they told him it had 333 million.[297] As will be seen, one must reduce these numbers quite a bit.

That said, I think it necessary to calculate the number of followers of Buddha on the basis of the total population of each nation where he is worshiped.

Countries where the doctrine and fable of Buddha triumphed over ancient superstitions. Population 35 million.

Ceylon. — The question of the number of inhabitants of this island is still unresolved. It is large[298] and fertile,[299] and its population increases very easily. An Englishman who visited Ceylon in 1803, after Great Britain became its overlord, reports that the number of natives converted to Protestantism by the Dutch is 240,000, and those converted to Catholicism are <127> even more numerous.[300] On the other hand it is known that the country's interior that is governed by the king of Kandy is inhabited by the most fervent and orthodox followers of Buddhism, and that images of Buddha are seen not only in temples but in all houses.[301] The king only managed to have his independence respected, or at least to retain political administration, by offering an impressively large military force. The island must house one million Buddhists, possibly more .... *1 million*

---

[297] DE GUIGNES, *Observations sur le voyage de Barrow à la Chine*, Paris: Dentu, 1809, p. 43.

[298] Ceylon is 100 leagues in length and 50 leagues in width.

[299] SONNERAT, *Voyage aux Indes orientales*, vol. III, p. 327; THUNBERG, *Voyage au Japon*, vol. IV, p. 218.

[300] Lord VALENTIA, *Voyage dans l'Indostan*, vol. I, p. 382.

[301] SYMES, *Ambassade anglaise dans l'empire des Birmans*, vol. II, p. 174; THUNBERG, *Voyage au Japon*, vol. IV, p. 223.

Thibet et Boutan. — Je ne sais s'il y a une faute typographique, ou si ce n'est qu'une exagération d'auteur. Les 35 millions d'âmes que le Père Georgi attribue au Thibet me semblent portés au-delà de toute mesure. Je ne suis pas le seul qui ait eu cette pensée[302]. Quoique l'étendue du pays soit, d'orient en occident, de 640 lieues, et du nord au sud, de 650[303], je le crois faiblement peuplé; voilà pourquoi : il y a beaucoup de terres qu'on ne peut cultiver[304] ; il a été ravagé par des guerres intestines et étrangères depuis nombre de siècles[305]; des épidemies fréquentes et très-destructives naissant de l'exposition des cadavres qui y est ordinaire; de plus la polyandrie s'y trouve autorisée de temps immémorial, ainsi que le tribut des garçons pour les monastères. Tout nous porte à croire que cette région n'a pas plus de six millions, ci 6,000,000

Mongols, Kalmouks et Bouriats ou Bourates. — Tous ces nomades vivant sous des tentes, du lait et de la chair de leurs troupeaux, ont la même langue et la même religion[306]. Ce sont des tribus soumises à la Russie, ou des nations forcées de recourir à la protection de la Chine. Les premières se composent de Kalmouks établis entre la Samara et la Volga[307]. Il faut y joindre les Bouriats, qui habitent tout le territoire entre le Chilok et le Baikal[308], sur l'extrême frontière vers Kiasta, où se fait le commerce des caravanes entre les nations russe et chinoise et quelques Mongols qui appartiennent au Czar depuis la dernière ligne de démarcation[309]

---

[302] Abrégé de la géographie moderne, *ibid,* t. II, p. 94.
[303] Lettres édif. et cur., *ibid.,* t. XXIV, p. 6.
[304] TURNER, *ibid.,* t. II, p. 172.
[305] Lettres edif. et cur., *ibid.,* p. 9, 19; TURNER, *ibid.,* t. II, p. 215, 220.
[306] ANTERMONY, Voy. de St.-Petersbourg à Pékin, t. I, p. 173.
[307] PALLAS, *ibid.,* t. I, p. 478 ; t. V, p. 205.
[308] *Ibid.*, t. IV, p. 248.
[309] *Ibid.,*p. 143, 145, 146, 222.

Appendix: Buddhist Countries and Number of Buddhists

Tibet and Bhutan. — I do not know if we are faced with a typographical error or an exaggeration by the author. To me, the 35 million souls that Father Giorgi ascribes to Tibet appear exaggerated beyond measure, and I am not the only one to think so.[302] Though the country measures 640 leagues from East to West and 650 leagues from North to South,[303] I believe it to be sparsely populated for the following reasons: much of its land cannot be cultivated;[304] it has for a number of centuries been ravaged by internecine and inter-state wars;[305] it has frequent and very destructive epidemics due to its customary exposition of cadavers; and polyandry has been legal from time immemorial, as was the donation of boys to the monasteries. Everything makes us believe that this region has no more than six million inhabitants. ...... 6 *million*

Mongols, Kalmyks, and Buryats. — All of these nomads live in tents, subsist from the milk and meat of their herds, and have the same language and religion.[306] They are either tribes subjected by Russia or nations forced under the protection of China. The former include the Kalmyks who live between the Samara and the Volga rivers.[307] One needs to add the Buryats who inhabit the entire territory between the Chilok and Lake Baikal[308] on the remote frontier toward Kiasta where trade takes place by caravans between Russia, China, and some Mongol tribes who live beyond the last line of demarcation[309] and are subjects of the Czar.

---

[302] GIORGI (*Alphabetum tibetanum,* Rome 1762) as cited in PINKERTON & WALCHENAER, *Abrégé de géographie moderne,* 1811, vol. II, p. 94.

[303] *Lettres édifiantes et curieuses des Missions étrangères,* vol. XXIV, p. 6.

[304] TURNER, *Ambassade anglaise au Thibet et au Boutan,* vol. II, p. 172.

[305] *Lettres édifiantes et curieuses, ibid.,* p. 9, 19; TURNER, *ibid,* p. 215, 220.

[306] ANTERMONY, *Voyage de St.-Petersbourg à Pékin,* vol. I, p. 173.

[307] PALLAS, *Voyage en Russie,* vol. I, p. 478 ; vol. V, p. 205.

[308] PALLAS, *ibid.,* vol. IV, p. 248.

[309] PALLAS, *ibid.,* p. 143, 145, 146, 222.

Les autres forment une masse nombreuse <129> qui, à raison de ses divisions, a demandé à la Chine appui et secours, et se partagent en plusieurs corps de peuples, les Kalmouks ou Eleuths, les Mongols jaunes ou Kalkas, les Mongols noirs et les Tartares d'Kokonor.

Les Eleuths, placés entre la Russie au nord, les Usbecks à l'occident, le désert de sable au midi, et les Kalkas à l'orient, errent dans un espace de 600 lieues de long sur 400 de large. Les Kalkas ou Mongols jaunes, leurs voisins, séparés d'eux par une longue chaîne de montagnes nommée *Atlai,* et par une partie du désert de Shamo, sont contenus dans les mêmes limites au nord et au midi; ils ont souvent maintenu libre d'incursions leur territoire, dont l'étendue est de 300 lieues du nord au midi sur 150 d'occident en orient. Les Mongols noirs, beaucoup moins forts que ces derniers, occupent une région dont la longueur est de 300 lieues sur 100 dans sa plus grande largeur, et voient autour d'eux la Russie, la Tartarie chinoise, le désert ; puis en jetant les yeux sur la carte, on trouve plus bas les Tartares d'Kokonor, petit peuple guerrier, mais faible et circonscrit par l'Indostan, la Chine, le désert et ces mêmes nomades noirs[310].<130>

Douze cents lieues dans une direction et quatre cents dans l'autre, offrent sans doute à des hordes errantes bien des pâturages pour leurs bestiaux, et de grands moyens d'existence pour eux; mais ils savent que leur force est dans leur nombre, sans se mettre en peine d'en tenir un état exact. On ne peut leur donner, en réunissant avec eux les nomades russes[311], qu'une population de 6,000,000

---

[310] Géogr. de LACROIX, t. II, p. 223, 227.
[311] Abrégé de la Géogr. mod. *ibid.,* t. II, p. 90.

Appendix: *Buddhist Countries and Number of Buddhists*

The other tribes have <129> due to internal divisions requested support and assistance from China. This large group includes several ethnic groups: the Kalmyks or Eleuths, the Mongols or Kalkas, the Black Mongols, and the Tartars of Kokonor.

The Eleuths live in the region delimited by Russia in the North, the Uzbeks in the West, the sand desert in the South, and the Kalkas in the East. They roam in a territory measuring 600 leagues in length and 400 leagues in width. Their neighbors, the Kalkas or Yellow Mongols, are separated from the Black Mongols by a long mountain range called Altai and a part of the Shamo [Gobi] desert. They have often fended off incursions into their territory which measures 300 leagues from North to South and 150 leagues from West to East. The Black Mongols are much weaker than the Yellow ones and inhabit a region of 300 leagues in length and a maximum of 100 leagues in width. They are surrounded by Russia, Chinese Tartary, and the desert. On maps one finds further south the Tartars of Kokonor, a small warrior nation that however is weak and surrounded by India, China, the desert and the above-mentioned Black Mongol nomads.[310] <130>

Twelve hundred leagues in one direction and four hundred in the other certainly offer to these nomad hordes plenty of pastures for their herds and rich means of subsistence; they know that their force depends on their numbers but do not go to the trouble of establishing exact records. Together with the Russian nomads one can only accord them a population[311] of ....
.... 6 milllion

---

[310] DE LA CROIX, *Géographie moderne* (1800), vol. II, p. 223, 227.
[311] PINKERTON & WALCHENAER, *Abrégé de géographie moderne*, vol. II, p. 90.

Siam. —Laloubère a été prévenu. Vers l'an 1687, le royaume de Siam tout entier n'avait, selon lui, qu'un million neuf cent mille âmes[312]. Car, réduit aujourd'hui à une large vallée entre des montagnes, et à la moitié de ses anciens habitans, comment se soutiendrait-il contre les forces d'un empire aussi puissant que celui des Birmans, s'il n'avait pas un nombre de combattans plus grand que ne suppose la moitié de la population voulue par le voyageur français ? Quoique l'agriculture ait toujours été négligée à cause des marais fangeux, le peuple y vit cependant dans l'abondance et dans la paresse, parce que la pêche offre une ressource suffisante aux gens de la plus basse condition[313]. <131> 10,000,000 d'habitans qui formaient son ancienne et réelle population, elle est, je pense, restreinte à 5,000,000

Empire des Birmans. — On ne se trompera pas beaucoup en adoptant les renseignemens que nous recevons du colonel Symes sur les peuples d'Ava, de Pégu, d'Aracan et d'une partie de celui de Siam, qui forment aujourd'hui l'empire des Birmans, ci[314].......
.... 17,000,000

Pays où la population est mélangée. Bouddistes au nombre de 65,000,000.

Indostan. — On croit que les individus vivant sur le sol de l'Indostan ne présentent que 60 millions, dont à-peu-près un quart se trouve dans les domaines de la Grande-Bretagne[315]. Quand on songe que la Chine a en étendue un quart de moins que l'Indostan, on ne peut que gémir sur les tristes suites de la philosophie

---

[312] LALOUBÈRE, *ibid.*, t. I, p. 36.
[313] TURPIN, *ibid.*, t. I, p. 29, 31, 32, 37.
[314] SYMES, *ibid.,* t. II, p. 194.
[315] Abrégé de la Géogr. moderne, *ibid.*, t. II, p. 173; Description de l'Indostan, par le major RENNEL.

Appendix: Buddhist Countries and Number of Buddhists

Siam. — La Loubère was biased. According to him, the entire kingdom of Siam had around the year 1687 not more than 1,9 million inhabitants.[312] If today it were reduced to a large valley between mountains and to half of its populace of yore, how could it defend itself against a powerful empire such as Burma? For that purpose it needs an army that is larger than half the number of inhabitants mentioned by the French traveler. Even though agriculture has always been neglected due to swampy terrain, the people lived there in abundance and leisure because fishery generated sufficient resources even for people of the lowest condition.[313] <131> Ten million inhabitants having formed its real ancient population, Siam's population is now in my opinion reduced to *5 million*

Burmese Empire. — One will not stray far from the truth if one adopts the data furnished by Colonel Symes about the peoples of Ava, Pegu, and Arakan that form, together with a part of Siam, the present empire of Burma.[314] .... *17 million*

Countries where the population is of mixed religion.
65 million Buddhists.

India. — Some authors believe that the number of people living on Indian soil, of which about one-fourth is under British dominion, amounts only to 60 million.[315] At the thought that the territory of China is one-fourth smaller than that of India,

---

[312] LALOUBÈRE, *Voyage dans le royaume de Siam*, vol. I, p. 36.
[313] TURPIN, *Histoire de Siam*, vol. I, p. 29, 31, 32, 37.
[314] SYMES, *Ambassade anglaise dans l'empire des Birmans*, vol. II, p. 194.
[315] PINKERTON & WALCHENAER, *Abrégé de géographie moderne*, vol. II, p. 173; James RENNEL, *Description historique et géographique de l'Indostan* (Paris: Poignée, 1800).

indienne, de la division des castes, des invasions étrangères et des guerres intestines, ci 60,000,000

Chine et Tartarie chinoise. — M. de Guignes a très-bien prouvé[316] que le terme <132> le plus élevé qu'on puisse assigner à la population de la Chine, en la supposant un peu plus peuplée que la France, proportion gardée, est de 150,000,000

Cochinchine, Tonquin et Laos. —Personne ne semblait, avant Barrow[317], avoir évalué celle de ces régions fécondes en productions de toute espèce et en hommes[318]. Cependant un ancien état de 1407 de l'ère chrétienne, tiré d'un Mémoire authentique sur le Tonquin, donnait à ce royaume seul 18,000,720 habitans[319]. Je pose néanmoins pour les trois (car ces pays ont beaucoup souffert des dissensions civiles), avec le voyageur anglais, que je crois bien instruit, ci 20,000,000

Japon. — Ce pays est extrêmement peuplé. Ordinairement les sept grandes routes sont remplies de plus de monde qu'on n'en voit dans les rues de nos principales villes d'Europe. Miaco offrit dans un dénombrement de l'avant-dernier siècle 479,726 individus[320]. IÉDO avait presque autant d'habitans. Le nombre de ceux de plusieurs autres villes annonçait une grande prospérite. <134>Dans cette assurance positive, je dis : ces îles ont une étendue de territoire égale au dixième de celle de la Chine. Si la population de la haute Asie tend à prendre un certain niveau, comme

---

[316] Observ. sur le voy. de BARROW, *ibid.*, p. 45, 46.
[317] Voyage à la Cochinchine.
[318] RICHARD, Description du Tonquin, t. I, p. 27, 71.
[319] Lettres edif. et cur., *ibid.*, t. XVI, p. 312.
[320] KAEMPFER, *ibid.*, t. II, p. 345; t. III, p. 23, 24, 79; t. IV, p. 64.

Appendix: Buddhist Countries and Number of Buddhists

one can only sigh about the sad consequences of Indian philosophy, its division of castes, foreign invasions, and civil wars.
.... *60 million*

China and Chinese Tartary. — Mr de Guignes has very well proved[316] that, if one assumes a slightly higher population density than in France, the maximum <132> number that can be used for the Chinese population .... *150 million*

Cochin China, Tonkin [North and South Vietnam], and Laos. — Before Barrow[317] noone seems to have evaluated this region which is rich in all kinds of products as well as population.[318] However, an old census from the year 1407 of our era that is cited in an authentic report about Tonkin gives to this kingdom alone a population of 18,000,720.[319] I nevertheless calculate for these three regions (since they have suffered much from civil strife) with the English traveler whom I find well informed .... *20 million*

Japan. — This country is extremely populous. Its seven important highways are usually filled with more people than one finds in the main streets of the largest cities in Europe. In a census taken two centuries ago, Miako [Kyoto] had 479,726 inhabitants[320] and Edo [Tokyo] almost as many. The numbers of several other cities indicate their great prosperity. <134> Based on reliable data I hold that the surface of these islands amounts to one tenth of that of China. If the population of High Asia tends to reach, as I

---

[316] DE GUIGNES, *Observations sur le voyage de Barrow à la Chine,* p. 45, 46.

[317] John BARROW, *Voyage à la Cochinchine.* Paris: François Buisson, 1807.

[318] Jérôme RICHARD, *Histoire naturelle, civile et politique du Tonquin* (Paris: Moutard, 1778), vol. I, p. 27, 71.

[319] *Lettres édifiantes et curieuses des Missions étrangères,* vol. XVI, p. 312.

[320] KAEMPFER, *Histoire du Japon,* vol. II, p. 345; vol. III, p. 23, 24, 79; vol. IV, p. 64.

je le pense, il faudra, à défaut de renseignemens positifs, ne pas donner à cet empire moins de...................20,000,000

TOTAL... 285,000,000

A Ceylan, au Thibet et au Boutan, chez les Kalmouks, Mongols et autres nomades, dans le royaume de Siam et l'empire des Birmans, il n'y a d'autres polythéistes que les sectateurs de Buddou. Cette masse d'individus n'offre que 35,000,000 d'âmes ; elle s'augmenterait des habitans de la Corée et de Liéou-Kiéou, îles dépendantes de la Chine, et sur lesquelles la géographie n'offre aucun renseignement précis, si ce n'est qu'ils professent tous la religion de Foë[321]. Or, ne prendre sur l'état restant, qui est de deux cent cinquante millions, que 65,000,000 pour la part du bouddisme, ce n'est pas, à coup sûr, forcer le calcul en faveur de l'homme divinisé ; car nos religionnaires sont les plus nombreux à la Cochinchine et au Tonquin[322]. Il y a lieu de croire que c'est la même chose au Japon[323]; et qui oserait assurer qu'ils sont numériquement inférieurs dans l'Indostan, où Vichenou a refait tant d'idées <134> religieuses ; et à la Chine, où l'Empereur révère et adore Foë ? Je ne puis donc être suspect d'exagération. Il résulte de tout ce que je viens de dire que la religion la plus répandue dans les Indes orientales, la plus riche en hommes, la seule indigène, qui attache plusieurs peuples par le lien d'une même croyance, est celle de notre instituteur religieux.

FIN.

[321] Géographie de LACROIX, *ibid.*, t. II, p. 215 ; Lettres édif. et cur., *ibid.*, t. XXIII, p. 218.

[322] BARROW, cité aux pages 145, 152 de l'Abrégé de la Géographie moderne, tom. II.

[323] Si je dois en juger par le dénombrement fait à Miaco ; car ils formaient les trois quarts des habitans de cette ville. (KAEMPFER, *ibid.*, t. III, p. 23.)

Appendix: Buddhist Countries and Number of Buddhists

think, a certain level, we must in the absence of exact census data accord this empire no less than .... 20 million

SUM TOTAL   285 million

In Ceylon, Tibet and Bhutan, with the Kalmyks and Mongols and other nomads, in the kingdoms of Siam and in the Burmese empire there are no other polytheists than the followers of Buddha. The number of these individuals amounts to 35 million souls. The inhabitants of Korea and of the China-dependent Ryukyu islands would have to be added; but geography does not offer any precise information about them other than that they all profess the religion of Fo [Buddha].[321] If one were to apportion from the rest, which amounts to 250 million, only 65 million in the camp of the deified man [Buddhism] then it would surely not be exaggerated because his followers are the most numerous in Cochin China and Tonkin.[322] There is reason to believe that the same is true for Japan;[323] and who would dare to assert that they are numerically inferior in India where Vishnu has reformed <134> so many religious ideas, or in China whose emperor reveres and worships Fo? I can thus not be suspected of exaggerating. The outcome of all that I have said above is that the religion of our founder [Buddha] is the most widespread religion in the East Indies, the richest in terms of followers, and the sole indigenous religion that links various nations by a common faith.

THE END.

---

[321] DE LA CROIX, *Géographie moderne* (1800), vol. II, p. 215; *Lettres édifiantes et curieuses des Missions étrangères*, vol. XXIII, p. 218.

[322] BARROW, cited in PINKERTON & WALCHENAER, *Abrégé de géographie moderne*, vol. II, p. 145, 152.

[323] According to the census made in Miako (Kyoto); in that city three fourths of inhabitants were Buddhists. (KAEMPFER, *ibid.*, vol. III, p. 23.)

Index

A

Abel-Rémusat, Jean-Pierre 8, 29, 58, 61, 62
Aelianus 160–163
Aeneas 142, 143
Agenor 128, 129
Alexander the Great 160–163
Amida (Amitābha) Buddha 33, 35, 39, 40, 45, 48, 128, 129, 180, 181, 194, 195, 278, 279
Andrade, António de 68
Anquetil-Duperron, Abraham Hyacinthe 71, 166, 167
Anubis 128, 129
Apis 128, 129, 130, 131
Apollo 130, 131
Arduina 108, 109
Arrian 162, 163
Ausonius 106, 107

B

Bacchus 112, 113, 118, 119, 132, 133
Bailly, Jean Sylvain 65, 166, 167
Banier, Antoine 13, 65, 98, 99, 114, 115
Barrow, John 68, 69, 288, 289, 296, 297, 298, 299
Bernard, Jean Frédéric 29, 30, 31, 46, 47, 60
Bhairava. *See* Vaurevert
Bodhidharma 54, 55, 59, 174, 276, 277
Bogle, George 68, 154, 155, 198, 199, 224, 225, 250, 251, 254, 255, 256, 258–263
Brahma 114, 115, 138, 139, 232, 233, 236, 237
Brucker, Johann Jakob 37, 68, 166, 167
Buddha, Buddou, etc. *passim*
Burnouf, Eugène 2, 8, 25, 26, 36, 58

C

Caesar, Julius 86, 87, 108, 109, 116–119, 142, 143
Carloman 170, 171
Cartari, Vicenzo 17
Casley, David 170, 171
Ceres 112, 113, 132, 133
Chambers, William 24, 68, 164, 165, 168, 169
Chandica 116, 117
Charlevoix, Pierre-François-Xavier 4
Charpentier-Cossigni, David 246, 247
Clemens Alexandrinus 118, 119, 164, 165
Columbus, Christopher 1
Confucius 114, 115, 266–269
Conti, Natale (Natalis Comes) 65, 118, 119
Conway (Courcy, Marquis de?) 68, 238, 239, 240, 241, 244, 245
Csoma, Sándor Kőrösi 58
Cudworth, Ralph 65, 166, 167

D

d'Antermony, John Bell 69, 188, 189, 214, 215, 290, 291
Darmadeva 132, 133
de Guignes, Chrétien-Louis-Joseph 16, 69, 98, 99, 102, 103, 104, 105, 114, 115, 118, 119, 124, 125, 128, 129, 148, 149, 150, 151, 172, 173, 180, 181, 188, 189, 190, 191, 194, 195, 198, 199, 206–211, 214, 215, 220–223, 226, 227, 258, 259, 266, 267, 269, 270, 271, 288, 289, 296, 297
Delacroix, Jean-François 65
Démeuniers, Jean-Nicolas 116, 117
Devadatta 35. See Thevetat
Diana 108, 109, 112, 113, 118, 119, 132, 133
Diderot, Denis 37
Dido 142, 143
Diodorus Siculus 116, 117
Droit, Roger-Pol 2, 3, 16
Dulaure, Jacques-Antoine 13, 66, 104–109

Index of Persons

du Tressan, Maurice-Élisabeth de Lavergne 13, 66, 98, 99, 100, 101, 106, 107, 110–115, 122, 123, 126, 127, 138, 139, 142, 143

E

Europa 128, 129
Expilly, Jean-Joseph 286, 287

F

Faber, George Stanley 15, 16, 61
Faure, Bernard 1
Ferri de S.-Constant, J. L. 286, 287
Fleuri, Claude 74, 75
Flotte, de la 69, 244, 245, 248, 249
Forster, Johann Reinhold 71
Francis Xavier (saint) 4, 59
Freia 136, 137
Fréret, Nicolas 66, 130, 131, 166, 167, 236, 237
Fróis, Luis 26

G

Ganesha. *See* Pollear
Ganymede 126, 127, 128, 129
Giorgi, Antonio Agostino 69, 256, 257, 290, 291
Goguet, Antoine-Yves 66, 100, 101
Görres, Joseph 15, 61
Gregorius Turon 106, 107

H

Halde, Jean-Baptiste du 69, 200, 201, 254, 255, 256, 257
Hayes, Richard P. 2, 67
Hegel, Georg Wilhelm Friedrich 3
Hercules 132, 133
Herder, Johann Gottfried 37
Herodotus 15, 116, 117, 118, 119, 130, 131, 158, 159, 160, 161
Hieronymus (St. Jerome) 164, 165
Holt, John C. 14

Holwell, John Zephaniah 69, 106, 107, 210, 211, 236, 237, 272, 273
Hori, Victor 2
Huët, Pierre-Daniel 67, 166, 167
Hunt, Lynn 45, 60

I

Ienaga, Saburō 41

J

Jacob, Margaret C. 45
Jishin godai 地神五代 (five gods of the earth) 114, 115
Jones, William 15, 16, 23, 24, 25, 42, 70, 119, 245, 259
Juno 132, 133
Jupiter 84, 85, 102, 103, 104, 105, 110, 111, 112, 113, 118, 119, 126–131, 136, 137

K

Kaempfer, Engelbert 14, 16–18, 20, 23, 25–29, 31–33, 35–38, 40, 42, 43, 45, 47, 54, 55, 59, 70, 98, 99, 120, 121, 140, 141, 146–153, 168, 169, 174–177, 182–189, 202, 203, 206, 207, 220, 223, 226, 227, 272-275, 277, 279, 296-299
Kamadeva. *See* Manmadin
Kant, Immanuel 37
Kapstein, Matthew 25, 26
Klaproth, Julius 2, 8, 61, 62
Kneph 130, 131
Knox, Robert 16, 70, 114, 115, 146, 147, 178, 179, 188, 189, 190, 191, 198, 199, 202–207, 210–213

L

La Croix, Nicolle de 254, 255, 292, 293, 298, 299
Lactantius 67, 110, 111, 118, 119, 120, 121
Langlès, Louis-Mathieu 70, 166, 167
Laozi (Lao-tse) 208, 209, 268, 269
Laporte, Antoine-Louis-Guillaume-Catherine 65, 66

Lecomte, Louis Daniel 70, 220, 221
Leda 128, 129
Le Gobien, Charles 70
Leland, John 67, 98, 99, 116, 117, 120, 121
Lenoir, Frédéric 2, 16
Levesque, Pierre-Charles 158, 159, 160, 161
Lopez, Donald 4, 25, 26
Loubère, Simon de la 16–18, 23, 24, 29, 30, 37, 71, 114, 115, 138,
    139, 148, 149, 152, 153, 156, 157, 168, 169, 178, 179, 188,
    189, 190, 191, 194–199, 200, 201, 204, 205, 208–213, 218-
    221, 224-227, 258, 259, 294, 295
Lourenço (Japanese Jesuit) 26
Lubac, Henri de 2, 61
Luca 116, 117, 118, 119

M

Mabillon, Jean 171
Manmadin (Kamadeva) 132, 133, 138, 139
Marini, Giovanni Filippo de 3
Mars 102, 103, 112, 113, 130, 131
Martel, Charles 170, 171
Martin, Jacques de 108, 109
Masuzawa, Tomoko 57
Maurice, Thomas 16, 66
Mercury 24, 102, 103, 112, 113, 118, 119, 128, 129, 156, 157
Mercury Teutates. See Ogmius
Mijnhardt, Wijnand 45
Minerva 132, 133
Ming (Chinese emperor) 262, 263
Minos 142, 143
Mogeni (Mohini) 138, 139
Mohini. See Mogeni
Montanus, Arnoldus (Arnoldus van Bergen) 71, 128, 129, 148, 149,
    150, 151, 180, 181, 194–199, 206–211, 214, 215, 220, 221
Montmignon, Jean Baptiste 71
Moses 11, 13, 90, 91, 101

Mosheim, Johann Lorenz 65, 166, 167
Muhammad (Prophet) 122, 123
Mungo, Park 122, 123

N

Narciso, Girbal y Barceló 98, 99
Neptune 106, 107, 112, 113, 130, 131
Newton, Isaac 66, 130, 131, 166, 167

O

Odin 14, 112, 113, 118, 119, 120, 123, 136, 137, 141, 142
Ogmius 84, 85, 86, 87, 112, 113
Osiris 128, 129

P

Pallas, Peter 16–19, 34, 38, 40, 42, 71, 104, 105, 114, 115, 138, 139, 146–151, 154, 155, 178–181, 184–193, 200–205, 208–211, 214, 215, 250–259, 262, 263, 290, 291
Paulinus a Sancto Bartholomaeo. See Wesdin, Philipp
Pauw, Cornelius de 72, 130, 131
Picart, Bernard 29, 30, 31, 45, 46, 47, 60
Pignoria, Lorenzo 17
Pinkerton, John 256, 257, 291, 293, 295, 299
Plinius 162, 163
Plomteux, Clément 67
Plutarch 118, 119, 131
Pluto 112, 113, 136, 137, 142, 143
Pollear (Ganesha) 132, 133
Prebish, Charles 1, 2
Proserpina 136, 137

R

Radamanthus 142, 143
Renaudot, Eusèbe 72, 170, 171
Rennel, James 72, 294, 295
Ribeiro, João 16, 72, 146, 147, 166, 167

Index of Persons

Ricci, Matteo 53
Richard, Jérôme 72, 148, 149, 152, 153, 262, 263, 296, 297
Ritter, Carl 15, 61
Robertson, William 98, 99, 120, 121
Roux (friend of Ozeray's son) 8

S

Sacy, A. I. Silvestre de 71
Sarasvati. *See* Sopramanier
Scheuchzer, Johann Kaspar 28, 29
Schopenhauer, Arthur 61
Schwab, Raymond 2
Selden, John 67, 118, 119
Shields, J. Mark 2
Shiva 114, 115, 126, 127, 138, 139, 180, 181, 232, 233, 234, 235, 236, 237, 240, 241, 242, 243
Shore, John (Lord Teignmouth) 22, 23
Sobreviela, Manuel 98, 99
Sonnerat, Pierre 72, 98, 99, 108, 109, 114, 115, 124, 125, 126, 127, 132, 133, 138, 139, 146, 147, 166, 167, 180, 181, 190–195, 198–201, 204–215, 218, 219, 234,–239, 244, 245-249, 288, 289
Sopramanier (Sarasvati) 132, 133
Spencer, John 67, 102, 103
Strabon 160, 161, 162, 163
Symes, Michael 16–18, 22, 23, 24, 68, 72, 146–153, 155, 164–169, 172, 173, 180–183, 188, 189, 190, 191, 194–201, 204, 205, 208–211, 214, 215, 218, 219, 232, 233, 288, 289, 294, 295

T

Tachard, Guy 38, 41, 42, 43, 72
Tacitus 118, 119
Taylor, John 72, 240, 241
Tchoubovskoï, André 40
Tertullian 118, 119, 120, 121
Thevetat (Devadatta) 35, 138, 139

Thor 136, 137
Thunberg, Carl Peter 16, 17, 18, 23, 73, 146-153, 166, 167, 190, 191, 258, 259, 274, 275, 288, 289
Titus-Livius 104, 105
Turner, Samuel 16, 68, 73, 104, 105, 146, 147, 150, 151, 154, 155, 188-193, 198, 199, 202-207, 210-217, 254-257, 259-263, 290, 291
Turpin, François-Henri 73, 178, 179, 218, 219, 220, 221, 224, 225, 226, 227, 294, 295

V

Valentia, George 16, 17, 18, 56, 73, 122, 123, 146, 147, 150, 151, 172, 173, 180, 181, 232, 233, 240, 241, 242, 243, 245, 288, 289
van Bergen. *See* Montanus
Vaurevert (Bhairava) 132, 133
Venus 102, 103, 132, 133
Vishnu 14, 35, 48, 49, 56, 128, 129, 138, 139, 140, 141, 147, 151, 154, 155, 180, 181, 232-237, 240- 243, 247, 298, 299
Voltaire 9, 256, 257
Vosegus 108, 109
Vulcan 130, 131

W

Walchenaer, C.A. 256, 257, 291, 293, 295, 299
Wesdin, Philipp (Paulinus a Sancto Bartholomaeo) 17, 19, 21, 24, 71, 126, 127, 148, 149, 156, 157, 166, 167, 170, 171, 236, 237, 240, 241, 258, 259
Wolf, John Christopher 258, 259

Y

Yama (Emma 閻魔), king of hell 32, 33, 35, 40, 44

Related Books by Urs App

The Birth of Orientalism
Philadelphia: University of Pennsylvania Press, 2010. xviii + 550 p.
2012 book prize of the Académie des Inscriptions et Belles-Lettres, Paris.
ISBN 978-0-8122-4261-4 (hardcover, 2010).
ISBN 978-0-8122-2346-0 (paperback, 2015)

The Cult of Emptiness
The Western Discovery of Buddhist Thought and the Invention of Oriental Philosophy
Listed among best books of 2012 in the Buddhadharma journal.
Rorschach / Kyoto: UniversityMedia, 2012. 295 p.
ISBN 978-3-906000-09-1 (hardcover)
Wil (Switzerland): UniversityMedia, 2014. 295 p.
ISBN 978-3-906000-12-1 (paperback)

Schopenhauer's Compass
Wil (Switzerland): UniversityMedia, 2014. 351 p.
ISBN 978-3-906000-03-9 (paperback)

Richard Wagner and Buddhism
Rorschach / Kyoto: UniversityMedia, 2011. 102 p.
ISBN 978-3-906000-00-8 (paperback)

William Jones's Ancient Theology
Sino-Platonic Papers no. 191. PDF, 125 p. Freely downloadable at
http://sino-platonic.org/complete/spp191_william_jones_orientalism.pdf

Schopenhauer and China
Sino-Platonic Papers no. 200. PDF, viii + 164 p. Freely downloadable
at http://www.sino-platonic.org/complete/spp200_schopenhauer.pdf

Forthcoming

Theosophy and Orientalism
Wil (Switzerland): UniversityMedia, 2018.
ISBN 978-3-906000-26-8

www.ingramcontent.com/pod-product-compliance
Lightning Source LLC
Chambersburg PA
CBHW030812230426
43667CB00008B/1181